學徒辦報

泰國《世界日報》三十年

趙玉明　編著

〈序〉奉守正派辦報的理念

——寫在《學徒辦報》兩書出版之前

趙玉明

平常有人出書寫自己，總會有「為什麼」的疑惑。新聞學徒如我，老來突然發夢，想出書和自己算總賬，這麼一點心願而已。我向來是一個發夢追夢、想做就做的那種人，幾十年來都是如此，順心隨意，不失一個真正的自己。

今年是泰國《世界日報》創刊六十週年大慶，我受邀專程到曼谷，參加盛會，分享她成長的快樂。在整個六十年的發展中，聯合報系接辦也三十年，也就是說，我有幸在此服務三十年，實際主持社務二十年，退休後任顧問兼總主筆，又是十年，在我的人生過程中是一件大事，這次雖是行色匆匆，內心的感受特深，對她要致以最深地祝福。

《世界日報》一九五五年七月廿六日，由泰國政治強人乃炮上將與泰華銀行家陳弼臣先生，結合泰華有志之士所創辦，確曾盛極一時，不料後來政治情勢丕變，經營備感困難，泰華僑領林來榮先生主持報政，經營困境長達十年，來榮先生以個人的影響力，維持正常出版，也靠來榮先生的奔走呼號，而致在當時的駐泰代表沈克勤先生斡旋下，得到台北聯合報系的同意，促成兩位董事長王惕吾先生與林來榮先生歷史性的會晤，簽訂接辦合約，由聯合報系注入巨額投資、改版發行。兩位先生以無私無我的大公精神，以服務僑眾為最高目標。我就是在這個關鍵時刻，受王惕吾先生指派，帶著他的正派辦報的理念，到了曼谷，他所定的宏規，歷三十年的成長發展，衷心敬仰與感佩，實非語言所能表達。

三十年前聯合報系，已經是一個成功的進步報業集團，當時在臺灣、美國、歐洲，環繞地球廿四小時，都有聯合報系發行的報紙，接辦泰國《世界日報》，成了這個循環線上的中繼站。我清楚的記得，王惕吾先生授命的時候，說是要給我一個「任務」，等於是立「軍令狀」，他又說要錢給錢，要人給人，等於說一定要把事情辦好。我也非常明白，他的正派、創新、關懷的正派辦報的理念，就是我的法寶，時刻不敢惑忘。尤其是當時泰華社會的政治環境，堅守正派、立場鮮明，很多政治上的紛爭都迎刃而解，使工作改革，推陳出新，從編務到業務，都有新的想法、新的做法，很快的改善了工作環境，改進了工作內容，將正派報辦的理念引進泰華社會，一轉眼就是三十年。由於各方的支持，參與同仁的集體努力，《世界日報》已由泰華社會的報紙，發展為東協國家的區域性報紙，最近幾年更在部分地區發行地區版，如在緬甸已發行緬甸版，將來希望做到東協區域需要什麼，《世界日報》的服務就到，使向區域發展的總體目標，能夠早日實現。

《世界日報》發展邁向第二個六十年，是一個新的開始，是一個大好形勢，對報業發展帶來新的契機，東協區域經濟發達快速，國民收入增加，政治情勢也相對穩定，外來投資湧進，台商活動熱絡，新聞媒體服務的機會增加，發展的空間，自然寬廣，同時隨著中國的大國崛起，出現全球中文熱，對中文媒體的發展，提供了有利的條件。再從政治情勢觀察，泰國君主立憲的民主政體，十分強固，東協國家的合作，也十分良好，更由於兩岸關係進入和平發展的新階段，對未來關係的良性互動，必然牽動區域性合作，面對第二個六十年的伊始，黃根和兄接任十年來，新猷甚多，正如社慶當天的社論所宣示，《世界日報》希望將臺灣聯合報系的「願景工程計畫」，在泰國推廣，以積極提升媒體扮演的角色，從報導現象推進至發掘問題，找尋解決問題的方法，作為多元的中文媒體，希望能對社會進行深度的探討，發掘議題，極力尋求解決方案，以期作出更積極、正向的貢獻。同時王文杉董事長也在泰世社慶大會所強調，媒體必須新定位，擔當「議題領航員」與「改變行動家」的角色，這是一個很大的願景，媒體有一個全新發展的大方向，深信一定會有很圓滿的成功。

報社有這樣美好的遠景，是一件大喜事。我這次曼谷之行，收穫頗多，試想一個新聞學徒，在聯合報系服務四十多年中，在曼谷服務竟然三十年，算是圓滿的畫上句點。我所編著的《學徒辦報》、《筆墨因緣》二書，恰在此時由台北《文訊》雜誌社編輯出版，也由泰國《世界日報》在曼谷同時發行，算是我的生命史上的一些點綴，不是什麼大著作，新聞學徒的紀事而已。適逢服務泰國《世界日報》三十年，又是我大兵習文滿六十年，書中星星點點，記述一個新聞學徒在臺灣追夢七十年的一些小事。感謝不斷給我戰場的長輩，感謝一路陪我走過來時路的朋友、兄弟和同事們無私地幫助，更感恩王惕吾先生正派辦報理念的指引，又不斷給我戰場，平時的耳提面命，如長明燈，讓一個新聞學徒的平凡人生，增添了許多光彩。

（二〇一五、七、廿九）

目次

—風雲盛會—

第一輯

新聞學徒

編者的話

這是一個十九歲高中沒畢業的青年，追夢到臺灣，在軍中服務二十多年，多次服務外島、一次馬祖，四次金門，超過十年，從事軍中新聞文化工作；退役後轉入社會，投身傳播媒體，歷經廣播電視主管，日晚報主編，還參與六、七家雜誌的編務。趕上軍中文藝運動風潮，參加文藝函授，學習寫作，先後獲得國家文藝獎等多項獎勵。一個以「新聞學徒」自奉的人，有機緣前往泰國、印尼辦報，服務僑眾長達三十年。本書這一部分就是敘述這個臺灣夢的追逐者，七十年來學習與工作的真實紀錄，由他親自講述自己的故事。

鄉下孩子臺灣夢

慈母有賢名　生育七子女

我是一個不折不扣的鄉下孩子，民國十七年七月出生在湖南湘陰一個落後的農家，父輩兄弟三人，父親排行第二，大伯結婚生子，環境較好，有些田產，三叔終身未娶，生活也不很順意，我家較清寒，但人丁繁茂，父母膝下有七個孩子，一女六男，我是老七，比大姐小二十一歲，我在幼年，她已結婚。

很不幸，我幼年喪父，對父親完全沒有印象，稍長，聽族人說，父親不事生產，家事全賴母親操勞，養大七個孩子，她在鄉中博有賢名，母親娘家姓鍾，諱字愛姑，族人習稱「愛二女哀姊」，她終日勞作，種菜耕田，張羅兒女生活，縫鞋製衣，呵護有加，在最貧困的時候，到長沙做過奶媽，將兒女託付堂嫂、堂兄看顧，所幸，姐姐、哥哥快速成長，生產力自然增加，家境漸有起色。

生意學不成　送去讀高小

可是，在家境初見曙光時，發生了一件非常不幸的事件，在幾個月內，我的一個十三歲、一個十七歲的哥哥，發生急病，突然逝世，這對我敬愛的慈母打擊太大，她終日落淚，哭壞了眼睛，這時候我已七八歲了，有些懂事，母親的痛苦哀傷，仍然留有印象。所以我們姐弟長大成人，僅一女四男，姐姐早已婚配，大哥是地方公務員，二哥學裁縫，後來做小型南貨店的掌櫃，三哥是典型的農人，我本來安排到武漢去學生意，希望做二哥的接班人，所以我上了五年私塾，讀了一年國小，插入四年級，就是畢業班，而且學了珠算，蓄勢待發，專心做個生意人，這時我已經十足歲。

不幸，抗日戰爭爆發，日軍進犯湘北，我家南貨店川行湘陰、武漢的貨船，遭日本飛機轟炸，雖未釀成大災，但南貨箱上血跡斑斑，自然有運貨的人受傷，而打亂我學生意的安排。那時在我們鄉間有送盤纏的習俗，親友子弟出遠門，近親長輩會送盤纏，我去武漢做學徒傳開，幾天內收到好幾十塊

追夢到臺灣，匆匆70年，少年子弟江湖老。

銀元，不能成行，又不好退還所贈，我大哥覺得我可以讀書，決定送我上高小，可是我鄉沒有中心小學，但臨近白水鄉有中心小學，就送我去報考，順利入學，因為我讀了五年私塾，又會珠算，五年級兩年八次考試，我七次第一，一次第二，還哭了三天，這是我的童年趣事。

日軍犯家鄉　流亡到湘西

第二年，我鄉中心小學創辦，通知鄉中子弟入學，經過考試，我跳級上六年下學期，不過四個月就順利畢業了，而考上了湘陰縣中，讀到二年級上學期，日軍進犯湘北，家鄉淪陷，學校緊急遣散，我失學在家，做了半年農事，這時一個北京師大的何先生，從北京避難來鄉，鄉中長輩延聘他在鄉開館，為初一到初三學生上課，共有同學二十餘人，不分年級，同時上課，教三年級時一二年在堂自修，這種直接面對面教學，很有效果，約一年之後同學中有人決定逃往大後方，我們一批十一人，得到「維持會」的幫助，每人發給「小販路條」，過洞庭湖，經過南縣、桃源到了湘西敘浦，開始流亡學生的生活，全公費，但沒有上課，自己背米打柴，一直到日本投降，招訓會辦甄別考試，我錄取三年下學期，分發第九戰時中學，讀四個月又初中畢業了，我們流亡學生是全公費，吃住衣著都是供給制，而且依往例，初中畢業直升高中，可是發生了意外，就在這關鍵時刻高中部鬧學潮，什麼反飢餓、反迫害，情勢惡化，省主席王東原決定高中停招，如不平息，學校有可能被解散，這一來我們這班初中畢業生，變成了直接被害人，我隻身逃難在外，面臨最大的困境，最大的難題真的是「生活無著」不知如何是好。

儘管困難來了，還得想辦法，這時，臨近的第九高職招收新生，我決定考考看，結果高分錄取，我成了高職土木工程科的學生，總算有了新出路，問題是手裡的錢不多，經過陳情，校長知道學校停招的事，他看了我入學的考試成績，就免了我的學雜費、宿舍費，可是伙食是外包的，收費不高，必須先付，我手中的錢最多維持三個月，自然寫信回家，向大哥

少年的我。我生平的第一張照片，十歲。穿的中山裝是美援布料，小學五年級第一名的獎品。

是我從軍前留影，剛過18歲，幾個月後就從軍到臺灣了。

求救，抗戰雖然勝利，郵電交通仍不暢達，就在這時發生奇蹟，一件小事，解開了我的即時困境。

優等留級生　猛啃文學書

開學一個月，學校舉辦全校作文比賽，寫作範圍以抗日救國為大範圍，我因為從淪陷經逃難出來，有切身感受，從日軍進犯家鄉，我在初中上「最後一課」的情景，堅持逃離日軍的統治下，這個內容真切，意外的得了全校第二名，第一名是高三畢業班一位高材生，得了一點獎金，可以付三個月伙食，後來大哥的救急也到了，我的難關也過去了。這一年對我很重要，高職第一年要學高中三年數學，英文要求也嚴，這一年我除音樂、體育、美術，所有主科都是平均九十五分以上，加上作文比賽的鋒頭，成了一個出色土木工程的優秀學生。

就在這個時候得知母校高中恢復招生，而我也收到全公費的免試入學的通知，不知是喜訊還是考驗，我深入思考，實際上我家庭環境不可能供我上大學，從長遠看，我回母校升學，成了「優等成績的留級生」，和過去的學弟們同班，遠景是高中畢業，可以公費升大學，而且我有信心高中畢業一定可考上大學，想得還真遠，而且對我家庭而言，也是最好的選擇。而且不必為目前的衣食操心，還有很少的零用金。

最後，我終於選了做「優等成績的留級生」，留級以後還是有些後悔，總找理由說服自己，這時我已十八歲，高中畢業就二十出頭了，在這個矛盾中，我開始安排自己的新生活。我告訴自己每次考試要考好，開始找書讀，讀三十年代作家的作品，成了這名高中生的必修科，巴金的「激流三部曲」，《家》、《春》、《秋》，還有譯作《火》，《春天裡的秋天》……，還有魯迅、茅盾、田漢、趙清閣、何其芳……的作品，留級生的生活反而十分充實。這時候師範部和高中部合作，在學校附近辦了一所民眾小學，我被徵召擔任算術教員，增加我的虛榮感，認真的說，對一個高一的學生，算是不務正業了。可是所有大小考試，我從不缺席，而且都在九十分以上，數學還常滿分，所以在級任導師前面，總能平順過關。

追夢到臺灣　青年從了軍

升高二沒有多久，發生一件小事，改變我的一生。那年八、九月，我初三的一位同學，參加了青年軍，在臺灣新軍訓練的二〇五師，來長沙招生，他奉派協辦招生，希望他現身說法，幫有意投考的青年人了解情況。他看起來比以前健壯，而且信心十足，穿著軍裝在同學前面亮相，很是吸睛。他初中和我同時畢業，沒升高中，就當了兵，在學校時他叫我哥哥，那兩天他對我說在臺灣的生活和軍中見聞，對我的「留級生」狀況，衝擊特別大，可是他說我是讀書的料，可以繼續努力，爭取兩年後公費讀大學，可是他的話也激起我的省思，我已十九歲了，而且我感到對自己有些失望，覺得自己選擇留級，是一個不可原諒的錯誤，這一年多我成了考試機器，除了文學閱讀，我的一般學識反而不及自己讀高職那一年，我很自責的掙脫自己設定目標，尋求新出路。臺灣光復後，臺灣情況一直是全國人民談論的熱點，這熱點昇華成了我這個十九歲青年一個新的夢，那位一週內來學校四五次，每次來都使我有些不平穩，我的臺灣夢，產生激盪，我的從軍夢，成了我臺灣夢的一個新試點。我想，如果不是前年的學潮，現在我應該高三，不幾個月就高中畢業，有機會升公費大學，我可能就另有想法。

總之，我決定青年從軍了！我從一個高二「優等成績留級生」，變成臺灣新軍的青年戰士，啟開我在臺灣七十年的追夢生涯，就如此的從長沙經廣州，到了臺灣鳳山，開始自己的軍事生涯，我們第九戰時中學改制的沅陵中學，一共有一百五十多位同學，投考了二〇五師，而且編在一個營，熟人多，好像還在學校一樣，一點也不陌生。

新軍的新兵入伍訓練很嚴，每天早上穿紅短褲，打赤膊，跑五千米，才用早餐，而且接著八小時的新兵訓練，從基本教練、單兵教練和班排教練，示範班由孫立人新四軍的士官編成，動作劃一，示範教學很機械式，投首間顯出威嚴，很使我們這些娃娃學生欽佩，也很畏懼，他們不苟言笑，身體健壯，教人羨慕。

入營半年，開始野戰教範，不知怎的，我被選為上等兵代砲長，帶一個六〇砲班，班員多是舊時同學，學砲操，需要一些數學常識，如目測距離、計算落點、選定目標，六〇小砲，成了我軍中第一個大玩具，六〇砲野戰班攻擊，是我的第一個課目，在大貝湖五千八百

我在軍中准尉到少校，度過順風的十年。

公尺野外演習場，操了好幾回，這是我小部隊指揮的第一課，而且光榮的中籤，操演給孫立人親自看操，我和孫將軍標上了，我率同班兵照平時演練的動作，在前奔跑，他將軍緊步跟踪，我們前到，差不幾秒他就站在旁邊，真是難得的親兵好將軍啊，居然我一點不怕他，在演習場我小指揮，和他平起平坐，我還有幾分得色，現在想來有些幼稚。

這種制式的新軍操練，對我們很管用。各個教練、班教練到排教練，每天五千米跑步如常，大約一年後，我出了狀況，一次野外演習回來，我高燒不退，送到野戰醫務所，安排到高雄市立醫院檢查，我得一種叫肺浸潤的病，醫生裁定需要「安靜加療」，我就留在醫療所，吃藥打針，從新軍變成了「療養員」，也是我的臺灣夢最早的一次小挫折，那時候得肺病是很緊張的事。

在我療養期間，發生一件大事，整個二〇五師開往北平作戰，部隊移防是機密，我們這些病號渾然不知，更不幸的是消息傳來，北平作戰失利，二〇五師竟然打散了，我們成了「後送療養」，還是定期跑高雄醫院，大約三、四個月，我的病竟然完全好了，醫生交代，好好保養，注意營養，算是不幸中之大幸，我也靜極思動，有流亡學生時期的同學，從台北來信，相約台北會見，我從高雄北上，尋另一個新夢。時在三十七年秋天，當時一些同學，有的憑流亡學生證明，找機會升學，有的進保警總隊當警察，有的參加部隊，還是當兵吃糧，我選留營，進了警備旅第二團被選為班長，新軍訓練的基本操練，派上了用場。憑口試授中士銜，一年後升了上士，團長就是後來《聯合報》創辦人王惕吾，他的軍籍學名王瑞鍾，雖與我後來進《聯合報》沒有直接關係，但不能不說是一種因緣。

升了芝麻官　一步走四年

三十八年部隊改編，編入陸軍第六軍，就是駐臺灣北部的雄獅部隊，我也有了新機遇，從上士班長，選入雄獅幹訓班，接受十一個月的初級軍官訓練，一切比照陸軍官校的教育，學術科並重，唱黃埔校歌，訓練很嚴，尤重野外實彈操演，同學一百七十四人，都是全軍優秀的上士，計劃比照陸軍官校，畢業以少尉任官，意外的是全案軍方高層有爭議，雄獅部隊的原議被擱置，畢業時僅選升了六個人，我是其中之一，這些人在後來幾年雖都升了官，但畢業就升官，對我自然是很大的鼓勵。

升了軍官，回原部隊待命分發職務，正在這個時候，傳來陸軍官校在台復校的消息，在社會和部隊公開招考陸官在台復校的陸官二十四期各科新生，這自然是一個喜訊，我已受過初級軍官訓練，學術科考試都順利過關，而初試複試都名列前矛，自信成功在望，不料在最後一關，口試官看了我一眼，順手在我的口試卷上，蓋了一個「丁」，我真傻了，我疑惑的看著口試官，他簡單的吐了幾個字：「你頭上有疤！」

我被陸官刷了下來，十分難過，我的團長召見了我，安慰我，他對我說：「讀軍校要兩年才能做見習官，你今天就到第六連當排長。」而且用他的吉普車，送我去報到。

五代同堂。2003年返鄉探親，與侄女、外甥與外甥女兒、媳婦合影。他有五個孫男女、七個曾孫，他說，舅姥姥「五代同堂」了，後立為我三子惟文，背景是新建的湘江大橋。

我夫婦在母親墓前，與近親五代數十人留影。

從那天起，我成了「趙排長」，臺灣夢向前邁了一小步，我開始試鍊過初級軍官的生活了，時在民國四十年夏天，從我入伍算起，恰好四個年頭，四年走了一小步，很實在的一步啊！

（二〇一五年六月完稿）

軍中文藝與筆墨因緣

趙排長報到了，民國四十年，我開始了初級軍官的戰鬥生活。

報到那天，連長問我受訓的情況，顯然他對我從一百七十四人中脫穎而出，有些了解，而後問到對兵器的了解，我也如實回答，不知怎的，陡然冒出一句：「在鳳山操演過六〇砲」，連長很高興，說了一句「正好，砲排排長懸缺」，我就又和我早年的「小砲玩具」親密起來，砲排有兩個砲班和一個彈藥班，是九人制的班，全排二十多人，都是老兵弟兄，所以一點也不陌生。

趙排長報到　趕上文藝潮

部隊駐防在萬里、野柳、金山一線，第四連第五駐海防之線，我們第六連是預備隊，駐野柳的後山一線，平時操課很輕鬆，多半上午政治課，下午班排操練和基本訓練，就在這個時候，軍中發起了兩個運動，一個克難運動，鼓勵克難建設、自立生產，全面提升軍中生活。一個軍中文藝運動，形成一陣風潮，改變了軍中的精神生活，當時的總政治部主任是蔣經國，他是這兩個運動的主帥，另一個與軍中兩大運動相呼應的，就是成立青年反共救國團，蔣經國是團主任。稍後全面展開青年暑訓戰鬥訓練，發動青年軍中服務。我曾代表部隊，參加「導遊」，學生叫我「領隊」，我參加北商隊，名經濟學家高希均，當時高二，那時我認識他，成為朋友，多年來受益，算難有的奇遇。文武青年大會師，成為一種風潮，非常激動人心，也直接影響到每一個青年人。

自然，對我的影響也大，我考軍校初複試過關，口試得了個「丁」，因為頭上長疤而刷了下來，我氣憤不平，也無可奈何，偶然寫成一篇短文〈疤〉，寄到《野風》，正式發表，是我寫作的開始，也是與《野風》結緣的開始，像有命運之神的撥弄，產生了我大兵文學的夢。

四個年輕人　結伴寫新詩

當時雄獅部隊有份《雄獅報》，是三日刊，兩版新聞，兩版副專刊，稍後又辦了《雄獅月刊》，純文藝性的單行本，這兩份報刊成了我的寫作園地，幾乎每期都有我的稿，寫自己

初學寫作的四個朋友，後來都到了新聞文化界，右起張作錦、趙玉明、何坦、俞允平。

的遭遇，由中學教科書有過〈最後一課〉，我想到初二時日軍佔領家鄉，學校遣散上「最後一課」的情形，材料多，好發揮。那時候，我們部隊有幾位朋友，都在寫，後來成為最早的學習寫作的夥伴，政訓官何坦、繪圖員俞允平，我是排長，三人相互鼓勵，一起寫稿，稍後師部司書張作錦加入，經常在假日相約，交換心得，也湊成了《在金色陽光下》詩集的出版，不成熟，在民國四十二年，算是最早出版人的詩集之一；如此四人結成六十多年的友誼，雖未結拜，情同兄弟，早先四個光棍，如今四家三代，已有將近四十口，而且四人都在新聞文化工作的崗位上，各有進境，豈是偶然。

軍中文藝運動風起雲湧，各部隊也有熱切的響應，何坦是政治處政訓官，主任希望團裡辦一份油印報，何坦找我和允平商量，我們自然支持，商定何坦主辦，我主編，允平助編、刻鋼板，出八開一大張，一版部隊新聞加小小評論，一版文藝，經費用樂捐方式，真是出力又出錢，我很感動，我們預財組長每月出五十元，那時少校月薪好像是九十元，等於半月薪。這份叫《篝火》的團級油印板，如焉誕生。我常說，我編辦的師父是油印報，這是第一個，也是我編輯生涯初試鍊。這份油印報辦了八個月，因為師部辦了鉛印報，希望統一，而圓滿收場。

函授班學詩　初編油印報

在這個階段，發生了兩件對我一生影響的事，一件是我參加中華文藝函授學校詩歌班第一期，校長李辰冬先生，詩歌班主任是名詩人覃子豪先生。詩歌班的情況，詩人麥穗寫過〈我們這一班〉，對同學向明、彭捷、蜀弓、彩

軍中文化示範營作業一景，左前一為「趙幹事」。

羽、拓蕪、瘂弦，用點將式介紹，在《創世紀》發表，我列在後「失聯」之列，說我在曼谷辦報，未作詳述，有立此存照的意思。另一件事，是我改敘政工，由排長轉調政治幹事，而且調到另一個團，駐防中壢，我開始修習基層政工業務，又是一個新嘗試。

也許我與文學有緣吧，就這樣儼然成了軍中文藝青年，同事叫我「作家」，文學的起步式還不錯，這時國防部舉辦「軍中文藝示範營」，竟然選定我們一〇八八團第三營，一夕之間我們中壢營房，變成了軍中文藝的聖地，國防部組成工作隊，常駐營區，組長是總政治部第二處副處長、散文家童世璋，軍聞社記者嚴重則，導演丁衣，演員丁玫、曹健、錢璐，還有一位小丁小姐，廣播明星白銀的甜美聲音，一天到晚響徹營區，我也成了文藝營的接待幹事，就是跑腿的。

文藝示範營真熱鬧，很多名家都來演講，陳紀瀅、趙友培、王紹清、覃子豪、紀弦、鍾鼎文、宋膺、彭邦楨，都來了，我很高興拜見了函授班的老師，白天教寫作、教演戲、教畫畫、教唱歌，辦各種體育活動、足球、排球、籃球、賽跑，蔣經國也親自下場參加打球，自然軍長、師長也下場與士兵同樂，晚上更精彩，話劇、平劇、綜合演唱、相聲、和電影欣賞、文藝示範營有聲有色，熱騰大約一兩個月，而後辦觀察活動，各友軍部隊從南到北都派代表來參觀，也參加短期活動，要將軍中文藝運動的構想，推廣到全軍。

文化示範營工作組組長散文家童世璋（左）與趙玉明多年後會面，難忘當年的情景。

文化示範營　啟開新天地

示範營雖然只有三個多月，影響很大，至少對我個人，一個文藝學徒，進行了震撼教育，我最大的感觸是自己太淺薄，學寫作、學詩，也有兩三年了，自己連門都沒有進，我加速重讀函授的講義，而且動筆也勤了一些，也常找機會與長輩接觸，接受教益，如果上台北，會常去拜見覃子豪先生、紀弦先生，也結識許多軍中詩友瘂弦多位，也和畫家鄧雪峰幹校一幫，軍中小說家尼洛、田原熟悉，也常出席軍中文藝相關的集會。那時我認識鍾雷先生，他的朗誦詩風行一時，我有樣學樣，寫過一些朗誦詩，那時有個到政工幹校短期講習的機會，參加了全校國父誕辰朗誦詩寫作比賽，得了第一名，在幹校寫詩得獎，是很值得高興的事，可惜我沒有堅持寫下去。

文藝示範營結束半年，我調到師政治隊宣傳官，協辦文藝活動，那時部隊駐紮礁溪，指派我辦兩件事，一件是協辦文藝活動，辦了一次別開生面的文藝座談會，全師文藝業務相關人士，愛好寫作的官兵參加，也邀蘭陽地區社會文藝作家參加，我親上台北，請來函授校長李辰冬博士和馮放民先生，在軍中開風氣之先，是示範營向下紮根，一個很好的示範。

另一件事是受命籌辦一份師級油印報，這是我辦的第二份油印報，我們成立一個三人小組，我是主編，對外，負責撰述採訪，另一位政工幹校新聞學第一期畢業的李大錚，分發來部隊，他對內，管編校，還有一位士官，負責刻鋼版。報紙定名為《軍聲報》，報眉集國父墨寶，每週出報一次，很受重視，後來部隊移防金門，仍繼續出報，師長汪奉曾將軍十分重視，他到防地巡視，都叫我隨行，和侍從官兩人坐他吉普車後座，每週一次由他口述，我記錄，用師長第一人稱，寫「給同志的信」，每次約七百字，寫了很長一段時間，說官兵心理的話，也說師長關心的話，我無形中受了很感性的身教，我曾在海邊碉堡發現，大兵們都珍藏著師長的信，這份油印報變成師長愛兵的信使，提升了師長的知名度，也使我與汪先生建立很好的師生關係，他一再叮囑我好好學英文，後來他當士校校長、國安局副局長，我都見過他，也到他家裡吃過他煎的牛排，後來我擔任《聯合報》總編輯，他還約我到家裡吃飯，給我介紹幾位軍界長輩。

《軍聲報》辦過創刊兩週年活動，汪先生上調，繼任是周中峰將軍，報紙照常出版，我卻離開了，調到當年金門唯一的日報《正氣中華報》，早年對報紙出版管制很嚴，全台澎金馬只有三十一家報紙，由內政部發給出版執照。《正氣中華報》是胡璉將軍在江西創辦的軍

與同事李大錚（前左）主編《軍聲報》，前排中為刻鋼版的士官。

報，胡璉部隊由江西進駐金門，向內政部註冊，成為金門的喉舌，八開兩大張，第一張要聞，國內政經、國際新聞、金門新聞。第二張副刊、專題、家庭婦女、軍中通訊。編採部門都江西老人，急需吸收新進，我因編油印報，受知於曹一帆總編輯，同時調來還有幹文書工作的查仞千，我是中尉，他更小是准尉，當時報社編輯、記者，都是少校編階，低階高用，不能越兩級，我們兩人佔事務官、文書官缺，職稱「校對兼編輯」，實際上是白天校對、晚間編輯，也巧，那時幾位老人分兩批調訓，一下子少了三四個人，我編過幾年油印報，印刷方式雖不同，編輯方式一樣，加上我本來膽大，什麼事敢闖，我這個「劣根性」，對溫順的查仞千，也有些「帶動唱」功效，就開始我們「小兵立大功」的編輯生活。最初七八個月除了總編輯，只剩一個老手，還有一位晚上打工的先生，我和仞千白天編副專刊，晚上編新聞，中間做校對，兩人同駐一間小宿舍，兩張竹床，丁字排設，中間一張桌子，白天沒有做完的，晚上補作。這家報紙過去的採訪記者，很少寫專訪，也不見記者的署名文章，那時，金門勞軍熱，有很多有趣的人情味故事、體育活動多，尤其籃球對抗賽，加上影歌星的演唱，我們二人，又兼起記者來，還有一位高中畢業生常在我們身邊，他就是社長的少爺張國興，我們成了一個小採訪組，開始報上出現「本報記者」的署名報導，報面自然炒熱起來，也不會缺稿。不想七八個月後受訓人員回來，大不以為然，我們又退回到「校對兼編輯」的小範圍，那時台北媒體都有特派員在金門，中央社的方強原、胡黎明、方銀城，軍聞社的劉俊三、顏海秋、洪縉曾、羅戡、陳健康，合眾國際社的蕭恕倫，三兩天來金門一次，我認識這許多同業，受益很多，不知他們那位給我一個渾號，叫「老虎」而且不名，算是對我在《正氣中華報》第一年的表現，一個簡要的評斷，仞千幾十年來，都叫我「老虎」，頗堪記憶。

《正氣中華報》編採樣樣學

在《正氣中華報》的工作，對我意義重大，對編輯作業有了深層的了解，編輯工作有一套完整的程序、分段、整理、圖文配合、版面規劃、製題、組版、最後檢查，一步都不能省略，編油印報，我看過一些編輯的書，現在具體做起來，雖然是小報，但各種版面都接觸過，而且有些肯定，自己可以吃編輯飯，興起一種職業性的自信，這是我在正氣中華最大的收穫。

從四十二年調防金門，先在部隊編油印報兩年，在正氣中華又兩年多，得到回臺灣整休的機會。這次在金門四年多，收穫很大：一是我研修了很多編採的工作大要，整個編輯、記

金門《正氣中華報》同仁合影，前排左二為曹一帆總編輯，前中為趙玉明，後右為查仞千。

趙玉明（右）與查仞千（左）為接待訪客公孫嬿（中）與青年服務同學。

者的實務，另一方我也有不少詩作，我的詩風格，轉而陽剛，如〈戰士的遺言〉、〈太武山〉、〈自剖〉、〈大膽之歌〉、〈別金門〉，戰鬥意志旺，很想走出自己的路。

陽剛詩風格　受老師點評

詩人瘂弦早些年寫過一篇〈閃爍的星群〉，簡介二十位軍中詩人，我列名其中，小題為「戰鬥的火花：一夫」，是對我轉寫剛性詩一個回應，我想轉他的這段短文，做為那個年代我的一點小小的努力。瘂弦的文章說：

一夫這個名字在詩壇出現是民國四十一、二年的事，他的詩最早發表在《新詩》、《現代詩》以及以後的《藍星》，頗受重視。已故詩人覃子豪先生在藍星詩刊百期紀念會上，對一夫的作品特別加以推崇，認為他的詩真純粗獷，具有戰鬥者的豪邁風格，並舉出他的〈自剖〉、〈戰士的遺言〉兩首佳作作為戰鬥詩的範例。

作別這美好的世界
我的血漿來自胸膛
——〈戰士的遺言〉一詩的結尾

這種戰鬥精神的輻射，這種視死如歸的豪氣，生動地寫出了一個戰士的最後願望。又如他的〈太武山〉最後一節：

多少眼睛在看
看你動人的眼神如一團火
多少耳朵在聽
聽我的歌聲唱醒火線上的寂寞

這表現一夫的詩和他的人一樣，一直是以戰鬥者的雄偉之姿屹立在戰鬥的第一線。

瘂弦又說：「民國四十四年一夫榮獲國軍文藝創作詩歌獎，四十五年復獲國軍文康大競賽新詩類第二名，接踵而來的榮譽使他的創作態度益發嚴謹起來，這幾年他的作品是相對地減少了，這是一件困惑的事……」

詩創作少了　愛詩心不變

瘂弦美言了，他的簡述有助朋友對我寫詩的一些了解，我也想回答瘂弦的問題，從那以後我幾乎很少寫詩，簡單的原因，我為生活奔忙，求生第一，很奇怪我服務軍中廿多年，因為一次退伍，早年拿很少的退伍金，就沒有月退，沒有任何補助，結婚也沒有分到眷舍，我軍中是裸退，結婚生子，家累不小，只有拚命工作，做了十年廣播電台台長，兩年電視台組長，然後在台北日晚報編輯台上轉，試想如此奔忙的生活，能有幾分詩情，後來瘂弦到《聯合報》編副刊，我是副總編輯，總編輯，朝夕相處，可印證我的忙碌。我常說，新聞和文學是我的兩個情人，我對兩者都十分鍾情，結果為了生活，丟棄了文學，但終究文學曾經是我的情人啊，不是變心，是無奈啊！

（二〇一五年六月完稿）

意外闖進廣播這一行

民國四十五年秋天，我離開金門《正氣中華報》，回到原部隊，人事部門說要補經歷，我就下連隊擔任輔導長，算是基層政工的主隊職。大約回臺灣一年，一天，師部來電，說已保薦參加國防部心戰幹部甄選，要到台北總統府去考試，還發了免費火車票和三天差旅費。

國防部甄選　金門搞心戰

這次選拔，從部隊來了八十多人，最後錄取了二十六人，多數是政工幹校一二期畢業同學，有一期的鄧雪峰、張祖安、甯廷榮，二期的文俊山、羅敏求、卓暢然、王建業多人，兩星期後，由張星棠上校領隊，前往金門，接辦心戰指揮所，這些人的名字寄在新成立的心戰總隊，隨便安個職務，我記得我接到第一個派職令是「中尉播音官」，我一口湖南土語，一時傳為笑談，有人搞笑說：「可以開一個專對毛澤東播出的湖南方言節目。」張主任笑著對我說：「你熟悉金門，不去喊話站，你住金門城，做與廣播電台和四個喊話站的總聯絡。」他又指示：「你有寫作專長，可以設計文字傳單，寫廣播專稿。」

他給了我兩本小書，一本好像是美軍心戰教範，是他留美的教材，一本是心戰廣播，是他自己編寫的教材。從此，我就開始心戰工作ＡＢＣ的摸索，找來一些中央廣播電台的舊稿和幾卷中共對臺灣「廣播輯要」，這是我幹心戰的第一個功課，我單槍匹馬，駐進金門「鬼屋」，在金門城闖天下。

人住金門城，伙食搭在播音總隊的一個隊部，這個隊轄下有金門廣播電台，對內廣播，心戰指揮所成立開闢了「對大陸廣播節目」，金門台後來移交給心戰總隊接管。另一個任務主管金防部重要集會的「擴音工作」，心戰指揮所寫的對大陸廣播稿，都由我就近轉交，有時候偶然也參與節目製作的研討，這是我闖入廣播這一行的最早接觸。

邊學邊工作　自然入了行

遵照指示，我從設計文字傳單著手，從臺灣報紙上找人情味故事，像〈一門五博士〉、〈孝行家庭〉、〈默默行善一家人〉、〈三好家庭〉，每個故事寫五百字，像小小說，通俗易懂，由同事畫家鄧雪峰插圖，圖文並茂，單張彩印，利用空飄、海漂，送入大陸；再進一步，將這些故事寫成廣播稿，訂名為「真情實話」，增為九百至一千字，播出五分鐘，插在音樂節目中播出。還寫過一個也是五分鐘的節目：「你說怎麼辦？」找一個大陸發生事件，簡要分析，不作結論，最後問聽眾：「你說怎麼辦？」這些是匕首型的小節目，寫稿製作方便，效果可能比長篇大論，要有效果，我這種瞎摸索，很得張主任的稱讚，我覺得路是人走出來，肯思考、敢嘗試，就什麼也難不倒你，這是我學什麼，都容易上手的「哲學」，更是我學徒生活的速成術。

這次金門行，很快就滿了兩年，開始輪調歸建，就是要回林口總隊報到，我第一批回林口，那年剛升上尉，順利佔了少校主官缺，是參三的「作戰股長」，這很意外，也許是金門兩年努力考成的結果。

作戰股人不多，卻人才濟濟，政幹一期的劉芳百、二期的劉應文、畫家李奇茂、姜宗望、攝影家錢光中，還一位幹過砲兵營長的蔣中岳資深少校，他是影星林黛的舅舅，外加一位打字員，這是我第一次接觸參謀作業，作了很多與廣播有關的大計劃，包括光華之聲總台建台計劃，金門廣播電台接收計劃，馬祖電台建台計劃，金門各喊話改建計劃，女性播音招考計劃，也製作過傳單，支援金馬外島，但重點是廣播，我多次到中央廣播電台參觀，也向工程師們請益。

廣播研習會　工作大競賽

這個階段我參加過一次對大陸廣播的幹部講習，為時四週，是中央黨部第二組主導，中央台主辦，中央台主任黎世芬先生是班主任，參加講習的有全臺灣各廣播電台對大陸廣播的負責人、節目、新聞主管，共約二百人，在仁愛路中廣大禮堂，蔣經國先生親臨指導，他提出一個重要的觀念，希望對大陸廣播參與同仁展開大競賽，不搞大競爭，競賽可以分名次，競爭的爭，是殊死之鬥，極不可取，這些話對我印象深刻，深覺這是一種工作的精神境界。

這次講習後，我調任廣播電台台長，還是固定台長，廣播隊編制有六個電台，三個固定台，三個機動台，我是固定台台長，還是少校主官缺，廣播隊隊長是李明中校，就是小說家尼洛，他當時已接任金門廣播電台，自兼台長，人在金門，那時馬祖已開始籌備建台，林口的光華之聲總台，也開始施工，這些建台計劃，都是我在參三起草的，有人笑我「量身訂作」，可見當時同事都認為我已是「廣播內行」，不料出了一個意想不到的事，我佔高階缺，要接受相關訓練，我敘的是軍校二十四期步科，兵科歸位，我奉派鳳山步兵學校接受十個月的訓練，直覺的說，這個訓練對我目前的工作，風馬牛不相及，但召集令已下，只有準時前往報到，訓練當休假，十個月留在鳳山，除了大熱天到台南去探望士官張拓蕪，吃他的閉門羹，那裡也沒有去，我一直很奇怪，我這麼愛熱鬧，喜歡交朋友，怎麼沒有到左營去看瘂弦、洛夫、張默、彭邦楨？

帶領新聞部　駐台北採訪

結訓回林口，有了新任務，光華之聲總台籌建接近完成，總隊已有金、馬兩個廣播電台，需要新聞節目支援，決定任務編組成立新聞部，由我台長兼任新聞部主任，選六位年輕同事租房進駐台北，我去拜見中央台黎世芬主任，他是我研習會的班主任，我向他報告籌設新聞部的事，他直覺的說，在台北設新聞部，場地、通訊、製作設備，你一時怎麼辦得成，軍方經費有限，困難太多，而且你們臨時性的，他又說：「這樣吧，短期內，你們就在我這裡寄住吧」，他找來採訪主任黎世芳先生，是黎先生的令弟，請他在新聞部劃一間房子給我們，一切對外通訊設施，都共用吧，你們自己租一條專線，花錢很少。我真意外，黎先生對學生的愛護、自然、溫馨，讓我終身感恩。

這個階段，除一般的採訪，六人分工，與中央台記者同進同出，每天寫稿送我核閱，存備考成：如果參與現場節目，記者採訪所得，送林口製成節目送金門、馬祖。我們設計了一個有指定對象的廣播，由記者介紹場景，主講人身分背景，然請被訪者發聲，由專人錄音，半年內訪了三十多位，包括胡適博士、錢思亮校長、于斌主教、楊亮功院長、李國鼎先生、高玉樹先生、蘇南成先生等，製成節目送金馬電台播出，光華之聲開播後還重播過。

對我個人而言，進駐台北，主持採訪，我認識了很多廣播界的精英，中廣的王大空、正聲的李睿舟，都是新聞部主任，跟他們在一起，因為我不能上麥克，無形中矮了一截，我將重點放在策劃，由同事王迺威等人發聲，由我規劃掌握，半年以後，我奉命接任馬祖廣播電台長，開始十年台長的長程奮鬥，這個新聞部也隨著光華之聲林口總台開播，而歸建林口，併入節目部了。

接掌馬祖台　工作兩年半

馬祖台已開播一年多，我是第二任台長，都是老人，我只帶了一個張拓蕪，節目主任是幹校新聞系第一期的吳子明，加上我一共三個包辦全部節目的寫作，女播音員是一對姐妹花李齡、李娟，後來在台北播音界和配音圈，大有名氣，男播音員周德祿，是個很實在的人。

金門、馬祖的廣播節目安排相同，分兩個部份，早上五點至六點半，晚上十一至凌晨兩點，對大陸播出，上午六點半至九點，中午十一點至一點三十分，晚間五點五十至十一點，對內播出，對大陸重要節目，由台北支援，對內插播和其他，在地寫作、播出，適應當地需要，製作大型節目，如慶生會、節日慶祝會、歌唱比賽、實況轉播、重點播出、看需要安排重播，有時也自製小小廣播劇、空中座談會、有問有答、小說朗讀、新詩朗誦，雖然人力有限，但要盡力而為，在馬祖兩年半，製作巡迴慶生會，深入部隊，輪流到各營區舉行，請指揮官一起到各地為官兵慶生，製作成功，受到官兵喜愛。

趙玉明（右）擔任馬祖廣播電台台長二年多。

回台一年，趙玉明（右二）又任金門台台長兩年半。

適應戰備需要，電台由外面搬進圓台山坑道，與指揮部近鄰，播音室搬遷，是大工程，重建播音室，增加隔音設備，防水防潮，線路重設，花了六七個月時間，正常播音不能停，坑道趕工不能慢，全靠協建部隊的支持，全力趕工，終於完成，正逢陳副總統辭修先生，巡視馬祖，請他主持了坑道播音室的首播。搬入坑道半年，我在馬祖任職已三十個月，就是兩年半又回到了林口。

主持節目部　辦實習訓練

回林口，沒有幾天，新任務又來了，又是任務編組，成立光華之聲總台節目部，我又領台長銜兼節目部主任。節目部有四十人，是一個大部隊，包括二十位預備軍官，新分發來林口，不知是誰的主意，不分到各單位，集中成立節目部，還有幹校新聞系七期分發來的畢業生十多人，還有十多位反共義士，這個組合都是大學畢業，學有專長，更有幾位碩士畢業，最著名的就是文化大學新聞系所的主任鄭貞銘先生，他曾在《中央日報》工作、政大新研所畢業，他成了一個榜樣，勤奮盡責，一天到晚手不失卷，其他人都各有所長，各方風雨會中州，我陪他們寫作，出題目，發卷收卷，有時也不能不作點評，我一向大而化之，這個階段謹言慎行，倒也合作愉快。

這中間也發現一些問題，廣播稿要通順自然，喊話稿要淺白容懂，要純白話，大專學生學問好，寫廣播稿、喊話稿，不可能多，用心向他們說明，爭取他們認同，還真費力。所幸，平日一起生活，我也用心和他交朋友，與他們建立很好的友誼，他們退休還和我有連絡，三十多年後，我在交卸《聯合報》總編輯之後，鄭貞銘教授主動安排我到文化去教書，而且發了副教授的聘書，他對我的認識，就是從那個時候開始，後來我因為接辦泰國《世界日報》，副教授沒當成，僅曾在新聞系梅新教的一班去做過一次演講，鄭博士的好意，終身感激。

在這個階段，還出個一次差，配合特種部隊，參加一次中美聯合大演習，由心戰總隊成立一個心戰分遣隊，由我擔任隊長，由總隊各單位派出五十人，分成機動廣播組、空飄海漂組、傳單報刊組、機動喊話組，配合三名美軍軍官、五名士兵，和一個華裔翻譯，在龍潭附近參加陸海空軍配合有美軍參加的特種作戰聯合大演習。

心戰分遣隊　參加大演習

心戰分遣隊，配合一部廣播車、一台傳單印刷機、一組製氫機和各色汽球，兩組喊話機，隨戰況配合廣播、印傳單，空飄作業和亂前喊，準備時間長，大部隊演習時間長，心戰特遣隊功效在最後一兩天，尤其是決勝的最後時間。

最使我難忘的，是總講評那天，蔣老先生親臨講話，各部隊指揮官，依順序排列入，心戰分遣隊，是國防部單位，孤零零一個陸軍少校，坐在第一排第一位，離老先生約五公尺，這是我一生最近看到他。而後依順序上將、中將、少將、將星雲集，而後是坐在老先生後面的都是四星上將，老先生講評大約五六分鐘，他很高興，可是他眼睛向我這邊看，我就很不自在，端端正正坐著，一動也不敢動。

演習結束，我回到林口，大概一個月，我又有新任務，派往金門，接任廣播電台台長，這是第三次到金門，電台已由成功，搬到山外坑道內，是一個三岔坑道，坑道正門是電台節目部、播音室、台長室，另一邊是機房、發電室、工程人員宿舍，第三道坑道，是女青年隊宿舍，他們住處坑道出口封死了，每天從電台前門出入，很是熱鬧。

再接金門台　已得心應手

這次到金門，重視軍中活動，但增加了社會結合地方的節目，地方活動也請我參加，而且各位師長、師主任都熟悉，很多朋友的朋友，也成了朋友，做起事來，也順手些，節目安排和馬祖差不多，增加了閩南話播音，照例舉辦巡迴慶生會，在大膽、小金門、金門本島分區舉辦，還辦了一次大型的歌唱比賽，也舉辦勞軍演唱轉播，電台舉辦各種活動，師長以上長官都來參加，大家對我的努力十分肯定，在我兩年任滿時，一位將軍詩人范叔寒將軍曾有詩相勉：

廣播天聲震漢魂，曾留優績在金門；
他年話到中興事，陷陣衝鋒與併論。
繁華容易春光老，萬里愁生兩鬢驚；
唯有兩事須著意，戎衣端莫負書生。

金門各界還舉辦歡送，贈送「譽滿金門」銀盾，《正氣中華報》社長曾文偉兄，希望我留在金門，到《正氣中華報》擔任總編輯，是中校主官缺，我因歸建命令限期報到，我以為台北有什麼大事，不敢延誤，而將升遷之路回絕，這也是命運！

金門任滿各界歡送，致贈「譽滿金門」銀盾。

回台沒有多久，總政治作戰部顧問曹敏教授來林口聽有關廣播簡報，不知道為什麼叫我作「廣播節目設計與製作」的報告，我用十五分鐘作了說明，總結提到建立廣播網，從台北、金門、馬祖連線的廣播網構想，聯想到越南、南韓和臺灣廣播網的互聯之必要性與可行性。

曹先生聽了，當眾問我願不願意到心廬工作，就是總政治部心戰小組，是一個智庫型的單位，由幾位教授主持，當時有七、八位軍官參加，加上我和我同時加入王啟惠，一共有九個研究員，因為後來辦了五批，每批二十人，都是軍中精英，所以我們九個人算「心廬第一期」，後來的同學，叫我們老師。曹先生到林口找人，主要是因事實需要，要製作中韓越三國聯播節目，也許我那個簡報，呼應這個構想，所以我的任務是參加大陸研究，擔任廣播小組召集人，缺還在林口，還是少校台長。

心廬廣播組　中韓越聯播

心廬的課程還真不少，每天至少上課四小時，其餘時間執行指定任務，我們工作是製作廣播節目，從設計、約人寫作，找人播音錄製，由光華之聲三台播出，送越南、南韓，由他們安排播出，對象是北韓、北越和中國大陸。

製作的節目多樣性，主要節目有「請聽聽和你們不同的意見」、「剝毛澤東的話皮」、「真情實話」、「你說怎麼辦」、「臺灣新聞與亞洲報導」。還有「請你聽一首歌」，現寫歌詞，由駱明道及時作曲，找人錄製播出，如「一一五師往上爬」。參加寫作的人很多，我們幾個老人都寫，後來由各期年輕同事接棒。參加錄音都是台北廣播明星。

心廬的課程更紮實，包括林一新的「馬克斯政治經濟學」、鄭學稼的「中共黨史」、羅剛的「孫文學說」、鄔昆如的「哲學」、胡秋原的「中國文化史」、孫智燊的「心理學」、曹敏

心廬同仁合影，趙玉明（右立一）為廣播組召集人，製作中、韓、越聯播節目。

光華之聲同仁，50多年後仍有團聚，當年女播音員，如今都是阿媽了，前排右二為「趙台長」。

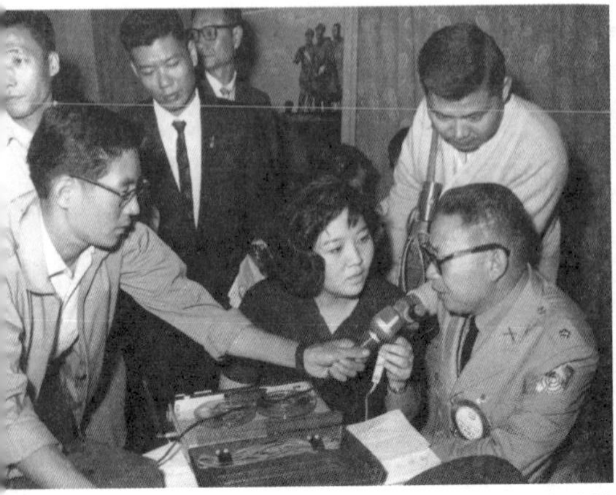
接受記者訪談

獲國軍新文藝小說獎

的「黑格爾哲學」等，是研究所的課程，我們最早的九人，還參加以後各期旁聽，以後每期二十人，兩年一期，後五期約一百人，其中升中、少將的多人，現在多已退休，每年還有集會，都對這段日子念念不忘。

我五十四年進心廬，到五十九年二月退役，有機會讀書和研究是我當兵以來最用心的四年，尤其即學即用，如寫〈剝毛澤東的話皮〉，就是毛澤東批判，如〈聽聽和你們不同意見〉，對中共四個堅持，全面批揭。對我而言，也曾把所學內容引到文學作品中，我寫〈咆哮大地〉獲得國軍新文藝小說銀像獎，就是以大陸現實為背景，我寫《飛向白日青天》一書，訪問范園焱，獲新聞文學類國家文藝獎，我寫的是與范一同走過的中國那四十年，這就是教育的效果，我因為基礎差，所以成就有限。

決心辦退役　轉入新聞圈

我在心廬最後階段，我少校停階已過十年，我本來不在乎，但對自己失望，如果不留在林口，善用關係，何致如此？不知怎的，讓王昇上將知道我的狀況，曾出面關照，不料我們總隊的回應是「趙玉明已安排退伍，升他反而害了他」，我無話可說，決定不再麻煩王上將，在他赴越南公幹時，我請見他的職務的代理人王成章中將，我據實報告，一個人少校幹了十一年，留他何用？我就辦妥退役，因為氣憤，不聽朋友勸阻，決定一次退役，在軍中二十五年，領了十三萬塊錢而「裸退」，不知怎的結婚多年，竟然沒有分到眷舍，所幸還有求生本能，不然豈不讓妻兒衣食無著。

一年多後，王上將結束越南的公務回臺灣，還向曹敏教授問我情況，曹教授直說我已退伍，現在台視工作，其實主要是在《民族晚報》、《徵信新聞》編報，在《台視週刊》兼差，不知老師為什麼說我在台視。曹老師後來轉述，王上將說，國防部要辦電視台，曹老師告訴王上將，將來辦電視，你如果需要趙玉明，我負責叫他回來。據說，華視開辦時，有個儲備人名單有我的名字，加上節目部主任，是我的兄弟李明，這是湊成我進華視擔任編審組長的原因，都是曹老師說，真實性如何，已無從查究，再說什麼，已沒有意義。

（二〇一五年六月完稿）

終於上了台北編輯台

全神貫注的編輯時刻

民國五十九年我在軍中，毫無進境；在國防部心戰小組的研究和工作，也沒有突破，開始有退的打算，那時候，我已結婚生子，開始對自己未來做長考，我原以為自己在軍中會有些發展，多年來一直擔任主官職，而且不斷代表團體，出各種任務，最後又有研究進修的機會，以為會有新發展，很意外，十一年「原地踏步」，王上將出來關切，竟也徒勞無功，我愛軍中，我發現我應該開始愛自己，愛家人。

《民族晚報》．編輯起步

在我猶豫的關口，老友查仞千相召，他說：「《民族晚報》擴版，要增加一個人，王逸公（王逸芬董事長）要我找你。」這是一個誘因，一線希望，只要我點頭，就有了新工作，然後「騎在馬上找馬」，我告訴仞千，我有興趣，但我還有軍職，退伍也要安排，仞千直接的說，兩星期就要擴版，叫我認真考慮，不要錯過機會。

在軍中的進退，由不得個人，主管不同意，就很難成事。我去找指導教授曹先生，表達退意，他反應正常，也很同情我的處境，對王上將關照我也沒有升成，很不平，但他說，我這個時候退，王上將會認為你在賭氣，而且他目前人在越南，半年不會回來，你要退誰敢批呀，叫我再忍耐，事情總會解決的，自然希望我再等一年。我誠懇的請他成全，也向他簡報晚報請我的事，王上將公出，由阮成章中將代理，我覺得這是一條路，但要先過曹先生這一關，才有機會找阮中將過第二關。

我說服曹先生的方法，很直接，我退伍以後，他叫我幹什麼，我都無條件接受，磨久了，他同意找阮中將試試。這時候和仞千商量，我同意去晚報，先編個小版，正好有個經濟版，是半版十批，上班時間十二點至一點半，上午辦公室十一點半下班，下午兩點到班，用權宜辦法先維持。後來感謝曹老師的折衝，阮中將很同情我，可以放我，我辦公室與晚報間奔忙，大約兩三個月，我終於退伍了，而且辦的一次全退，與軍中斷了牽連。

如此，《民族晚報》成了退伍後的第一份工作，沒有想到，仞千結婚，請我代班半個月，牽成這樣一種緣分，編晚報經濟版很輕鬆，很快就一年多，有一天在仞千家，見《徵信新聞》的副總編輯汪祖貽，大家已很熟，他說，趙玉明太閒，到我們報紙來吧，找個地方版編編，反正是討生活嘛。經他的安排，進入《徵信新聞》的地方組，當時地方版，分區域綜合版，是南北中四個大版，是全版；各縣市版，是半版十欄，我們的嘉南區域版，是整版，負責核我稿的是副主任胡兆奇，就是寫散文的季薇，是熟人，他很平和，我們合作愉快。

我幹了兩年，工作又有了變化，劉潔先生由《聯合報》副總編輯，出任《經濟日報》總編輯，說要找人，他和汪祖貽、查仞千相量，三人一致認為應該讓趙玉明轉台，當天晚上祖貽告訴我，他們的決定，祖貽說已簽准我辭職，劉潔先生也報准了我任職，就這樣，穿越兩大報系的時空，用最高效率，完成異動。

《經濟日報》．專業學習

《經濟日報》創刊一年多，接任總編輯的劉潔先生是報系資深戰將，領導地方中心以要求嚴厲著名，對新進記者的培訓，用心最多，他編餘幫外地同仁改稿，十分盡心，每天給外地寫幾十封信，寄回修改文章，大家尊他是「文章病院」，極受同仁敬重。

向編輯部報到後，潔公叫我編「財政經濟」，第二版、全版二十欄，是《經濟日報》重點版，對我是大考驗，我雖在晚報編了兩年經濟版，不過小鼻子小眼睛，現在要大展拳腳，還真有些緊張。

副總兼編輯主任是唐達聰，長沙同鄉，早認識的，就是翻譯家耕耳，副主任葛永嘉，是《聯合報》老人，原來的「財政經濟」版主編，是提倡白話標題的人，運用字體變化，美化標題，早期我在「報學」寫過專文，公開提倡了「標題白話化」、「標題通俗化」，例如利用字體不同、大小對稱等方法，我不外行，也許有共同語言，彼此相得，我編二版，他改編一版，稿件互通有無，他多的向我輸送，所以合作愉快，他叫唐達聰「高頭」，我叫他「葛高頭」，就如此進了聯合報系，開始新挑戰。

「財政經濟」是《經濟日報》重點版，包容廣泛，包括財稅、金融、貨幣、貿易、股市、經濟，我開始惡補，翻閱教科書本，好在記者群都是行家，看稿發現問題，可以向記者討教，還有「葛高頭」是前任主編，現成的問題解答者，大約一兩個月，一切平穩，算是站住了腳跟，四年下來，已在三家報社，結識了很多新朋友，我的新聞學徒生活，算是正常了，談不上十分出色，這是真話。

我就如此的上了台北編輯台，順利度過忙碌的五年，這五年固定在日晚報上班，十分正常，賺兩份薪水，維持一個小家庭。意想不到的一些變數，牽連出很多事件，尤其是幾本雜誌，牽動了我的生活，使我日晚報之外，增加許多繁忙與奔波。

《人人娛樂》・彩色編輯

我在心廬工作的同事，電影音樂家駱明道，我們湖南長沙人，政工幹校音樂系第二期畢業，一直在空軍電台工作；後來搞電影音樂出了名，心廬成立廣播組，我是召集人，因製作心戰歌曲，王化行上將囑他加入廣播組，因為製作心戰歌曲，他得到山海唱片的幫忙，因而他也動了製作唱片的心願，他希望我支持，三萬元一股，找了我們加入，他佔百分之六十，其他多人百分之四十，好像三萬元一股佔百分之十，我僅一股，由他註冊任董事長，我掛名總經理，他的同學張澤民任經理，選出夏台鳳、金燕、葉明德多人為基本歌星錄唱片，決定出版《人人娛樂》月刊，作為唱片宣傳，我是主編，邀來好友張天福參加編務，天福彩色編輯內行，我設計規劃見長，湊成我和天福以後多年的合作，變成兩人焦孟，結成彩色編輯的夥伴，以後在晚報、在台視、在華視，乃至泰國，他都參與我的編輯團隊，為我分憂，這是後話。

《人人娛樂》，二十五開方形，彩色精印，以娛樂、電影、唱片為內容，有名家專欄，最叫座的是李敖寫「飲食男女」，每期一萬字，那時他獄中剛出來，不能寫政論，很多報刊也不敢登他的專欄，駱明道和他是朋友，後來我和他也熟悉，我們說服他寫「飲食男女」，不搞政治，明道給他很高的稿酬，他引經據典，用歷史家的觀察，寫盡古人飲食男女的韻事。

《人人娛樂》上市，很轟動，銷路也不錯，原來的主意是宣傳，能維持平衡就很好。沒想到三四期後，驚動了《台視週刊》齊振一社長，齊老大那時好像是《徵信新聞》副總兼編譯主任，晚上和祖貽見面，提到《人人娛樂》，說想找這個編輯，祖貽說他要找的人，近在眼前，湊成我與齊老大見面，他邀我到《台視週刊》，條件由我提。

我問清楚電視週刊的發稿情況，是每週六下午發稿，當天晚間九點，中華彩色來拿稿，夜間製作，第二天星期天下午看清樣，晚九點付印，星期一早上發行，已行之有年，於是我告訴齊老大，他的好意我接受，我們目前有軍職，不能正式上班，我希望他同意：一、我和天福做特約人員，支車馬費；二、每星期六下午上班編稿；三、星期天，二人到中華彩色公司，督導作業，看清樣、簽付印。齊老大完全同意，從此，我沒有星期例假，準時工作了。

《台視週刊》・禮遇延攬

當時週刊業務部門的人多，發行、訂戶管理、會計，發行數量已五萬份，我和天福加入後全面彩色化，立即受到重視，編輯方面，《中央日報》張力耕是主編，《民族晚報》馮偉林，寫稿和攝影，還有一位彩色專業攝影，叫黃則修，是業餘攝影家，他拍明星沙龍照，做封面和彩色整頁，很搶眼。中華彩色公司是大廠，很有效力，能完全地符合我的要求，製作水準很高，很少出錯。

我和天福，兼職好幾年，張力耕後來去美，由我主編，找來青年作家舒凡，本名梁光明，後來俞允平也加入，在任業務部工作。

《台視週刊》彩色化後，銷路直線上升，不兩年突破十一萬份，還在繼續竄升，後來我辦妥退伍，在週刊服務，正式支薪，過著兩報一刊的編輯生活，後來，我被徵召到華視擔任編審組長，同時辭出報社和週刊的工作，因為華視初創，籌備期間待遇很少，很謝謝齊老大，體恤我要養家，特別准我人在華視，每星期六下午去看一下，在他那裡支半年薪水，這種禮遇，說明我在週刊那麼多年，工作很被看重。

在《人人娛樂》與《台視週刊》之間的這段時間，我還編過兩本雜誌，利用上下午抽時間完成的，這兩本雜誌，一本叫《軍民一家》，一本是《科學月刊》。

先說《軍民一家》，是軍人之友總社的宣傳刊物，那年，我的軍中上司周顯少將，接任總幹事，希望擴大敬軍愛民的影響，擴大宣傳勞軍捐獻，推動勞軍活動，要辦一本小刊物，而且是半月刊，找上了我，他在軍中多次是我上司，最後在林口，我做台長時他是總隊參謀長，後來我到《聯合報》做總編輯，他是總經理，當然這是後話。

我推也推不掉，只好應命，反正也難不到，開始找幫手，先選了張拓蕪、何坦，不料拓蕪報到職前一天中風，好在我先幫他報了到，所以養病還領過半年薪水，後來補上詩人提曰品，我編了幾期，由何坦和提曰品接手，我才逃脫。

主編《科學月刊》，40年後創刊同仁集會，立者右一為趙玉明。

《科學月刊》．也找上我

另一本是《科學月刊》，當年留美學人創辦，由一百位學者發起，風傳一時，由女詩人王渝小妹建議，編務找上了我和辛鬱，科學我們純外行，科學符號都看不懂，遠在美國的朋友找上門來，也不好推辭，好在有辛鬱，我只能在緊密的行程中抽出一些時間，開始規劃，建議先出一個0期，作試刊本，向國內投石問路，一百位留美學人的聲勢，加上臺灣各大學的回應，很熱騰了一陣。當時學界直接參與工作李怡嚴博士、楊國樞博士多人，還有一批研究生劉廣凱、瞿海源、黃碧端十多位，由我署名主編，辛鬱協助兼理業務事宜。我只編了七期，交辛鬱接手，他做了很長的一段時間，他被創辦人之一劉源俊博士譽為「《科學月刊》的保母與守護人」，《科學月刊》發展很好，影響很大，在創刊四十週年社慶，我還受邀參加，以表對「創刊主編」致敬意。《科學月刊》給我很大鼓勵，一是外行人做內行事的適應能力，二是歷久彌新的感受，翻閱四十年前創刊的《科學月刊》各期，不脫俗，外觀和內在，都還可以，不無安慰之感。

還有一本刊物，與我有許多牽連，就是《文藝月刊》，在籌備創刊的時候，我還在軍中，在心廬做研究，《文藝》源起，與國軍新文藝有些關連，有關當局因為事實的需要，由國防部、教育部相關的六個單位發起，各出一點錢，籌辦一本文學刊物，由國防部總政治部找人承辦，不知為什麼找到曹敏教授參與計劃，當時我天天和他見面，不曾聽他和我說起，後來決定由小說家吳東權先生負責計劃，曹先生精神領導，進行規劃，曹先生想敦請胡秋原先生出任發行人，由東權專程請他出山，但胡先生堅拒，至籌備大體完成，發行人難產，最後，萬不得已，曹先生自己披掛上陣，東權找來姜穆協助，《文藝》就在國軍文藝活中心掛牌創刊，二十五開本，厚厚一冊，風評不錯，是榮面，也被各方看好。可是一段時間以後出現雜音，反映不如預期，出現某些爭執，也影響了曹先生的清譽，畢竟曹先生與文藝不是一行，被譏「外行領導內行」。最早，我知道曹先生出任發行人，我是反對的，文壇不單純，曹先生不必蹚這個渾水，苦無機會建言，到了這時候我也很懊惱。

後來，我離開軍中到報館討生活，就沒有再管這碼子事，據知，曹先生很尷尬，與東權之間也有意見，我認為曹先生不快樂，東權也委曲，東權辭編，由張放接手，這段時間我很忙，也沒有能力管。不料，有一天接曹師電召，是緊急呼叫，叫我在指定時間去他辦公室，說有急事。

《文藝月刊》．兩度應召

這是退伍後，第一次回心廬，他見了我，一幅無可奈何的樣子，他老了，精神很差，他說：「玉明，你回來吧！《文藝》辦不下去，你來接吧！」

我真呆了，怎麼回事！不是張放嗎？原來東權之後，張放也辭了，《文藝》由一位小老弟陳篤弘撐著，在如此狀況下，我連拒絕的勇氣都沒有，我立即找篤弘，聽他簡單的說明，主編辭了，稿源斷了，經費也不多了，他陪我到長安東路五十六號，這棟房老軍聞社，《文藝》由國藝中心搬到這裡，兩個小間，除了一部電話，什麼都沒有。

我和篤弘冷坐一會後，決定：一定恢復出版，一個月以內，篤弘認為是不可能的任務，我打了十多個電話，向朋友請教，請寫評論、小說、散文、詩……然後打電話給我認識的印刷廠，又約胥盛祥來共事，他是報社的編輯，如此我，篤弘，盛祥三人組成軍。

真感恩，七天後各種稿件如約而至，這時曹先生也送來姜貴的一個長篇，可以壓底，亮軒、景翔、尼洛、玄小佛大約十多位都來了稿，我利用日晚報上班的空隙，看稿、編輯，每天下午都在長安東路，合三人之力，速成趕工，使《文藝》，恢復正常出版，渡過難關。

這是我第一次做《文藝》主編的經過，時間不到一年，由篤弘與盛祥接手，我日後兩報幾刊的編輯生涯，晝夜繁忙，有道是「忙碌的蜜蜂，沒有悲哀的時間」，我真覺得，自己的天空，很高很亮，忙中取樂。

不料，沒有多久，尼洛找我喝酒，就兩個人，我看他很沉重。他說：「王大將要我接《文藝》發行人。」

我立即反應，事態嚴重，《文藝》對曹先生是工作，換了李明，就是事業，是李明的出路，而且只能進，不可退。更是他離開華視節目部主任以後，第一個新任命，在李明是大事，在王大將是出重兵。「你推得掉麼！」我直接說：「推不掉，就接！」

李明跟著套上了我：「我接，你也接！」

這等於向我說：「你推得掉嗎？」這樣，他作了發行人，我又成了主編，辦公室在博愛路黎明文化公司的三樓，鄰近一樓是一家有名的咖啡館，也成了《文藝》的會客室，見作家、談計劃都在這裡。

根據我前面的想法，《文藝》得重起爐灶，從面貌到內容，要大改，版本改三十二開，換印刷廠，對象以高中、大學生為主，找新人培養，李明親自與軍中老作家聯繫，找來晚報記者湯熙勤，日報編輯胥盛祥，參加部份工作，找來《台視週刊》俞允平，著眼接我的班，全程陪李明辦《文藝》。

內容也重新規劃，分成幾大系列，如傳播系列，理論系列，小說系列，詩散文系列等，傳播系統，找作家辦紙上座談會，還是用的老辦法，李明和我，找作家朋友點菜，我先作成「目錄」，以點菜編輯，全部十天稿到編成，由李明約六七位朋友喝咖啡，辦一次座談，記錄內容，用照片實況，圖文並茂，改版第一期前二十多頁的內容，一天時間就完工了，如此這般，李明時代的《文藝》，就在我急就和追迫中，順利完成，作為以後的樣版。

作保賠錢．《文藝》代還

我雖是主編，工作重點多落在俞允平的身上，他是專職，辭了別處工作，與李明相處也好，後來我去了泰國，自然管不了《文藝》，我想報告一下李明接辦《文藝》幾年的情形，總體的說，《文藝》訂戶穩固，營收數增加，最好的結果，賺回了創辦時六個單位分攤的六百萬，每單位一百萬，已如數歸還，後來階段性的任務完成，情勢也有變化，六單位協議，《文藝》停刊，劃下圓滿的句點。

辦《文藝》，我是義務的，卻發生了一件趣事，早年為《民族晚報》一位記者作保，鬧上法院，我家房子還被查封，後來法院判賠三十萬，兩個保人分攤各十五萬，當時是一個大數目，「隨緣隨筆」專欄作家阮文達，是華南銀行的副總，他幫我洽辦分期還債，分三十個月，每月五千元，李明知道這件事，對我說：

「義務主編，以後支車馬費，每月五千元，三十個月後，恢復義工職。」

這是趣聞，很有人情味，簡單的說，我幫《文藝》，《文藝》也幫了我，不然我的住家，早被拍賣了。

從五十九年到六十七年，長達九年時間，我遊走三報五刊之間，在編輯台上面對寂寞，享受寂寞，使我的新聞學徒生涯，有一些些進境，感恩啊！

（二〇一五年六月完稿）

難得兩度《文藝》緣

俞允平先生來信說：《文藝》月刊出了二十年，希望過去參與過編務的人，能寫篇文章「回首來時路」。我的確兩次與這本刊物很有關連，而且，允平接手主編《文藝》，直接的關係是因為要「救出」我，所以，他說要我說些話，也就不能不用誠摯接受，來作為對他的回報。

我也編過《文藝》，但都有特殊原因，如同一輛「救火車」，都是因為人的關係，呼傳不敢不應，也不能不到。使我在自己忙亂中還要「照顧」這本刊物，牽連著兩個人，也就是《文藝》的前後兩位發行人——我的老師曹慎之先生和我的朋友李明先生。這兩個人和我的關係，是屬於叫我做什麼，都不能拒絕的，曹老師在軍中對我有過教誨照顧，李明是我們「張王李趙」的頭，幾十年的「死黨」弟兄，碰上這兩個人，我很少會有「申訴機會」，我也常常自動放棄申訴。我編《文藝》是「客串」、是「過渡」性質，所以，不是「力所能

《文藝月刊》首任發行人曹敏教授是趙玉明夫婦的主婚人。

及」，或者有什麼「文學使命」，只是因為他們找我，可能是再沒有別的人或別的辦法。

《文藝》創辦．我在軍中

說起《文藝》的創刊，我倒自始是一個旁觀者，曹老師受「託」籌辦《文藝》，那時候我並沒有退伍，正在他身邊從事中共問題研究，同時是我擔任馬祖、金門廣播電台台長之後，在曹老師主持的「心廬」任研究員，兼辦中、韓、越三國聯播節目，曹老師多次談到促成創辦《文藝》月刊的事，照他的想法是請出一位文教界有盛名的教授，擔任發行人，當時策劃工作全由小說家吳東權兄負責，記得有一天東權到「心廬」來，要親送一封敦請某先生擔任發行人的信去景美還是木柵，我搭他的便車，到新生南路一段我新婚的家，車上聽東權兄（可曾記得？）細訴他的理想和曹老師、王化行先生對這本刊物的期許，意氣風發，成功可期；後來某先生不願出任發行人，而一切籌備完成，出刊在即，曹老師被逼得親自「掛名」上陣，十數年他自己安於做一名隱身的謀士，竟為《文藝》挺身而出，我認為是一個「異數」，我當時是不很贊成的，可是，僅在談話的語氣上不以為然，卻未直接反對。我當時假想，有東權兄直接負責，化行先生大力支持，且又事不關我，何必跟曹老師唱反調！不久我離開了軍中，對《文藝》的事也就所知很少，後來經營有難題，東權兄辭去編務，由也在「心廬」做事的另一小說家張放兄接棒，我也僅是一個讀者，後來和曹老師見面較少，談《文藝》自然更少，這時候文藝圈內傳出《文藝》許多爭執性的話題，涉及曹老師、東權兄，以及後來的張放兄，對老師與朋友之間的爭論，我更不敢問。當然我發過感慨：「曹老師當初堅持不做發行人就好了！」我也曾責怪自己，為什麼當初不向曹老師陳述不同意他做《文藝》發行人的看法，陳述不一定有效，至少我真的盡了心。

這件事早已事過境遷，但「同首來時路」，東權兄受到的傷害最大，而且，十分委屈；曹老師受到議論也不少，而他又直接聽不到外面的批評，也沒有人直接向他傳達文藝圈內雜亂的聲音，說起來他所受的傷害也不輕。後來，東權兄交給張放兄，如何發展我已不詳記，只記得有一天突奉曹老師電召，是我離營以後唯一電召的一次，我去見他，他很惱喪地說到《文藝》的處境，自責「有負朋友所託」，談話的重點是要我暫時接下《文藝》的編務，再找適當的人選接棒。那時我已轉入報界，自謀生計，最是忙時，對這個「使命」，甚感茫然，又無由措詞拒推，便如此硬承擔下來，當時最急切的事，是讓《文藝》繼續辦下去；我自知不是文學大才，當時《文藝》的創刊基金用完，主客觀條件也不容有驚天動地的大變化，當與曹老師商定：一、降低成本，維持出版；二、改變發行對象，以學生青年（當時學校訂戶仍不少）為讀者群；三、改為三十二開版本，適合青年學生攜帶；四、向原出資支持的五個單位提出現況報告，取決各單位的意見。大致如此，我帶著沉重的負擔，離開曹老師辦公室，我也曾自怨做了「真正的被害人」。

曹師召喚·不敢不接

如果，我說那時候的《文藝》，是生命的危險期，絕非誇大。第二天，我到長安東路一段五十六號去「到班」，看看來稿，一篇可用的也沒有，而且，很多作家已不給《文藝》寫稿，印刷廠也不想承印，這些情況比沒有錢更可怕，我只有火急找稿，先從熟朋友下手，當時姜貴先生客旅台北，楚戈、楚卿、亮軒、陶曉清、華景彊、崔文瑜、玄小佛、古蒙仁諸位，成了第一批「贊助者」，從曹老師授命，到改版出書，不過二十天，拉稿、找廠、找發行代理、編校出版，自然是一陣忙亂，幸好請來陳篤弘弟為經理，胥盛祥兄也來兼差，協助編務，這段日子我自己也多處奔波，苦楚煎熬，竟然使《文藝》重獲生機，稍後略能收支平衡，曹老師的信心和篤弘的「打拚」，《文藝》算是穩了腳步，後來由篤弘兼理編、經業務。他能「一腳踢」，我才得順利地拱手而退，結束了這第一段「文藝因緣」。

好幾年後，我已辭去《民族晚報》工作，轉往《聯合報》，也是我五十以後人生的一個重要轉捩點，像我這一號人物，行武出身，初通文墨，一切全靠自修、歷練和苦幹實行，退伍十年，擠入新聞界，必須全力以赴，求進之心亦可想見，自然不敢涉及外務，可是，李明（尼洛）兄的一通電話，我又兼作了《文藝》的馮婦，我曾自謔為「命該如此」，誰教他是「李老大」呢？

說來也奇事，李明做《文藝》發行人，而且也是「臨危授命」。為什麼那時《文藝》要改組？曹老師為什麼堅辭發行人？我全然不知情，尼洛約我到家裡，說有點小事商量，那時他已辭了「華視」節目部主任，尚未發表「中央廣播電台」副主任，屬於「專業作家」，產品不少，加上外面座談、評審、演講，也是忙人。但我相信那時候他心中必鬱悶難消，我以為忙正是一劑藥，對他正對味，因為我們都是「華視」過來人，見面卻很少談「華視」，尤其是我離開「華視」幾年，在新聞界工作上還算順利；李老大立意寫作，已算是「在野」的人了，我和他，有時約張天福、余楨國、鄧雪峰一伙，除小酌、小牌，談論盡是個人瑣事，也不及外間世俗事。

李老大見了我，直接告訴我，化行先生要他接《文藝》發行人，他堅辭不得要領，當時總政戰部執行官廖祖述先生銜命接談再三，他也無話可說，問我的看法如何？我深知李明兄和化行先生的師生情深，必不能也不可違逆王老師的決定，我只是笑笑，平淡的說：

「你逃得掉嗎？逃不掉就接！」

「你說逃不掉就接，好，你也接！」

李老大就這樣扣上了我，意思是說「你逃得掉嗎？逃不掉也接」，就這樣我被他逮住了，又回到了《文藝》。

尼洛扣上．重作馮婦

事實上，這次《文藝》改組，是五個籌辦單位的意思，還是委請化行先生找人續辦。曹老先生堅辭，李明兄又正「賦閒」在家，這件事便落在李明兄身上，化行先生也知道「李明逃不掉」，而且，我敢猜測，基於《文藝》多年不能理想的發展，他希望李明兄真能付出心血，把《文藝》辦起來，了卻他內心懸著的一個大心願，所以，打「李明牌」在化行先生心中，算是出了「重兵」，當時我卻不以為然，我曾私下妄言，某人再不提拔李明，只怕將來想提都沒有機會啊！果如我言，寧非天意？這是題外話，卻也是李明兄任《文藝》發行人的一個關鍵。

改組後的《文藝》，遷到博愛路「黎明文化公司」體育用品部的三樓，緊鄰樓下是一家西餐廳，不少作家朋友常在那裡小憩午餐，李老大在文藝圈朋友多，軍中作家更多摯友，他做《文藝》發行人，作家朋友在這裡出入的更多起來，大家對李明兄接辦《文藝》，都覺得突然，但支持的人多，一伙老友們更熱心。記得改版第一期，時間緊迫，我建議先開個「菜單子」，編成這一期的目錄，「純友誼」地向朋友們「點菜」寫文章，而後開個座談會，詳實記錄，如此全憑李明兄的大面子，加上我的小面子；十五天可以出書，李明兄也同意這種

好友尼洛臨危受命，又扣上了我。

小說家田原（左）與趙玉明。

「火急」的速成辦法。

在《文藝》我是二次過渡，我的想法是：一、仍然以青年學生及軍中為對象；二、創作與活動並重；三、維持三十二開本；四、更換《文藝》標準字；五、將內容規劃成為文藝傳播系列、理論系列、小說系列、詩散文系列，使內容平衡發展，尤其是傳播系列，舉行大型座談會，拉近作家與青年的距離，自然也希望作家朋友回到《文藝》來；同時，希望將救國團、教育廳以及各大中學的徵文比賽引進來，培養作家，也培養讀者；六、不放棄社會參與。對重大事件，即時作文學報導。事有巧合，當時正在中共飛行范園焱駕機來歸，我在《聯合報》為〈飛向白日青天〉長篇報導，李老大則在《文藝》寫〈我駕米格十九飛來〉，此即是一例；七、走平實路線，節省開支，換廠、換發行代理、接受刊登廣告。這些事我和老大看法大體相同，他還有一些長遠的想法，最基本的想法，把《文藝》搞起來，求得收支平衡，補足一百萬新台幣的虧損，後來果成事實，《文藝》竟再提存一百萬在銀行生息，並買了自己的社址，這是後話，倒是喜事。

兩次過渡・一片誠心

改組時，李老大請來他的同學陳啟人兄擔任經理，在編務上幫過忙的有胥盛祥、湯熙勤幾位，那時俞允平兄在《台視週刊》工作，偶有辭意，我將他介紹給李明兄，大家都是舊識，加上允平做事，敬業平實，巨細兼籌，深得李明兄的信賴，允平和啟人兄也十分相得，初時他雖是我的「助拳」，實際一切由他主理，稍後我因為《聯合報》的工作加重，允平便順理成章接去棒子，我也就再一次拱手有退，完成第二次過渡。

我兩次到《文藝》，都是她的關鍵時刻，或有她的歷史意義，「回首來時路」，我不過是一個偶然的過客，現在想來，也沒有什麼，我只是獻出一份誠心，兩次從危難到平順，我都能參與，雖是過渡，也很難忘。

（原載一九八九年六月《文藝月刊》二四〇期）

《民族晚報》與我

《民族晚報》是我的學徒生活很重要的一站，也是我投身台北職業編輯人生涯的起點；我曾三度在《民族晚報》服務，一次兩年，一次一年，最長的一次五年多，歷練過的工作包括編輯、主編、副總編輯和總編輯，對像我這樣一個「行伍」出身的「新聞學徒」來說，這八年多的日子，應是彌足珍惜的。

說起我到《民族晚報》，多少帶有一點傳奇的色彩。在我到《民族晚報》之前，和報社的各位負責先生全無淵源，王董事長逸芬（永濤）雖在軍中略有所聞也無緣結識；促成我與《民族晚報》這段友誼的是戰友查仞千兄，他是我金門舊交，同在戰地《正氣中華報》工作，他曾擔任《聯合報》特約記者，離開金門後到台北《聯合報》，轉任內勤，後來白天在《民族晚報》兼職。民國五十三年他結婚要去度蜜月，希望我利用機會休半個月軍中慰勞假，幫他看家，在我自然是義不容辭的事。那時我正好交卸金門廣播電台台長職務，回到台

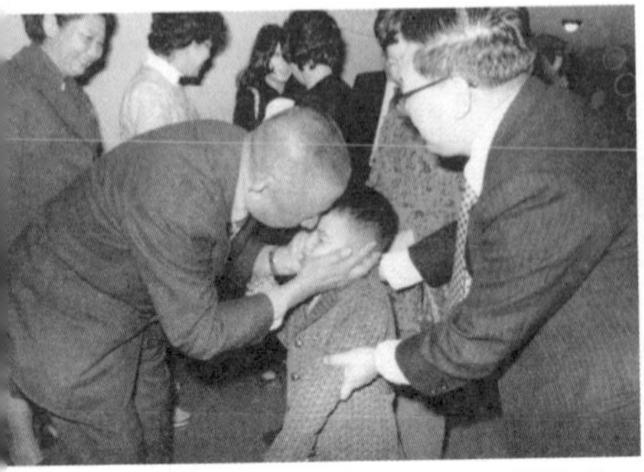

王董事長親吻趙玉明長子趙惟真，三歲。

《民族晚報》董事長王永濤先生（右）與趙玉明夫婦。

北近郊林口基地工作，申請休假較多方便，就在他新婚前夕，趕到東園街查公館，準備「執行任務」。

代班結緣．三度進出

進得查府，這才知道仞千另有打算，他說一客不煩二主，希望我乾脆幫他把晚報的班也上了，那時他在晚報是編輯主任兼編第二版，台北晚報的習慣第二版是社會新聞，被捧為「招牌飯」，他這提議我自然推拒，我雖略懂編輯實務，在朋友間難免有「自覺不錯」的毛病，但膽敢幫他去挑半個月的「大樑」，深恐出什麼差錯，對他不好。沒想到兩人談談推推，吃吃喝喝，酒已不知喝了多少杯，竟然糊里糊塗的醉入了夢鄉。

第二天一早，仞千叫醒我去上班，他也就被朋友擁著去做新郎倌去了。當時晚報我只認識採訪主任唐一民兄，也是在仞千處「四健會」上認識的；總編輯是現在加拿大的宋仰高兄，還是當日「報名而入」始行拜見，其他同仁雖有幾位有過數面之緣，還在名字和人對不上頭的那種「熟悉階段」，我就這樣被推上編輯台，又誰知這一推就將我這個人的後半生推進了編輯人的歲月，推進了台北新聞圈。

在這之前，我在軍中做過基層政戰工作，新聞官、心戰廣播工作，擔任過十年廣播電台台長，受過的訓練也是陸軍步兵及心戰教育，編報的經驗除了軍中油印報，唯一的工作是金門戰地的《正氣中華報》，幹這一行算是真正的「行伍」兼「學徒」，所得這方面的知識來自閱讀和思考，也許是命中註定，我對新聞理論和實務的書，特具研究的興趣，雖不能舉一反三，但很能參詳現實的種種情況，遇有不能理解之處常三數日苦思推敲，或能豁然開朗，想必這就是我的學徒式的格致之道吧！

半個月一瞬而過，自覺成績平平，勉力而為，幸不辱使命而已！事隔一年半，我已由林口調台北工作，專志從事大陸研究，一天仞千來告，晚報擴版，需增加編輯一人，王逸公指名叫仞千找我，逸公當時尚不知我甚姓名誰，僅指「去找那胖胖的朋友來吧！」仞千據實相告，我自然心存感激，我半個月「種瓜得瓜」，內中不無歡愉快意，當時我仍是軍人，理應不得在外兼差，但深受知遇之情所感，欣然同意，正式成為晚報的一員。好在當時晚報出報較遲，上班正值中午，時間甚短，與公務無大妨礙，兩年後因軍中上班時間關係，不能兼顧，只好辭職，但晚報和我這段感情，卻成為我今生今世幹編輯這一行的一段甜美的回憶。

逸公欽點．仞千牽成

晚報兩年多，使我的學徒生活，得了不少的教益，最大的收穫是我的閱讀所得與實務結合為一，引導我走進更廣闊的視野。晚報辭職是為遷就白天上班的要求，幾位朋友認為可以利用晚間編報，於是由於汪祖貽兄的引荐到了《徵信新聞》，又由祖貽與劉潔兄的關係到了《經濟日報》，也許是我幸運，這些朋友都是那一兩年新結識的，都蒙他們大力支助，使我隨著歲月歷練了富豐的編輯人生活。稍後，黃仰山兄接任總編輯不久，他知道我珍惜晚報這樣因緣，希望我再回晚報工作，但那時候正趕辦軍中退役手續，尚未批覆，而手中已有幾份工作，晚間在《經濟日報》，每週有兩天要到《台視週刊》，還要義務的協助留美學人籌辦《科學月刊》，自是分身無術。仰山盛情亦不可卻，答應每週去報社一天，隨便編點專刊專題，待遇不計，算是照仰山的意思「保持和晚報的一點關係」，這是我第二次到《民族晚報》的經過，時間約為一年。

第三次再「回役」晚報，也很偶然；也許是我平日好「幻想」吧，陡然對晚報研究發生了興趣，雄心勃勃，想寫一個「今日晚報之路」的專題，作好綱要尚未動筆，一天查仞千兄處，有林熙治兄、吳江兄、張天福兄在座，幾位都與晚報有過工作關係，不知怎麼談到晚報的事，無意間透露了這份大綱，不料稍後事聞於王逸公，時正值王發行人正鏞自美返國，亟欲探知晚報經營情況及一般意見，一天由逸公約在第一大飯店喜臨門便餐，在座有王發行人正鏞和林熙治兄，當下陳述意見，暢所欲言，並將我十多頁的專題大綱也一併送請逸公參考，專題後未動筆，僅得三位「聽眾」而已。當時正值華視籌備接近開播，我「奉召」自台視轉華視「再入伍」，擔任節目部編審組長，對晚報事只能「意見具申」，完全是「客座」，萬萬想不到一年多後，離開華視三度重回晚報，時總編輯是王潛石兄，我勇於做他的副手，承命執行編務，後潛公編務交由仰山執掌，約半年後，由我承乏總編輯，在職五年多，其間承林熙治、李子繼、王曉寒、楊尚強諸兄弟的協力，希望做出一點好成績，對報社、對自己有些交代。

勸進的朋友查仞千（中）與吳江（右）。

任總編輯．接受考驗

接任晚報總編輯，算是新聞學徒走上了編報正道，是一個很大的責任，我從現實角度，仔細思考，也和編輯部主要幹部研究，著重改進內容，改進工作方法，重視吸收人才，當時記者、編輯多是兼差，晚報沒有專業記者，很多編務設計，都不能落實，必須針對需要，引進人才，先從成立編譯組開始，請來《英文中國郵報》採訪主任王曉寒，任編譯主任，還

《民族晚報》編輯部上班的時刻。

請景翔、吳長生、楊士琪加入，填補我外文能力不夠的缺失。

致力強化精神生活內涵，採取兩項措施，第一，在第三版刊出生活專欄，請專人寫專欄，請到了亮軒、尼洛、尉天驄、辛鬱、吳江、葉耿漢等多位。第二，鼓勵記者進行專業採訪，首先推出「訪名醫，談健康」，指定記者彭麗美主稿，她寫了幾十週，還出過一本書。

提出專業編輯，記者的培養計劃，希望培養專業記者，例如記者王杏慶，考上文化大學研究所，主動向董事會幫他申請補助，獲得董事長的支持。同時提出全面革新的建議，提出「裁員一半，加薪一倍」大計劃，礙於事實，未獲實施。

致力副刊水準的提升，主編顏曉

葵，是個老實人，對事對人，很有自己的堅持，很意外，我提出副刊改革的想法，他很支持，我給了他一個名單和每個人的電話，讓他去約稿，名單包括尼洛（小說）、玄小佛（小說）、景翔（翻譯小說）、何坦（歷史小說）、亮軒（散文）還有很多朋友，我同時向朋友懇託，由曉葵自己聯絡，他也很有成就感，經過短期努力，晚報副刊熱絡起來，算很成功。

因為外電新聞時段的關係，國際股市、美元行情、國際金價，比日報優勢，晚報截稿時間，正好國際收盤，只是力爭，卻有很大的意義。行情，一般小民都關心，在報面上不過小小幾行，效果很大，縱使南部蛋價、豬價、雞鴨價，市場也十分關心。所以不能忘記大處著手，小處著眼。

總編幹了三年的時候，也許真做得不錯吧，有一天，董事長王逸芬先生找我閒談，當然說了一些鼓勵的話！他說：「玉明兄，你好好幹，我希望你做《民族晚報》的劉昌平！」我不知如何回答，何其沉重，我？做劉昌平？劉昌平是誰？是聯合報系王惕老的左右手，我何德何能？小開發行人王正鏞是學航運的，從國外回來，比較務實，新聞好時會說好，不好的時候也會直說，有一次一條新聞，《聯合報》很好，晚報比下去了，他十分關心出一句：「總編輯！這個新聞，我看《聯合報》總編輯比你行一點」，我未作說明，那時候《聯合報》總編輯張作錦先生，我的軍中老兄弟，我聽了他的話高興起來，為小老闆的直爽，也為作錦的成功高興。我引述這兩件事是要說明，我幹總編輯時候的賓主關係，但我也清楚，我絕對不會是「什麼《民族晚報》的劉昌平」。

我擔任《民族晚報》總編輯時，華岡《文化一周》曾經刊出記者曾佩琳的一個小專訪，題目是〈趙玉明非騾子，乃老虎〉，對我做總編輯的情形，有些表述：

虎虎生風．五年一夢

趙玉明，民國三十六年，穿上戎裝加入青年軍的行列，離開老家湖南，隨軍隊來到臺灣，在半生的戎馬生活裡，他的那點兒「興趣」，引發了更濃厚的求知熱誠，也由於那點兒「興趣」，再加上他那股湖南騾子的幹勁，他得到了不少書本上沒有的經驗。他自己說：「我的新聞知識是從學習中得來，而編輯台上的工作也大半是由歷練中學來的。」

他曾先後當過金、馬廣播電台的台長、《正氣中華報》、《徵信新聞》、《經濟日報》的記者、編輯、華視節目部編審組組長，此外他還編過好幾本雜誌。他說：「這些歷練給了我學習的大好機會。」從他自謙的話語中，可看出趙總編輯求學為人的基本態度。

在談到對編輯工作的感想時，他說：「今天編輯面臨一個新的挑戰，由於彩色版和平版照相印刷術的出現，編輯技術較過去有許多顯著的改變，編輯人必須改變過去的基本觀念來接受新知識、新方法，所以今天編輯面臨的挑戰，在時間因素上是新與舊的挑戰，在空間因素上是慧心與匠氣的挑戰，明白的說，就是今天的我向昨天的我挑戰。」這位已是編輯台上的老兵接著說：「目前各報的編輯都是中年以上的人，如何訓練一批新血輪來接替，也是當

被稱為「老虎」總編輯的我。

前的一個重要問題。」

對於下了編輯台後休閒時間的安排，趙總編輯簡單的回答了兩個字：「寫作」。民國五十四年，一篇小說〈咆哮大地〉，曾為他贏得第二屆新文藝銀像獎，除了寫小說外，趙總編輯曾發表過許多新詩。

好多年了，趙總編輯有一個外號「老虎」，湖南人該是「騾子」，為什麼別人叫他「老虎」呢？「那是朋友們開玩笑亂稱的，也許是因為我嗓門兒較大吧！」事實上趙總編輯平日走路的姿態、相貌以及一上編輯台的氣勢，都使人聯想到一句成語：「虎虎生風」。

對於今後《民族晚報》的構想和計劃，趙總編輯仍是謙虛的回答：「我只是接力賽跑中的一棒，棒子交到了我手中，我只希望今後能盡力維護過去一貫的風格和水準。」

在職五年八個月，調任總編撰，負責專刊、特刊的相關事宜，是閒差。稍後轉往《聯合報》，擔任編輯部顧問，開始新階段的奮鬥。

（二〇一五年六月增補完稿）

《聯合報》大輪編的考驗

在《民族晚報》調職總編撰，我心平靜，在總編輯位子上五年八個月，也有些疲憊，有時間休養，也是好事，奇怪，我一點也沒有得失之感；可是很多位朋友關切，像查仞千、張作錦，再加劉長官（潔），他們為我操心，仞千是老友，作錦是軍中一起成長，他目前是《聯合報》總編輯，劉長官是我在《經濟日報》時的總編輯，那時他堅辭老總，回任《聯合報》副總，主持《歷史月刊》。

朋友操心・為我安排

如果，只是給我一份工作，報紙地方版安個位子，他們大概可以自己決定，他們一再商量，是看重我，好歹幹了五年多總編輯，他們希望我有個好去處，必須報告董事長王惕老，我在報系《經濟日報》作過兩年多主編，惕老也知道，就在他們為我操心的時候，殺出一支奇兵，時任《經濟日報》總經理的周顯將軍，是軍中老長官，同是惕老做團長時舊部，他是連長，我是班長，後來升排長，周曾任軍友總社總幹事、陸官政治部主任、警總政治部副主任，獲惕老看重，先在《經濟日報》工商服務部任經理，再升《經濟日報》老總，他就是拉我辦《軍民一家》的那位先生，他知我調職，想拉我到《聯合報》，他直奔惕老辦公室，直接推荐我，說明我是他軍中老部下，後來周先生告訴我，說惕老知道我這個人，而且告訴周，直說我這個人留不住，沒有常性，原來我在經濟工作時曾進出兩次，不想惕老竟然知悉，好像周報告惕老，說現在不同，做過五年總編輯，成熟了，不應再浮動。惕老就告訴周，也不應周保荐，惕老提示：「你去告訴張作錦」，周自然照辦，而後他告知我，我的反應是：形式上惕老是點頭了，把球傳給作錦，我能不能做？做什麼？編輯部需要？都由作錦決定提報，這就是我轉入《聯合報》的經過。

參加第二次文藝會談。

第二天，作錦在我信箱留簡信，想是深夜下班留下的。告訴我：「職務：編輯部顧問、薪級：四百元起做，隨時到職。」記得作錦曾經問過我，我告訴他，做編輯，這個決定符合我的願望，用「編輯部顧問」，名義上好看一點。

編輯顧問．作大輪編

第三天，我就到編輯部上班了，作錦向我介紹編輯台上各路英雄，都是高手，有幾位是舊識，所以不孤單。負責分稿副總輯唐達聰、孫建中先生，達老是我《經濟日報》的編輯主任，是一位很有想法的編輯人。他編《新象》，引進現代藝術新觀念，也是一位翻譯家，他譯的《梅崗城故事》正暢銷。孫建中先生、老牌記者、馬克任先生時代的採訪主任、實幹派。一版黃慶祥先生，是資深編輯人，大家叫他「龍頭」；繼任張松潭，原《青年戰士報》總編輯，務實派。二版劉國瑞先生，資深主編，一位出版家，曾主持學生書店，現在兼職聯經出版公司總經理。三版是仞千，老友；四版譚天，年輕翻譯家，多本磚頭書的譯者，是編輯台上第二代，他父親是名編譚瀛。五版張剛健先生，是經濟版資深編輯，還有八版體育版，蔡驟強先生，政大新聞系，一位年輕僑生。

作錦還介紹幾位重要人員，地方中心主任陳亞敏，資深記者，麾下各地有將近一百多位記者。採訪主任鍾榮吉，一位優秀記者，後來從政，擔任立法委員、監察委員、立法院副院長。副刊主任駱學良，就是小說家馬各，後來轉任《民生報》副總編輯，繼任王慶麟，就是瘂弦，軍中老友。編輯組主任謝士楷、資深編譯，還有一位副主任應小瑞、一位青年才俊，資料中心主任梁雪郎、政大新研所碩士，中英俱佳，是一位翻譯家，新知識傳播者。

就這樣，我加入了一個人才濟濟的新聞專業團體，既高興又惶恐，興起了見賢思齊的感動。我顧問做什麼，我的決定還是做編輯。那時候大家很忙，每個人一個版、沒有助理編輯，而且上班時間長，休假少，所以有提出「大輪休」，就是安排輪編編輯人，在工作一段時間有半個月的長假，有人提議，更多人贊成，總編輯也同意，當時是出報三大張，除了地方各版之副刊、專刊、娛樂，編輯台每天編七個版，休長期制度確定，主編休假他幫誰編報，由一個各版輪流轉七個版各半個月，共三個半月，輪編自己休半個月，就是四個月一個輪迴，這就是「大輪編」的形成。也巧，我剛報到，想不到大家一致大喊：

「趙老虎、大輪編！」

我就入套了，開始接受大輪編的考驗。我想，大輪編不也是編報嗎？做編輯既是我素願，就必須聽其自然了，我覺得作錦放心、仞千關心，唐達老則樂觀其成，孫建中只是初識，我覺得他很熱心，他分稿，對編輯執行工作有很大關係，我初到，有些事靠他提醒。

大輪編時期的我。

大報上陣・層層考驗

兩天後我開始新工作，第一站大輪編第二版政經要聞，是全版新聞，就像在《經濟日報》編第二版一樣，是大版。我到班後稿件開始湧來，我也照老規矩，看稿、紅筆打標點、改錯，突然發現問題來了，橫躺著的這兩篇大稿，字體龍飛鳳舞，一篇是沈宗琳先生寫的社論，字體潦草，而且出格，很難辨識；另一篇政治專欄，二千五百字的長稿，是記者閻文門的手筆，是當天的主專欄，也很難辨認，填正更不可能，一件小事變成難關，看不懂稿無從下題，怎麼編報？

就在這時候，工廠的領班史文海兄，他也在晚報上班，老總編輯進《聯合報》，他專程來致意，表示歡迎。他看我一臉愁容，發現桌上，放的兩篇大稿，他二話不說，把稿子拿走了，他說：

「排字房有專人認得他們的字，我叫他們排好後，打清樣給你看」。

這是不見一事，不長一智，二十幾分鐘，文海又上來，兩篇稿都打字初校好了，而且做成欄型，社論「九分四」、專欄「十二分五」，專欄還留了幾個做小題位置，真感謝他，幫我度過第一關，才沒知難而退，而且獲孫建中兄的誇讚，說我處理明快。這是一件小事，也頗堪記憶。

兩個星期後，輪編第三版，社會綜合，也是全版，是仞千成名的版，讀者最多的版。第一天一開始來稿順利，發稿順利，十一點半，稿已發百分之九十，平順非常，不料一陣電話後，孫公說「全版換稿」，原來在洛杉磯的一位立委被殺，案情複雜，決定換稿，而且另發專稿，利用這個空間，處理已發的新聞，有的移走，專欄留存，小稿放棄，留一些備用，這種應變靠經驗，也有幾分機智，更是考驗。

突發事件・非常處置

大約一個小時，有關這個事件配合短稿來了，包括背景資料，警方發現，現場的描述，當事人的背景，反正隨來隨發，有些做專欄，有些做小欄配合，資料照片配合，至將近一點，頭題主新聞還沒有到，工廠組版的先生問我怎麼辦？我告訴他：「先組版，從後面拼起，留頭條橫題位置四百字。」

他驚奇地看著我，大概他生平第一遭，編輯老爺叫他倒著拼版，臨時應變的奇招，不然截稿時一到，絕對不能完成，我同時告訴孫公：「叫採訪組，頭題寫四百字。」採訪組配合好，他稿一到，十多分鐘打字完成，組版已跟著好了。

孫公大叫：「比平常交版還早五分鐘，厲害！」

經過孫公的美言，我成了快手，是我上《聯合報》編輯台，第一次加分。

當然，大輪編各版有各版的問題，也有不同故事，不能再細說，大約兩個大輪迴，就是八個月，一切就平順自然了，也開始分享編輯台的快樂與榮耀，我真的入行了。

客串記者・訪范園焱

就在這個時候，發生一件大新聞，有中共飛行員架米格十九，飛向自由到了臺灣，那個人就是范園焱義士，在軍方是大事，米格十九是新式戰機，所以軍方很重視，決定對外公開採訪，邀請五家媒體派專人採訪，《聯合報》、《中國時報》、《中央日報》、《青年戰士報》和與軍方有關的《文藝月刊》，希望媒體各派一人，與范一起生活三天，直接五對一的面談，作完整的報導。

《聯合報》戰將如雲，但作錦認為我搞過「匪情」，有多年工作經驗，對中共基本情況有了解，而且對我筆下的能力也堅信，他直接告訴我，由我去最合適。

但我是大輪編，安排替手難，但採訪雖只有幾天，但寫長篇報導，每天要花很多時間，他在兩難之間，我告訴他，我白天採訪、晚上照編報，可以兼顧，先去採訪再說吧，就這樣，我客串了一次訪員，完成一次大採訪任務。

我立即開始，研讀那些天的新聞報導，我知道范是四十二歲，第一步、列個表，從范四十二歲，回到四十歲、三十歲、廿歲、一歲，他出生在中共來的前幾年，而後排出一個對照表，范個人是什麼情況，中共有什麼運動，找出一條線，中共建政的軌跡，范從一歲到

訪問范園焱（左），撰寫〈飛向白日青天〉。

四十二歲的經歷，我找到中心話題：一個與中共建政同時走出來的人，為什麼會飛向自由？

而後，我決定寫作方法，用文學筆調，寫旁白，做時空背景，讓讀者了解當事人的行為，再用淺白的對話，說明整個事件的發展，寫的遠超過范的個人遭遇，同時也是范所處的時代的悲喜哀愁，實際上是大陸狀況四十年的縮影。這點求全之心，使我付出較多的心力。

訪問整個過程，我錄了音，五個人提問，范十分配合，肯說、會說話，他說的內容很廣泛，沒有系統。可是我有對照表，真一一對照，將問答錄音，我帶回報社，麻煩政大一位實習學生陳華，幫我抄下要點，由我分類歸納，形成每天的重點，等於系統化了，我的記憶力加理解力，像電影剪接，一段一段完成，一共寫了二十五天，友報朋友多寫三十篇，內容大同小異，表述方式不同，很有意思。

那時我身體不錯，晚上大輪編，九點到凌晨一點多，下班休息幾小時，開始寫，第一篇長達八千字，以後都是五六千字，連寫二十五天，奇蹟式的完成這次採訪任務，刊出以後，反應良好，中央社沈宗琳先生、《民生報》張繼高先生和總編輯張作錦，都給我鼓勵，也收很多讀者的來信，被稱為「趙玉明小姐」的來信也不少。

趙玉明（左三）獲國家文藝獎，與王發行人必成（右起）查仭千、陳揚琳、劉國瑞、劉社長昌平、張總編輯作錦留影。

訪問刊完那天，列為「聯合報叢書」，同時出版，銷路不錯，在報社內也吹起熱浪。幾個月後國家文藝獎收件，軍中小說家姜穆勸我填表申請，我不敢，他很熱心，跑去拿了兩張申請表，幫我填好，叫我請報社發行人王必成先生推荐，王先生蓋了章，我到聯經出版，拿了書，姜穆火急送到文獎會，那天是截止收件的最後一天。

意外收穫．獲文學獎

出乎意料的，《飛向白日青天》一書，獲得第二屆「新聞文學類國家文藝獎」，獎金十萬元、純金獎牌和得獎證明，報社也有獎金、聯經出版也有版稅，意外的發了一點「小財」，客串訪員，修成正果，加上大輪編，也試煉過關了，形式上我可以做編採工作，我覺得對我在《聯合報》的發展，是「加分」，真是意外的收穫。

王董事長惕吾（左）授「模範記者」獎。

大輪編一年多，各版輪了大約四次，我對各版的內容有了了解，各版分工而統合，分版完成，各版相互支援，相關各版互通有無，分版各自獨立是一個版，統合看是一個整體，像一個大組合，一年多的學徒生活，上了一堂大

執行副總編輯時期主持美術編輯考試。

課。

不久，我的工作異動，升任執行副總編輯，負責總分稿，成了專業的大廚，掌控各版的內容，統籌調配，好在編輯台上都是老人，唐副總專任聯經出版總編輯，我遞補他的位置，他雖不上編輯台，還常有提點，朋友就是朋友，我們之間有很自然傳承，這是很值得安慰的事。

執行副總，有兩個重要任務：一個是總分稿，負責協調分配各版，維持正常作業，一個是代理總編輯，總編休假公出，為當然代理人，正常情況，總編每週休假，由他代總編一天，在制度是自然傳承，也培養接班的必經步驟，所以我必須面對未來的挑戰。簡單的說，是機會，也是考驗，更有些身不由己啊！

又是一年多，作錦告訴我，他想出國短期進修，他擔任總編輯超過四年，極獲王惕老的信賴，希望繼續努力，但作錦也堅持，我的建議是暫時不急，進修隨時有機會，作錦也告訴我，要我有代理的準備，緊守當然代理人身份，當仁不讓，他與惕老磨了不少天，終獲點頭，我也就被告知要做好作錦的代理人的準備，開始另一個新階段的努力。

（二〇一五年六月完稿）

大報總編輯的新格局

《聯合報》總編輯，是大考驗，也是新格局。

代理總編輯的佈達，定在九月十六日（民國七十年）社慶大會上，照往例行如此。董事長祕書楊小姐通知，要我當天早上八點趕到董事長室。不料先一天晚上我被灌醉了，香港《東方日報》「小馬」董事長、《民生報》石敏總編輯、女記者黃珊小妹……七八個人逼問我「是不是已奉知新職？」作錦雖說過出國由我代理，沒正式接到指派，自己無法承認，不是怕「見光死」，是「無可奉告」。當時流行一個故事「朝秦暮楚」，老蔣先生原本讓秦孝儀接某新職，新聞被登出來，老先生不高興，改派了楚崧秋，所以人事新聞，最怕「見光死」。我一直被逼，除了喝酒，什麼都不能說，醉得誤了大事，約見時間已到，我還高臥隆中，被叫醒趕到董事長室，已八點四十，董事長只說「去開會吧」，我到會場，還有酒氣，是一個很大的笑話。

代總編輯．綜理編務

佈達很簡明，同意作錦出國進修，由執行副總編輯趙玉明代理，對作錦的多年努力，有很大的表揚，也說我務實，經多年歷練，希望編輯部同仁全力協助，一起接下這一棒。就這樣上了《聯合報》編輯台的中央。作錦出國日期尚有兩個月，他主動表示，這段時間陪我上班，負責總分稿，等於我二人「工作互換」；更感謝劉長官（潔），交卸《經濟日報》總編輯職務，回任聯合副總編輯，不實際上班，僅主持《歷史月刊》，他表示要陪我上班，幫我看稿，一下子代總編輯身邊，多了兩大「護法」，就熱騰騰地開始了我的新嘗試。

就在當天，社長劉昌平先生約見，告訴我：「做總編輯是很寂寞的，要懂得面對寂寞、忍受寂寞」，他做了十三年《聯合報》總編輯，經驗之談，名言啊！讓我終身受用，在往後的幾十年，後來到泰國獨當一面，這句話成了我一生的座右銘。

人事上有些小調動，主要因為唐副總達老奉命專任聯經出版總編輯，採訪主任陳祖華內定擔任《歐洲日報》總編輯，加上我的執行副總位子，遷動第一波的人事。主軸還是「張規

王惕吾董事長伉儷（右二、三）與高層同仁留影，《聯合報》劉社長昌平（右一）、左起總編輯趙玉明、總主筆楊選堂、《經濟日報》關社長奉璋。

趙隨」，一切如常。這次人事調整包括：副總編輯兼編輯主任查仞千升任執行副總編輯，地方中心主任陳亞敏升任副總編輯，後轉任《民生報》總編輯，專欄組主任黃年任採訪中心主任，地方中心副主任黃寬，升任地方中心主任，副刊組主任王慶麟升副總編輯，仍兼主任，晉支總編輯待遇。安排十分順利，唯有黃年不願接採訪主任，在我看，黃年任採訪主任，是重招，十分看重他，基本學識好，有看法、受過名編張任飛教授的指導，他推我逼，互不相讓，磨了近兩個小時，他也說了一些理由，我堅持，而且事先向董事長報備，獲得首肯。我基本認為他說的理由都不是理由，過去兩年，他與作錦合作，用童舟、龔濟（同舟共濟）筆名寫專欄，互相呼應，很是叫座。我和仞千想法一致，黃年是上選，我編務熟練，國際觀察的銳敏不夠，黃年可以彌補我的不足，這是我堅持到底的原因，最後黃年退無可退，撂下一句「好、我幹」表示認了，算是這第一波人事安排到位，真是人才難求！從本質看新任幾位都是《聯合報》精英與戰將，我就是阿斗，也不愁不做出成績。

人事安排．張規趙隨

基本上，要保持已有的優勢，諸如延請名家學者寫專欄，公信性強，內容好，傳播新觀念，從高希均教授引進「天下沒有白吃的午餐」以後，名家匯集，成為社會最好引導；又如聯合副刊也十分突出，詩人瘂弦從美國威斯康新大學念完碩士回來，當時總編輯張作錦先生在機場「搶人」，請瘂弦出任聯合副刊主任，接替已升任《民生報》副總編輯的馬各，展開聯合副刊與人間副刊的大競技。「人間」主編高信疆，人稱「副刊高」，「聯副」的主編瘂弦，本名王慶麟，人稱「副刊王」，兩人都是詩人，年輕幹練，從內容到形式，各出奇招，形成強烈對抗，我接任總編輯時，這種競爭仍熾熱非常，我當然支持瘂弦的各種提議，而且相處融洽，有大事他會來商量，我們很有默契，他說他是我的「直屬部隊」，我說我是他的「後勤司令」，說明我們的合作與默契，動用大額的編輯預算，我都支持他的工作，他也奇招百出，搶盡先機，至於誰王誰高，都成文學界熱門話題，我自然對瘂公的努力，表示肯定，升他「支總編輯待遇」，和我領一樣多的錢。後來我到曼谷，《世界日報》副刊幾個版，都請託他代管，美洲《世界日報》副刊也由他負責，而成真正的「世界副刊王」，對副刊的黃金時代，至今還使人念念難忘。

編務推動從統合戰力著手，各組不能各自為政，編輯、採訪、地方、外電、綜藝、副刊，產生互動，形成一個核心，那時編輯部有五百八十人，地方記者一百八十九位，我決定每週舉行一次編採協調，同時親赴各縣市舉行區域工作會報，也邀發行同仁列席，編務關心業務，編務支持業務，某個地區業務差，編務支援就到，你關切地方，地方也會回報你。

新聞與廣告有一定分配比賽，常常遷就廣告，丟掉新聞，與廣告部門取得默契，業務太好時，可以略作讓步，可是大新聞來的時候，版面不夠，我一定會丟廣告，那時一版外報頭最貴最好賣，大新聞來的時候，最先丟就是它。還有三版下有三欄廣告，社會大新聞來的時候照丟不誤，都是先斬後奏。同樣，如果新聞少，也會支持業務，讓出一些版面。

還有那時只有三大張，不夠用，總是稿擠，遺珠更多，在增強無望的狀況下，研究如何能多用一點稿，我任執行副總編的時候，作一個研究，將每個版增排五六行，每版二十欄，就有一百到一百二十行，每行九字，每版可以增加一千到一千一百字，可以做增加兩三條新聞，三大張十二個版，每天一共可增加一萬多字，等於多出一個多版，對疏散稿件，很有幫助，只須在照相製版，縮小百分之零點幾，就和正常情況一樣，讀者也看不出來，實施起來有效率，我接任當然繼續實施，初辦時，惕老發過我二十萬獎金，是編採同仁單項獎金最高的一次，後來限張開放，自然一切恢復正常，這是一個插曲，可見搞編務，也無所不用其極，是經驗，也是學習。

多元新聞・進行改版

代理六七個月以後，開始考慮內容的調整，我有想法或聽到什麼風聲，一定在編務會談討論。在那段時間，出現了很多「行行出狀元」的趣味新聞，神童、歌手、球王、天才發明，喧騰一時，多次攻佔第三版「社會新聞」的版面，出現新聞的一道清流，第一次出現「多元化社會的新聞」這種新討論，董事長提到，採訪主任黃年也有看法，他把這個作法，稱為「議題革命」。在我心中出現，改版的衝動，將第三版改為「多元化社會的新聞版」，社會版後移，還是保留大版。計劃出台，阻力很大，當時社會版是重點版，直接影響發行、廣告業務，業務同仁認為改動太冒險，總經理錢存棠是行銷專家、廣告教授，他也反對，在常董事上，我依然提出整套計劃，原社會新聞第三版，維持大版，版次後移，新開闢「多元社會的新聞版」，重視科技、文化、生活和特殊成就，採訪中心增加「科技生活組」，支援新版，規劃新內容，內部編務會談，提出討論，一致取得諒解，由我提報常董會，錢總為首的業務同仁仍然反對，爭持不下，王董事長表示支持，認為可以試試，錢總問誰負責任，惕老看了我一眼，回答錢：「成敗我負責」，而後對著我說：「有想法，總要試，玉明你好好做。」

於是新的版開了，科技生活組誕生了，各方反應熱切，廣告發行都未受影響，而且業績增加，更令人高興的是大約一個月後，對手報也跟著改了，台北各報都增加了新版面。那年申請行政院新聞局新聞編輯金鼎獎的時候，我提議這個版的編輯，社長劉昌平先生裁定：「開風氣之先，應該用趙總編輯名義申辦」，他報告董事長，他們兩人見解一致，那年我得到「行政院新聞局新聞編輯金鼎獎」，是榮譽，更是工作績效。

真除總編‧建中心制

不到一年，我真除總編輯，我對編輯部，尤其《聯合報》編輯部的組織和人事安排，有很大的新構想，最重要的有兩件事，一件是中心制的推動，一件是幹部隊伍的大換血，都是大事，而且做起來都很困難。

先說中心制，聯合報系實際上已是一個成功報業集團，各報有各報的編輯部，又各有編輯、採訪、編譯、副刊、校對各個小組，我想，如果將同質性的工作，改為中心制，進行大整編，以報系整體為大目標，如編輯中心、採訪中心、國際新聞中心、編譯中心、地方中心、副專刊中心、大陸中心、資料中心、校對中心、攝影中心等，一套人馬，辦各報大事，分工合作，成一個有機組合，先從《聯合報》編輯部各單位開始，先整合各報編譯組為編譯中心、合各報校對組為校對中心、合各報資料組為資料中心，而後成立大編輯中心、大採訪中心等等，最終目標是系統性成為一個大編輯中心，分工統合，分編幾家報紙。一個大採訪中心，統一提供報系各報稿件，在人力運用上節省有效，經費開支緊縮。經過試驗，校對中心最成功，全報系統合了；資料中心也很好，編譯中心雖成立但沒有貫徹成功，沒多久又恢復各報編譯組。我曾赴美國、日本參訪，發現他們的報團統合作業，類似我的「大中心制」構想，都很成功，我們推行不力，雖沒有成功，卻也認真試過。隨著我的調動，沒有人再談，可惜。

再說幹部運用的經濟效用，那時我五十幾歲，副總編輯和我年齡相近，當時編輯、記者、副主任，多在三十邊緣，我又發現三十出頭到四十幾歲的人，特別少，是真空層，這些人才到那裡去了，要搶救這種危機，只有大換血，提早讓新人出頭，提早建立接班梯隊，是唯一手段。

我私下擬了一份新任名單，涉及很多人，包括採訪中心主任黃年（已到職）、地方中心主任黃寬（已到職）、國際新聞中心劉復興、綜藝中心唐經瀾、副刊中心王慶麟（副主任陳義芝）、編譯中心主任謝士楷（副主任應小端）、專欄組主任孟玄、大陸中心主任葉洪生。另地方中心主編張逸東、賴清松、林秋助計劃轉入編輯中央台，承接主編重要的版面。

年輕戰將・全面接班

名單送到董事長手裡，他不同意，他認為異動太大，太冒險，我向他報告值得嘗試，我認為培養接班梯隊，比什麼都重要。我在軍中常聽長官說：「領導人以培養接班人為第一要務」，我想這個觀點，在大企業也適用。惕老軍人出身，軍界前輩，當然更明白這個道理，我認為他還是對我不太放心，不敢放手。

過了兩天，惕老約見，說他詳細考慮過，可以試行，他說你總有個最堅持的理由吧，我突然衝出一句：

「這個班子是為未來打的……」

不等我說完，他說：「就依了你吧！」他也叮嚀：

「你膽大，也要心細啊！」

這是一件大事，也是一件好事，整個編輯部年輕起來，新人上台，各有表現，驃兵悍將，各有堅持，看法不同，作法也異，彼此的爭執自然也多，沒有全能統帥，我也知道我更不是。我把爭執都交查仞千副總去折衝，倒也順利。我自己的基本心態是：「各盡所能，各顯神通。」具體的作法是：「你有好看法，聽你的，功勞是你的；你沒有好辦法，聽我的，做好了成績還是你的。」我這是大釋放，不貪什麼功，我追求實績。

面對現實，解決紛爭，基本有效。而且自我約束：「向老闆說的話，和同伙計說的話，永遠一樣，決不瞞上欺下，追求自然。」老實說，我很明白，不怕做阿斗，你就不是阿斗！

如此，採訪組推出了很多大案，如「電視機降價」、「公平交易法」、政治上也打「擦

西藏採訪達賴喇嘛，牽成東京之會，右起達賴喇嘛、王董事長與王必立發行人。

邊球」，走出新路，那時年輕記者比較同情黨外，有兩位記者總鑽死角，有稿被壓不能用，我花工夫細看，發現刪除一些關鍵字，都可用，譬如「蔣經國領導的國民黨」，刪除「蔣經國領導的」幾個字，直說國民黨如何，就顧忌少了，主任黃年當時被人稱為「新聞界的鬥魚」，可見他闖出了門道，他衝讓他衝，要編輯台留心一下就百無禁忌，萬無一失，查仞千、陳亞敏兩副總支持我這個態度，等於支持這一梯隊的新人打天下。

國際新聞中心也推出大案，如專人赴印度採訪達賴喇嘛，由東京記者陳澤禎提案，由才子主任劉復興計劃，派兩位記者到西藏流亡政府基地深入採訪寫成長篇報導，出了一本大書，十分突出，還促成王惕吾董事長與達賴的「東京之會」，成為西藏採訪的後續發展。國際新聞中心另一個任務，是聯繫駐外記者、特派員，駐外人員都是能征慣戰大將，以服務代聯絡，完全沒有異動。

其他如唐經瀾主導綜藝新聞的開拓，葉洪生推動大陸新聞的專題報導，黃寬推動地方新聞的連線採訪，孟玄與專家學者聯繫緊密，辦了不少大型座談。在在說明這次人事安排的立即效應，對我而言，是鼓勵，更是報償。我還安排了第二梯隊編採幹部的培訓名單，呈董事會備忘，以報社興旺為自任，我也自得其樂，我也懂得尊重學術，自許為「《聯合報》最後的草鞋」。新聞學徒辦報初試身手，算是順利。

電腦編排・恭逢其盛

還有，我接總編輯，正是《聯合報》開始發展電腦編排的開始，我全程參與這件大事，電腦我當然是外行，也和編輯同仁一樣，從頭學起，主導電腦化技術的是聯經資訊公司，是一個大工程，從「造字」開始，由專人手植中文標準體，這個部分，我使不上力，但傳統排版方式，分欄分版、各版內容，相關表格，我很熟悉，聯經資訊的工程師范增福，設計相關軟體時，我一一向他們說明，譬如標題大小、欄高，又如專欄的分法，七分三、八分四、九分×、十分×……又如題四文一（四・一），題三文一（三・一），題四文四（全四），題三文三（全三），每版幾字高等，怎麼做，我劃樣給他看，再就是圖片處理方式，我說他記，設計成小程式，也就是編輯台平時可能用到的可能方式，都說明白，減少工程師的困難，找出方法，使電腦軟體代替人腦。還有標題大小、字體的變化、版面的掌控，我說人手工做的事，工程師變成各種程式，花了不少時間，基礎工作完成，由編輯部試辦試編，印刷部實際試作，我記得最先試是第一版，版面小、變化不大，製成一個樣模、各版編輯都學，晚間正常編報，下午都來學電腦編排。說來笑話，編輯同仁都可以自已做了，我總編輯還是「言論派」，可以說一套，自己根本不會下手。

這在臺灣新聞界是大事，是革命性的，我是臺灣報業中電腦編排的第一個總編輯，那年世界中文報業協會在香港集會，主題是「新聞電腦編排」，董事長指定我「主題演講」，我找聯勤資訊那福忠總經理商量，共同寫成演講稿，印發全文，我去宣讀，再由惕老自己補充。這是聯合報系全面電腦化的一個源頭，現在說等於講古，最諷刺的是我現在還是一個「電腦盲」。

結識人多．視野寬遠

經過總編輯的歷練，已比較成熟，當然，視野也寬了一些，也結識不少大人物，惕老引見我認識王新衡先生、耿修業先生，劉長官介紹認識吳延環先生、孫震先生，因為記者採訪的需要，他們與新聞對象會見餐敘，要我出面，我認識趙耀東先生、李國鼎先生，因為農業專題的採訪，認識農復會的沈宗瀚、李登輝多位先生，我任總編輯之前，《民生報》還沒有創辦，惕老曾想辦《農業報》，沈先生、李先生是這個專案的顧問，我叫他老師，這個小組

女記者群，賀趙玉明生日，右一徐榮華，後任香港《聯合報》總編，右二黃素娟，歷任《經濟日報》、《聯合報》總編輯，現任《經濟日報》社長，右三王麗美，現為《聯合報》總主筆。

由我領隊，訪問農村三個星期，李先生請他們高足彭作奎博士陪同，彭就是後來農委會主委、東海大學校長，當時他剛獲博士學位。因為這個因緣，李先生任台北市長、省主席、副總統、總統，我都有見面，而且合影留念，他任省主席時約我到中興新村做客，我任總編輯時還陪同劉昌平社長到台中，宴請省府廳處長高級人員，舉行會談。

更由於地方分區會議，我到過每個縣市，會見過多數縣市長和地方大人物，有些交往，如高育仁議長、黃昆輝廳長、吳伯雄縣長等等。在這個階級，我出席過很多集會，如國家建設會、國家文藝會談、軍中文藝大會，也參加總編輯團的活動，多次國外訪問，接觸面大、結識的人多，人際關係也好起來，視界自然也大些，決策能力也有提升。更難得的是認識不少黨外人士，如許信良、尤清等，尤清對《聯合報》新聞處理，頗有意見，他曾親訪《聯合報》，他厲言的對我說：「你要向歷史負責！」我記得我回答他，很平靜：「你也是，我們都有義務承擔歷史責任，希望明天會比今天好！」也在那時候，我認識市議員陳水扁先生，也見過剛從哈佛回來的馬英九副教授，在一次專題討論的集會上。

我也跟李敖熟悉，早期他在我編的雜誌，寫「飲食男女」，李敖，他「深造」十年出來，在大陸餐廳開記者會，正好那天我和作錦多人在另一間與許信良有約，十年不見李敖，我很好奇，推開記者會的門，我剛進去，就聽到李敖的大嗓門：「謝謝老朋友，《聯合報》總編輯趙玉明先生也來了！」我傻了，十年不見，我工作變了很多次，他一清二楚，最難得的十年不見，我面貌多少有些變，他怎麼如此精準，一看就認得，天才啊，這是一個小插曲。

成效第一・有功必賞

我做總編輯時是平民風格，與年輕同事處得不錯，有時候也很放肆，會擁抱年輕同事，有時也被他們「緊抱」，有人叫我「名抱（報）人」。可是辦起事來，心也和他們一體，有幾個小例子。有一天大風雨，基隆外海有船難，要安排採訪，黃年也很急，問我怎麼辦？我不加思索的決定：一、派記者出海採訪，男生，未婚。二、編政組安排租直昇飛機。三、幫採訪同仁，保險兩千萬。編政組主任阮肇彬問要不要請示一下，我說時間緊急，你先辦吧。

1991年《聯合報》40周年慶，王惕吾董事長（左五）與歷任總編輯合影，左起黃年、張作錦、王繼樸、劉昌平（左四）、馬克任、趙玉明（右三）、劉國瑞、胡立台。

第二天版面「很熱」，我報告惕老，他說，做得很好，我說租直昇機、辦保險，花了好多錢，想不到惕老說：「錢是人花的，值！」這是一種工作默契和信賴。

我還發明了「立即獎」，新聞編採突出，看報面發立即獎，錢不多，兩百、四百，設計一個紅封套，寫著鼓勵的話，晚上到班，親自送到編輯記者的桌台上。記得有個颱風天，駐淡水記者王振邦，冒雨蹚大水，趕到報社發稿，很多住很近的人都遲到，還有人打電話說來不了。我給他發了一個立即獎，兩萬元。王振邦，台大歷史研究所畢業，現在是名教授。

還有鼓勵進修，不少同事工讀獲得博士，如趙衛民、陳義芝、蘇偉貞、宇文正……也有很多工讀生念研究所，綜藝中心記者林靜靜，念哈佛研究所，我向惕老幫他

王惕吾董事長（右）與趙玉明合影。

請准兩年全額獎學金，她九個月獲拿到碩士回來，後來她自己到英國讀了博士，例子很多，我把他們的成就看成是自己弟弟妹妹的成就，都是鼓掌。

據說，我的努力沒有白費，報份加了，業務好多了，發行和廣告同仁發生「好行情」時會送啤酒到編輯部請客，大家說我是「福將」。我的前任作錦兄，從美國電告，王惕老在美國對同仁談話，對我有所誇贊，他向我道賀，說我工作受肯定。若干年後，王必成先生以董事長身份訪泰，在僑領面前為我「造勢」，說「我們趙社長在《聯合報》是一百幾十萬份報份的大報總編輯」，意思是說大才小用了，讓大僑領們了解我是「重量級」的，眾多僑領傳開他的話，幫我加分，也旁證我三年多總編輯，總算有一點成績，這個結論讓我因調職的失意，感平復不少，更有勇氣，心安理得面對未來。

（二〇一五年六月完稿）

小故事中悟出大道理

到聯合報系服務，當然是我新聞學徒生活最主要的一站，也是關鍵的一站。好像我在軍中習文，後來周旋於廣電媒體和日晚報之間的一切學習過程，都是為進《聯合報》前的準備工作，連我自己也有些意外。

從劉長官（潔）擔任《經濟日報》總編輯，從《徵信新聞》將我要了過來，一直後來到《聯合報》，又去了曼谷辦《世界日報》到退休，連續四十多年，聯合報系成了我的黃金歲月，完成了各種歷練，最難得得到王惕吾先生的親身教誨和看重，不斷給各種不同的機會，從他身邊的許多小故事，學會很多辦報的大道理。雖然在報系四十多年，真正在他身邊也不過五、六年，從擔任執行副總編輯、總編輯到總管理處的五六年間，雖不算太親近，現在想來，歷久彌新，溫馨的記憶，一直是我工作的動力。

與董事長王惕吾（右）攜手下台階，後為總主筆楊子先生。

辦報成精、個中奧秘

記得有一次，一位美國大學教授來訪，惕老在福星川菜設宴招待，黃年、孟玄、高惠宇多人參加，我陪惕老坐在主人席，年輕同事與教授英語相談歡洽，情緒激越，惕老除舉杯表示敬意，未發一言。他輕聲對我說：

「就我們兩個土包子。」

「你才不土咧，人家說你是『報精』。」我隨口回答。

「什麼呀？」

「報精，辦報成精！」

「誰這麼說的？」

「我也是聽來的。」我信口說出「報精」，覺得失言，但我實話實說，我確實曾聽別人這麼說，還有人說惕老「走紙運」，碰到與紙有關的事業，都十分成功。

惕老辦報成精，例子很多，試舉兩例：

每逢過年開紅盤的那天早晨，惕老會靜靜的做功課，細看本報的分類廣告，也看對手報和其他報的，細心比對、計算、分析，事求人多少欄？求哪類人才多？人求事多少欄？哪類的人多？詳細比評。事求人多，表示景氣轉好，而後再分類，建築業、機械業、資訊業，一項一項比較，做成各種結論。人求事多，表示人浮於事，失業率高，再進一步分析，哪一類人失業率高，他自己做成統計表，精確到欄欄寸寸，令年輕的廣告同仁驚訝。

然後在新年後第一次常董會，暢談新年景氣，做成決策，他的估評精準度十分高，對年度的營運決策，起著決定性的作用。

再舉一例，《聯合晚報》創刊，辦理註冊時投資多少，高層意見不一致，多數認為報系什麼都有，增加一份晚報，只要象徵式投資兩三千萬就可以了，惕老決定註冊投資八千萬。

我從曼谷回來去看他的時候，他告訴我這些事。我看見他辦公桌上列了一張晚報投資計畫表，列出很多個項目，總額是八千萬。

一年以後我再去看他，那張表還在，多了一個「？」號，我問：

「晚報情況很好，八千萬夠吧？」

「我還是估計錯了，少兩千萬，我忘了年終獎金，報紙賠損，員工辛苦一年，年終獎金不能不發。」

惕老辦報，精算準確，令人敬佩。

辦報治報、幾個會報

惕老辦報治報，兩個會報最重視，一個每星期一的常董會，一個是每月一次的擴大會報。

常董會是決策會議，只有五位常務董事出席，各報社長、總編輯、總經理列席，照例由總編輯作編務報告，總經理作業務報告，而後進行討論，再由董事長裁決，幾乎大小決策都在這裡決定，多數由董事長裁定，偶而劉昌平先生會有些不同的意見，惕老非常尊重，常常會說：「那就照昌平兄的意見辦」，從善如流，實在難得。惕老常說他們是三巨頭，楊子先生會立即說「只有兩巨頭」，昌公則說「董事長決定一切」，我看他們三人，多數是以惕老為首的「三結合」，是一個《聯合報》文化融合的「領導體」，三位都十分君子。

王惕吾董事長（左）頒趙玉明模範記者獎。

還有一個每月一次的擴大會報，各報主任級以上主管全員參加，由各報總編輯、總經理報告，各種定期活動的計劃研討，報社重要決策宣示，董事長對階段性中心工作提示，多少事都在擴大會報提出，並由秘書室詳細記錄，印成報系重要文獻。

報系的所有規章、薪級標準、福利措施、年終考績、人員進退規章，都提擴大會議，作成各種規程，相約共同信守，形成一種《聯合報》文化。一切順乎自然，一切列入制度化的企業管理規程，形成可久可允的大事業。

還有一個主要的會，就是董事會，這是法定的會議，每年一次。實際上報系依公司組織，各報有各報的董事會，我在編輯部工作的時候，只有三家報，《聯合報》董事會、《經濟日報》董事會、《民生報》董事會，再上層是常董會，由領導層的幾位擔任，包括劉昌平先生、王必成先生、王必立先生、王效蘭女士和楊子先生。董事由各報社長、總編輯、總經理為基礎，再加入一些人，我擔任總編輯的時候，獲選為聯合、經濟、民生三報董事。每年一次的董事會，定在同一個時間舉行，主要討論通過報社大政、通過預決算，以及紅利分配、再投資計劃等等，都是依照公司法規定辦理的。

待人寬厚，小處看大

香港著名的媒體人「新聞天地」的卜少夫先生，曾經是《聯合報》香港特派員，我擔任總編的時候，早已換成丁望先生。少老是新聞界前輩，常來台北，有機會結識，承他看得起，時相約參加一些飯局，總小心敬陪，後來他來台北時，常駐亞都飯店，約會也改在深夜，有時候在午夜一點電召，約在亞都或在其他餐廳，我總如約而至，盡晚輩之禮。

　　惕老得知上情，叮囑我小心照顧，記得他說：

　　「少老喜歡喝兩杯，記得帶酒，以後與他有約，到十二樓來拿XO。」我唯唯相應，他又說：

　　「他說什麼，都聽著，不要爭辯。」他還說：「記得簽帳。」交代十分清楚，少老性情中人，喝多了，話有些多，有時候也有些不高興的言語，我緊記惕老的叮嚀，只做聽眾，從不多言，倒也平順過關。

　　還有，惕老對學人、作家和意見領袖，都十分尊重禮遇，與沈君山、許倬雲、余英時、胡佛、高希均很多位先生，都有很好的交往；還有《中國論壇》為中心的許多位著名教授，也有很好的互動，人情味很濃，以作家高陽為例。有一天，高陽來編輯部，說有急用，要借稿費，我當然照辦。拿他的借條到財務處支錢，不料財務處說：

　　「高陽已經預借了八十萬，不好再支。」我急了，高陽在辦公室等著，我只好去找惕老，說高陽要「借稿費」。惕老叫我找財務處，我說財務處說，高陽預借了八十萬，不好再借。

　　惕老想了一會，看到我手上拿著高陽寫的借條，他說，你去說我說的，「八十萬暫列呆帳」，叫我再去財務處。這才看出惕老對高陽的珍視。

　　他平日也關心編採同仁，有一天，他說：

「趙玉明，不要太小氣，記者辛苦，吃個宵夜，可以報公帳，也不要醉酒鬧事。」這話傳開，記者老弟、老妹可「貫徹執行」，深夜一兩點我下班前刻，從此電話不斷：「總編輯，我們在青葉」、「我們小組在紅葉」……，他們的電話等於催我去簽字付賬。

衣著服飾、事事關注

惕老嫌我的衣著馬虎，有一天找我上樓，要我平時注意衣著，領帶也太老舊，他拿出一大盒各種領帶，都是名牌，叫我選三條，我也就不客氣的拿了三條，一條Dunhill、一條Dior、還有一條日本絲製的，惕老看了我一眼：

「你不土嘛，選了三條最好的！」

我只有傻笑，他又說：

「到我平常去那家西裝店，去量兩套西裝！」

「我有新西裝，奉老前幾天，叫我去湯姆做了一套，太貴了。」

《經濟日報》社長閻奉璋先生，大概也覺得我的衣著不好，要我到湯姆去做幾套西裝，我一直不敢去，奉老一再催我去做，我到湯姆，說閻社長叫我來的，師父立即帶到內間看料子，我選了一套淺藍夏季料子，問價錢，說一萬八（三十幾年前！），嚇了我一跳。師父說奉老的客人都是用這些料，還有二萬多的。就硬著頭皮做了一套，所以惕老叫我去做西裝，我沒有去。王效蘭小姐還催過我，我始終沒有去做，後來有機會到香港開會，自己買了兩套英國毛料，每套也不過八千多元。

培養人望、成為必修

惕老常在報社宴請訪客，我從擔任副總編輯以後，也常被告知赴宴，偶爾也單獨陪他到外面吃午飯，略記下列幾事：

我記得第一次上九樓吃飯，是請高希均教授，秘書通知我十一點半到董事長室。我上樓進董事長辦公室，一眼認出高教授，興奮的大叫：

「高希均！」，董事長聞聲，大眼瞪著我，顯然責怪我，不懂禮貌，敢直呼其名。

「玉成兄，好多年不見！」還好，高教授認出了我，叫我原來的名字，想起十多年前，高教授十六歲高二時，隨北商青年到軍中服務，我是部隊指派的聯絡官，同學叫我領隊，我與希均投緣，相處三星期，還互贈小照片，他送我一張騎單車的小照片，軍中服務結束，北商全校舉行慶功大會，我還代表部隊上臺致辭，我記得非常清楚。他的「沒有白吃的午餐」發表不久，有過電話聯繫，這次是他回國，我們第一次見面。

惕老，經希均的說明，十分高興，午餐也特別歡洽，以後的聯絡也多了，他的來稿都由作錦交我發排，都能先睹為快，是樂事一樁。

有一天，王新衡先生來訪，惕老叫我上樓，我第一次見到王新公，惕老慎重介紹：「新公，特別向你介紹一位小兄弟總編輯趙玉明」。新公笑容爽朗，和我握手，說一些客氣的話，說看過我的專訪，說報紙辦得很好，說以後多聯繫，一點也不見外，親切自然，他說：「過幾天，約幾位朋友，到家裡便餐，請你隨惕老一起參加，還約高希均教授幾位。」幾天後真的去了王府，以後還有幾次，多了向他討教的機會。

《聯合報》四十大慶前總統李登輝來賓，王惕吾董事長（左）介紹趙玉明。

有一年社慶，黃杰上將來社到賀，惕老特別通知我和總經理周顒將軍，隨他迎接，執禮甚恭，惕老用傳統的軍禮方式，迎接黃上將。細想原由，發現惕老尊重傳統、不忘本的美德，原來我們四人有些軍中緣份，黃上將是黃埔軍校一期，惕老是軍校八期，周顒是十六期，我比敘二十四期，黃杰上將是軍界大老，惕老用敬師大禮迎接，介紹我們時，持別提到都是軍校學生。還有一位俞濟時上將，是惕老的老長官，也常來報社，或有事相託，惕老無不照辦，常叫我上樓，當著俞老的面，叫我承辦，使我與俞先生有段忘年之交。

還有一天，惕老告訴我，他約了耿修業先生午餐，叫我去作陪，我以為有很多人，到了餐廳，就只有我們三個人，耿老是新聞界前輩，早期《中央日報》總編輯，現在是《大華晚報》董事長，用茹茵筆名在中央副刊寫方塊文章，文重一時。

用餐時細聽他們談話，有的是國際新聞學會的事，有些報界的事，我用心傾聽，除非惕老詢問，我很少說話，也插不上嘴。

在回程的車上，惕老問了一些編輯部的小事，尤其是一些女同事口無遮攔的笑話和渾號。聽說你叫某人「刁婦」，叫這個什麼，叫那個什麼，我說這些是她們鬧著玩。惕老說，你叫她刁婦，她是刁蠻，可是你不能叫，她們可以鬧，你不能，你要懂的「養望」。可能他聽到了什麼，沒有直接說，我細想，他讓我見些他認為重要的人士，要我慎言，都是他所期待的「養望」，培養人望，應該是學習做人辦報的課題，這應該就是惕老給我的機會教育。

寫書往事、珍貴回憶

有一天，不知怎的和惕老談到寫傳記的事，我向他表示，他辦報成功，是獨立創業的式範，值得大寫特寫，好像楊子寫過一本，不夠全面。他說，那你也寫一本吧，我說，可以試試。

我很認真想了又想，開始蒐集整理資料，編了一個〈王惕吾大事記〉長達三十頁，還和梁副總編輯雪郎討論過。

書名：王惕吾辦報。

寫法：用第一人稱，王惕吾口述，趙玉明紀錄整理。

字數：三十萬字以內，分成十個重要單元。

惕老看了大綱說很好，但有些部分，他認為我不夠十分清楚，不好寫，用第一人稱，尤其不宜，很容易惹來是非，最好是改個方式。

孫震（左）博士任國防部長時訪問泰國，與趙玉明會見。

後來我去了泰國，寫書的事，就擱了下來。等到《報人王惕吾》一書出版，我就不再提寫書的事，不想有一天我從曼谷回台，惕老又提起寫書的事，他說：

「美國的克萊恩，最近出版一本《我所知道的蔣經國》，你可以寫一本『我所知道的王惕吾』，用你的角度，怎麼寫都可以，你原來準備的都可以用。」一我當然高興，認為這是對我的信賴，可是我怎麼能寫這樣的題目，我是誰？我怎麼有這個高度，我心裡十分明白。

當然「王惕吾辦報」沒有寫成，而「我所認識的⋯⋯」的書也不敢寫，現在想來，都成了一種回憶，我始終認為他仍然是報學研究的「好題目」，更是新聞人博士論文的好題材。

還挨過一次罵，大罵。那年有一架蘇聯飛機被劫持，在西伯利亞迫降，是大事件，來得突然，必須大換版。因為事前發了一張軍事新聞相關的彩色照片，已定稿，我將就做了假頭題。劫機事件，做直通八欄大標題，自然還是頭條，考慮是欠周詳，只顧順利搶時間交版。

惕老很生氣，第二天一早電召，趕往他辦公室，他起身關了房門，回頭厲聲的說：

「你幹的什麼，你看看！」指著當天的第一版，

「什麼第一大報？嗯！你辦軍報呀？」

我無話可說，靜立一旁，十分難過。

「為什麼會這樣，你說，你說！」

我說，白天預發的彩色，定了稿，事件來得突然⋯⋯不等我說完，他又說：

「不要編理由，你死腦筋呀！」

我只好什麼都不再說，他站起來，開了門，

「還站著幹嘛，回去好好想一想。」

第二天他又追問，是不是有誰請託，我說是某將軍來過電話，說有後續發展，惕老說：

「幫忙要看情況，不能違背原則，這次是教訓。」

關心家小、鼓勵上進

最後，說到與我私人有關的一些事。我總編輯調職，十幾歲的大孩子心理不平衡，後來我去曼谷，前兩年內人和孩子留在台北，小孩子常鬧情緒，內人十分煩惱。不知董事長怎麼知道，他請楊秀卿祕書，常與內人聯繫，幫她解決難題，後來幫助我洽有關單位，讓孩子先來曼谷，改換環境。二年以後，他從ＩＳＢ國際學校高中畢業到美國去讀大學，他知道以後十分高興，通知洛杉磯《世界日報》王社長，就是愓老的小女兒，準備了美金一萬元的紅包，鼓勵小孩子上進。

王愓吾董長（中）與趙玉明夫婦合影。

二年後，老二又去美國，我回台去看他的時候，他向我說：「你的負擔很重，你去找必立說說。」

「副董事長必立先生，已經告知，每年補助孩子一萬美元」，我如實回答。也就是說三個孩子，一年補助三萬美元，這是一個很大的賜助，讓孩子都念完研究所。

還有，他第一次來曼谷，發現我一家五口擠在大宿舍，他認為不方便，叫我找房子搬出去，他說：

「在外面，家要像個家，孩子的教育要緊。」

後來，由報社租了房子，一家才安定下來，幾年以後，我表示想回臺灣，或者去美國陪兒子，愓老說：

「你瘋了，在曼谷做得很好，回台北幹什麼？」

後來，我得知，他和必立先生確曾談過我去美國，他們父子在美國告訴作錦，說我去美國不宜，語言不通，不會開車，而且曼谷做得很順，在報系我可做的事很多，作錦寫了長信給我，轉達了愓老的關切。

還有一件終身難忘的事，有一年冬天，我從曼谷回來，在善導寺為家母百年冥誕誦經。那天正好有會報，愓老問，趙玉明不是回來了嗎？怎麼沒看到他，祕書告訴他，我為母親誦經的事。愓老臨時決定，會議提前結束，率同幾位發行人、社長、趕來善導寺上香，十分意外，長輩關愛之情，終生難忘。

身教言教、受益無窮

後來，我回台北，見了劉昌平先生，說起我想回台北的事，我問：「董事長和你說了嗎？」

昌老直接告訴我：「愓老說，要幫你在曼谷買一棟房子，沒說你回來的事。買房子的事，你自己去找吧。」

房子沒有買，我人一直留在曼谷。

從這許多發生在我身邊的小故事，悟出一些大道理，這是我新聞學徒生涯修業的一些心得。

親承教誨，受益無窮，哲人已遠，愛心常在啊！

（二〇一五年八月完稿）

今天的報紙

本文是本人時任《聯合報》總編輯應邀對政治作戰學校新聞系全體同學的一次演講，由學生彭嘉黎、羅紹和、夏常德記錄，刊載《新聞尖兵》六月號，旨在闡述報業經營的一些變化，以及《聯合報》王惕吾先生的治報理念，同一主題，也曾向政大新聞系全體講述一次。經過多少年來，報業經營變化很大，更是我個人當時很深的體會，看似明日黃花，但所講內容的大方向，和思考方向仍有參考價值。（玉明謹註）

前言

談今天的報紙，我們得回顧過去的報紙，過去的報紙有兩個很重要的階段；最早的階段要算是文人辦報，這是一個很長的階段，在這階段辦報的算是「書生論政」，只要會寫文章的人就可以辦報，所以每份報紙的主要結構是由幾個會寫文章的人所組成的，最早的「先生們」都是那幾個人，以言志為主，在「書生論政」的這個時代，幾個會寫文章的人，晚上聚在一起寫文章，以論政為主，如同今日少數政論雜誌一般。所以，他們可能泡一壺茶、一壺酒，甚至一袋煙，就編起報來，以後慢慢地演變，引進國外的新聞知識，少數幾位學新聞的先生們回來後，就有了新聞報紙的芻形，不過規模很小，等到商業行為加入報紙經營後，就出現文人與企業合作辦的報紙了。

現在，由於社會的進步，時代的需要，報紙愈來愈為大眾所追求。因此，報紙的發展可說是多方面的，而進入企業化經營的時代了，很多的事情跟著就有很大的改變。

報業的任務

從報紙的特性來看，今天的報紙有三個最主要的任務：

一、告知：根據時代的需要，報紙最先是盡告知的責任，告知就是要傳達信息，不分國內外，任何合乎新聞要素的信息，都要盡告知的責任。包括知識性的、趣味性的、社會的，而最主要的還是要有臨近性的。告知的責任，比如復興崗門外發生了一件事，各位同學很可能一下課就想跑去看了；如在台北發生，就看電視、晚報；再遠如高雄，就要靠報紙或廣播、電視的訊息了。憑新聞媒介來告知，讀者這種需求愈來愈多，所以，報紙要盡滿足知的慾望，要盡告知的責任；告知的基本條件是要講求真實、客觀與公正。今天報紙要隨著讀者的需求而不斷地發展，它發展的第一因素，便是基於讀者對知情權的要求。

二、守望：誠如一位議員要對他的選民負責一般，報紙和議會是促進民主社會的兩大支柱，他們兩者都是扮演守望者的角色，對不法的糾舉，對爭論的評論，都要善盡言責，作為公道正義的代表，如此，大家對報紙的依存關係愈來愈大，而報紙也就要堅守自己守望的角色，必須與讀者聲氣相通，打成一片。

三、參與：社會參與的責任，就是當一件事件，一個事情來了，需要鼓動風潮，造成時勢，以增加社會參與。今天在社會上有些事情需要鼓動與推動，例如十大建設要做，阻力很大，報紙如果認為這件事值得做，就要去參與，身為一個報人、一個記者、一個編輯，對自己的時代、社會必須要有參與感，遇到事件才能夠平實處理，例如今天有許多敏感的問題大家看法不一致，到底怎麼最好，怎麼樣才符合大多數人的願望，都要有自己的基本態度，也就是大家必須有參與的心，假如你做你的事，你辦你的報，你管你的，毫無參與感，那麼人家也就不需要你的報紙了。

大家對於報紙的需求，是基於告知、守望以及參與的願望，今天的報紙與過去文人的辦報大大不同，今天報紙的形式不同，雖然報紙仍是白紙印黑字，還是三大張。但變化實在很大，臺灣目前有三十一家報紙，每家報紙所表現的形式各有不同，大家各顯神通，當然讀者的心目中也有自己的標準。為什麼有些報紙不能發展，而有些報紙則發展迅速，這需要我們去仔細研究，我個人在主持編務期間（《民族晚報》擔任將近五年總編輯，到《聯合報》也有六、七年），我領悟到做為一個新聞人、編輯人、或者是記者，都必須在告知、守望以及參與這三方面表現，所以報業的發展完全是報人的自覺以及讀者的需求，兩者相結合而得的。

報業的變化

大家每天看報也許不能很快看出報紙的變化，但報紙在變，而且變動的幅度，前所未有的大，具體的可歸納下列幾項：

一、讀者層的變化：過去在大陸時期，剛有報紙時，文盲很多，看報紙的人僅限於識字者，而且報紙發行不十分普遍，多限於一些大城市中，如北京、上海……，如果在鄉村，可能要半個月甚至更久，才看到報紙，現在卻迥然不同了，讀者的層面已有所變化，最主要的變化是表現在教育程度上。根據最近一次戶口普查結果，臺灣地區小學程度以上的人口約一千四百三十多萬，大學四十多萬，專科的有四十四萬多，高中高職的有一百九十八萬，初中約二百五十三萬，小學約六百八十四萬，自修的有四十多萬，不識字的有一百七十四萬（指老一代的人），但因電視的普及，使許多字都可以從電視中學習。整個人口中高中以下小學以上有一千一百萬人，由此可得到一個結論，報紙內容設計的讀者目標，以這一層面的人最多。所以今天辦報，讀者的層面不再是少數的高級知識分子，設計內容時首先考慮這一千一百萬人是報紙真正的對象，然後再談到專科、大學、研究所的這一百萬人。所以，一般內容應以一千一百萬人為主，設計特別內容就要以最具影響力的一百萬人為對象。

二、社會結構的變化：社會結構的改變最顯著的是國民所得增加，工商企業發達。根據民國七十年統計，我國生產毛額為十萬三千零三十一億元，每個國民平均所得為九萬四千八百四十多元，國民所得增加，每一家每月花一百五十塊錢，訂一份報紙不成問題。所以現在的報紙首先要爭取讀者的第一份報，如果再設計第二份報必須趨向專業化；一家人若訂兩份報，第一份報是誰，第二份報是誰？都要研究。

其次，工商業對報紙的需求增加，要做產品推廣，而新知引進、新市場介紹、貿易機會和國際金融變化，需要新聞媒介來告知，廣告也就自然成長。廣告本身也是新聞訊息，它有這種能力，但客戶也有選擇報紙作為他產品的媒介，他選擇你的報紙，是因你的報紙有發行量，有影響力，累積的經驗使他對你的報紙具有信心。

廣告、發行是報紙的生命，沒有廣告便沒有重要的收入，沒有發行便沒有讀者，沒有讀者，廣告當然少。社會結構為報紙找來了訂戶和廣告，也帶來了競爭的壓力，而且這些訂戶和廣告戶，無形中也成了報紙的主人，一百多萬份報紙，等於百多萬個「老闆」，都要去服務。所以社會結構由農業化進入工業化，對報紙的衝擊，也是很大的。

三、科技文明的變化：傳播工具、交通以及印刷術的發達，加上製版技術的進步，帶動了報紙的發展與進步。

（一）傳播工具：談到傳播工具，大家就聯想到衛星的傳播，這種衛星的立即傳播，可以將海外的消息迅速的傳至國內。再來就是無線電傳真的廣泛使用，台北與華盛頓、香港、日本的特派員之間，只要寫好稿子，二十幾秒之內就可傳到；至於電話就更普及了。最近《歐洲日報》創刊，報紙在巴黎發行，卻在台北編排，也就是把編排好的各版，利用衛星整版傳真，在當地印刷發行。目前美國《世界日報》，在紐約、舊金山、洛杉磯三處發行，也是用衛星整版傳真，美國現在第一大報《華爾街日報》，它在十一個地方出版，也是由總社整版傳至十一個地方在發行地也做。這種技術聯合報系目前已在使用，每天供應《世界日報》十七個版，《歐洲日報》全部版面，也是這樣，採訪記者在巴黎，編報在台北，印報在巴黎，這實在是很大的突破。將來光復大陸後，一家報紙要發行全國，所顧慮的人力、物力問題就不大了，因為極少的人加上一部傳真機、印刷機便可以辦報，這種快速訊息的傳遞，對未來的報業發展實具莫大之影響。

（二）快捷運輸：臺灣地區以往早期的報紙輸送是利用火車，不但慢而且不實惠，而較遠的地區採用飛機運達，這在以前是大事，自高速公路通車後，對報業影響很大，因為從台北開車到高雄僅需三個半小時；在高速公路可通車時，《聯合報》即有妥善計劃，初期成立了十一輛車的車隊，三個多小時便可分別到達目的地。現在聯合報系的天利運輸公司，有五十部運報車，每天送報，愈遠的地方愈先送，由於份數太多，先送高屏地區，由南而北，最後才是板橋、基隆等臨近台北的地區。為什麼報紙會到的愈來愈早?除了運送報紙的方式改進外，主要是我們第一次版的首批報紙已提前至凌晨一點半出報；過去習慣是三點多才出報，編印的時間較充裕，把稿子編完後可先去吃碗牛肉麵，吃完了再回來拼版，現在已無這種時間，而且是分秒必爭了。

（三）印刷設備：現在的印刷，都是平版印刷或照相印刷，還加上彩色印刷，而國外還出現有香味的報紙，真是千變萬化。以彩色為例，現在用雷射分色，以前人工分色四小時算是最快的了，現在一貫作業，只要六分鐘，非常方便。從前，如果要弄彩色版出來，工廠就叫苦，使用雷射分色機，晚上八點發生事情，要弄彩色版，第二天照樣出報。至於印刷機器，也是一日千里，快速印刷，使報紙克服了報紙激增的情勢。

（四）電腦編排：傳統的新聞編排也有了變化，《聯合報》目前是使用最新的電腦新聞編排，人家都笑話我是中華民國第一位電腦總編輯。電腦分為兩部份：硬體及軟體，硬體機器是進口的，軟體則由我們自己造字輸入，克服了中文電腦化的許多問題，使用以來相當順利，以前撿字房裡的「熟手」，一小時最快可排一千二百字；用電腦排字，任何生手訓練一星期至一個月，每小時就可排二千四百個字，訓練三個月可打三千六百個字，一個就可抵上三個人的工作效率，一台電腦全天候的使用，八十部排字機可做一百五十萬字至三百萬字，排字量驚人。這些都是科技文明，給報紙帶來的進步和影響。

四、營運方式的變化：報紙的發行，也隨著社區發展，高樓大廈的建築不斷出現有了變化，過去推銷方式，一踏進門口就可以推銷，現在建築物愈蓋愈高，如一棟十幾層高的樓房，一樓進門就有管理員，你根本不得其門而入，如何推銷？因此在推銷方面要改變方式。另外，在偏遠地區，過去為了經濟利益，只有一份報紙是不送的，現在，越是報紙少的地方，大家爭著去，像日月潭的涵碧樓，只有三份報紙，即使花的代價很大，也是要去，所以現在一些偏遠的觀光勝地，仍可見到報紙。

五、新聞處理的變化：過去的新聞處理從寫作到編排都要按傳統作業，現在平版印刷、彩色印刷，作業方式也跟著在變，最顯著的變化是：

(一)由限制到自由：過去的很多限制，現在比較自由。在從前，編輯有一定格式，很多事情放不開，現在為了配合版面、彩色、印刷條件，起了很多變化。

(二)從單一到複合：過去是單一的，現在的平版印刷、彩色印刷，條件自然複雜許多，要研究重點、調和、對比、組合等等，牽扯到複合的方法。

(三)由拼版到組合：過去是拼版，現在是組合，現在流行組合藝術，食、衣、住、行是如此，更何況是報紙。

(四)由通才到專精。

(五)由保守到開放。

(六)由工匠到慧心：過去都稱編輯為編輯匠，指編輯獨具匠心，現在匠心不夠了，必須具有慧心，也就是在新聞處理上、編排上和寫作上投注智慧，從當中表現智慧。

報業發展趨勢

一、大企業：就是大企業經營，這是不可避免的趨勢。企業經營含有兩個意義：一是報紙經營；一是管理。不論是軍公營或民業報紙，必然要走企業化經營的路，有人認為軍隊化的管理有計劃性，符合企業化原則。進一步看，現在報紙的量和質都在求精。經營本身是一種商業行為，它的產品就是一種商品。不過，報紙有別於一般商品，它是一種文化商品，但是對經營人而言，它既屬商品，就牽涉到交易，所以它必須具有商品的行銷觀念，文化商品含有文化使命，和一般商品不同，但經營與競爭則一，若經營不善，報紙立即就會被迫停刊，如芝加哥《每日新聞》、紐約《長島日報》都是頗具規模，曾幾何時，《泰晤士報》也瀕臨破產，臺灣報紙起起落落，由於競爭激烈，若無良好的企業經營與管理，勢必無法生存，正如達爾文進化論所說：「適者生存」的道理。

二、大發行：發行和廣告是報紙的生命，發展快有其道理，如《華爾街日報》是一經濟性報紙，它發展成為美國全性報紙，目前在十一個地方印報，銷路直線上升，原先是經濟專業性報紙，後來加入社會、政治新聞，慢慢地增加綜合性新聞，以應經營上的需要。其他如日本《讀賣》日刊、夕刊，已超過一千多萬份；香港《東方日報》發行六十五萬份，目前臺灣的報紙，最多的每日發行有一百一十萬份以上，發行量較少的也有幾萬份或十多萬份，報紙發行增長或衰退的因素很難討論，以《聯合報》為例，去年三月到八月增加將近十五萬份報紙，打破過去三十年來同一時間內增加報份的紀錄。有人要我分析，我認為絕不是單一的原因。

報紙發行量增長的影響因素是讀者需求，社會情勢變化，對手報紙的錯失和本身的努力。今後的發展，就要朝這方向努力，趨向於大量發行，把目標定遠一點，不要滿足現狀，安於現實。

計算報紙發行數量，不是憑空揣測，要從用紙量（包括進口紙多少、向中興紙業買多少紙，全年消耗多少），印刷設備等來計算，因為機器每小時可印多少報紙是很固定的。

三、大競爭：報業競爭比電視還要激烈，現在第一個競爭是內容，從新聞到副刊都不容忽視。今天副刊也是主力，而且最為激烈。第二個競爭是時間，誰出報快誰就佔優勢，誰發行面廣，也佔便宜。第三個競爭是聲望，也就是影響力，報紙登出的新聞，評論某些事情的不當，而政府採納這意見，這就是具有影響力。批評中肯，講公道話，能把最新鮮、最重要的新聞提前告知在別人尚未知道之前，也能奠定聲望的基礎，爭取讀者的信用。若連續出差錯，就使讀者對報紙失去信心，聲望必然降低。

四、大突破：資訊設備的改變就是報業突破的重要一環。

報紙如何突破呢？報紙是需要高成本，講求高品質的，做生意的人多希望低成本、高利潤，辦報紙和做生意不同，要有高發行才有高收入，為了品質更不惜花費。譬如：有一則新聞僅四百字，卻花費了二十萬元費用，這是由於追查、求證的花費，但為了某種考慮，這則新聞最後可能不予刊出的。

簡單地說，今後報業經營要朝大企業、大發行、大競爭、大突破等方面努力。

當前報業問題

今天報業所面臨的問題有四：

一、篇幅問題：目前每天限出版三大張，使報紙的發展受的限制，也使許多增加的內容不能增加。長時間來，報業對於報紙「限證」、「限張」、「限印」，引起過不少話題，也就是所謂「報禁」。這個問題見仁見智，現今「限張」、「限印」這兩個問題鬧得很緊，愈是有發展的報紙愈是希望擴張，愈是競爭性差、收入差或財務結構差的報紙，愈反對增張。因此少數經營情況好的報紙必須先說服大多數經營情況不好的報紙，然後限張限印問題才能解決，但這並不是容易的事。因此，只能折衷處理，第一是精編精寫，第二是發展地方版，例如《聯合報》現在有地方區域版與綜合版（第六版和第七版），共有二十四個版。為了滿足讀者的要求，最好是適度的開放篇幅，這個可能性不是沒有，需要看有關方面的政策決定。

二、人才問題：目前報業不缺人，但缺人才，我舉個例子說明：有一年《聯合報》舉辦甄試，招考編採人員，報名的有一千多人，而實際錄取的只二十個人，這二十個人現仍在報館的只有幾個人，其他的呢？不是不適於新聞工作，就是自求多福的走了。第二是能幹肯幹的人出國留學去了，這我們是鼓勵的，因為還有回來的機會，若不回來，也算是替國家造就人才，這可說是一件好事。第三是因為別處有較合適的工作而離開報社。由此可見，人才的確是不易留的，尤其是編輯。

我在林口的光華廣播電台幹台長時，鄭貞銘先生是預備軍官，後來他擔任文化大學新聞系主任時，我曾建議把新聞系編成兩個組，把程度好的訓練成編輯，當時看不出來，但經過十年以後，全國編輯台上的人可能一望過去，都是鄭先生的學生，只可惜當時沒有做成，不然今天編輯界一定獨樹一幟。因此今天新聞科系如何訓練專才，提供報業；而報業本身也要用建教合作的方法訓練人才，提升水準，是很值得注意的事。

三、創新觀念：當然，我們除了看書外，更要培養對很多事情的看法，也就是新的開放的觀念，尤其是新聞記者，必須具前瞻的態度，這是我們必須努力的。以看報為例，我們看報的方法要與別人不一樣，別人看報只獲得訊息的告知，而我們則需要進而探求一些問題：

（一）是學識的增進，須注意其內容及處理方式是否準確得當？這是我們訓練記者和編輯的方式，唯有如此，才能使工作同仁有更深一層的認識。

（二）是要發掘告知以後產生的結果，即將來結果如何？或是在一年二年後所得到的結果；若你對編輯有興趣的話，看看標題，仔細分辨，每天拿了新聞或標題仔細研究，那麼假以時日，做起編輯來，就會得心應手，而且新聞這門學問不是只限於書本上，要有生活、歷練，比如採訪寫作，寫不好重新再寫，一天一天寫下去，必然有所成就。

四、道德勇氣：道德勇氣的考驗，雖然人人會說，但做起來並不簡單，所以我覺得今天的新聞人，面臨這麼一個世俗觀念衝突下，尤其是在功利主義抬頭的社會，對於政治、社會問題的見解與看法，社會各種生活型態的變化，都面臨了一些抉擇性的問題，當一個新聞發生後，接著可能要面臨人情攻勢與利害關係，也可能一時疏忽而犯下大錯，所以，做一個編輯人必須有原則，對錯誤要有更正的勇氣，對他人造成傷害的要有謀求補償的勇氣，道德勇氣就是要培養自己做為一個真正君子的品質，今天我們的報紙在這方面做得還不夠，但最好的防禦方法，便是盡可能避免犯錯。

結論

今天的報紙，企業化經營發展的結果，大家很容易聯想到會不會產生報業托拉斯，從某些情況看可能有這種趨勢，但也不是絕對的，因為報業企業化經營和一般工商企業不同，它有其社會公器的地位；工商企業所有權和經營權是合一的，報業的所有權和經營權，則可分開，報業的投資人（股東）掌握所有權，重視報業投資的發展，而可以將經營權，付託給有理想、有抱負、有職業專長、有道德勇氣的專業人員，這種分權的理想，可能是今後報業的新趨勢。這樣做，就可以避免報紙完全控制在資本家手裡，可以長遠的保持公器地位，和當初創辦報紙的最高理想。

　實踐這種分權的理想，責任在於受付託的經營人如何扮演自己的角色？如何懷抱自己作為一個報人的使命感？《聯合報》目前是朝這個方向努力的報紙之一，社長劉昌平先生，受董事長王惕吾先生的付託，領導報系員工近三千人，實際上擔任經營的責任；王董事長首先提出這個投資人與經營者分權的構想，對中國報業企業化是有貢獻的。

（原載一九七八年六月《新聞尖兵》）

這個事兒我錯了嗎？

我的總編輯生涯，三年多一直是順風牌，手下各路英雄也各有表現，聲譽雀起。不想發生一件小事，影響了大局，香港回歸的「中英聯合公報」事件，出現異聲，影響了我這個新聞學徒用血淚、辛苦自創的前程。

香港回歸．百年大事

一九八四年（民國七十三年），北京與倫敦就「香港回歸」一事，在倫敦舉行多次談判，獲致結論，英國承諾一九九七香港回歸中國，在最後階段，英國首相柴契爾夫人親訪北京，與鄧小平最後磋商，決定簽署「中英聯合公報」，這是歷史事件，是大事，新聞性極強，在臺灣敏感度也大，而且是世界性的大事件，為全世界所有中國人所關切。

香港位於廣東省寶安縣南海中，珠江口之東，北與九龍半島隔海相對，面積不大，長僅十八公里，寬約三至八公里，號稱世界良港。清光緒二十一年（一八九四）中英鴉片戰爭、滿清大敗，而為英人所佔，次年（一八八五）與英人簽訂南京條約，將香港割讓給英國，為期一百年。這一年是甲午戰敗後（一九八四）的第二年，也就是光緒二十年，決定將臺灣割讓日本五十年的第二年。

由於英國人的蓄意經營，推行英式民主，為無稅良港，工商發達，已成東方之珠，也是英國人在遠東的海軍基地，英國豈肯放手，但北京也不手軟，多年與英糾纏，在法理上一百年的期期限早過，可以理直氣壯地要回自己的土地。

英國為什麼跟北京談，一方面雙方有外交承認，已互派大使，北京採主動，英國是弱勢。設想，如果中華民國政府在抗戰勝利時要求「香港回歸」，主角自然是南京的國民政府，不知道那時名列四強之一的中國，為什麼沒有向英國討回失地？這個思考，變成了一個中心話題，很有意思。

先是看事件的本身，現在回歸的中國，不再是割據簽字時的那個中國，那個中國早已沒有了，可是那個中國的子子孫孫都在，在大陸、在臺灣、在港澳、在全球的華商華人族群中，香港回歸，人人有份，是全體中國人的大喜事，不能短視，在北京，不能把回歸香港這塊餅獨吞獨佔，在外面的中國人，尤其我們在臺灣的中國人，不能吃醋，要同喜，張燈掛彩大慶祝，當頭等喜事辦，這是我這個新聞學徒，在軍中為國家賣命廿五年的退伍軍人，對整個事件的了解和看法。

而且那時候有一句響亮的口號：「中國的歸中國，中共的歸中共」，正好用在香港事件上，完全是一個「中國歸中國」的好案例，可以大為運用，不能說一套做一套，宣傳與事實不敷，變成真的也假，好事變成壞事，主持宣傳政策的人，不知有人想過沒有？

新聞處理．讀者關注

香港事件的新聞處理，新聞圈最關心，文宣主管也不放心，照例安排了新聞背景說明會，宋楚瑜是文工會主任，也是新聞局長，在我心目中，他是一個開明的有現代知識的黨工，印象不錯，尤其是中美斷交那個記者會，給我留下很好的印象。

會議開始，宋楚瑜簡單說明對「中英聯合公報」處理的看法與做法，不很明確，在「謹慎處理」與「配合討論」兩個方面著墨，這個時候很多人都爭著發言，人多嘴雜，莫衷一是，我也說了話，歸納起來，包括新聞要登、公報內容要記，應該有社論，對公報內容有分析，適度處理，我也強調是中國百年大事，不能不登，不能讓讀者失望。

我記得大家好像對「適度處理」很贊成，在場面上是活棋，一切看主事人的決斷，新聞背景說明，就是這樣，沒有人敢一刀切，說什麼都不登，吵了一下午，大家認為可以「適度」去認真「處理」，人慢慢散了，我也到了門口，陡然聽有人說：「還是少登的好」，好像是中廣新聞部那位，反正已經散會了。

在回報社車上，我想如何「適度」，很快有了腹案，先向董事長報告，開了編採小型會，我的決定是：

一版：主新聞，選用多則國內外大事，沖淡一下。

二版：配合社論、專家專欄，國內外反映。

三版：英國、北京、香港反應。

四版：「中英聯合公報全文」前，親筆加了「所謂」，在中英聯合公報加「　」，指定記者高惠宇評論公報內容配合。

適度處理‧平實自然

這個安排面面顧到，我認為很「適度」，大家都贊成，黃年主張最積極，很多事要他作，董事長晚上來了兩次，我向他報告我的安排，他說由我做主，他也看了一下社論。在整個處理上比平常壓制，沒有情緒膨脹，標題也平實，重在事實，但我很知道，有風險。

果然，風險來了，不是因新聞內容，更無所謂適不適度，而是新聞競爭，出乎意料之外，對手報反常，處理極簡單，有要點，有社論，未刊全文，配合也不算太多，其他各報也一樣，我早上一看，壞了，我失算了，非常意外，不像他們平日的作風。結果，他們提出抗議，不，是抗告，說我們「違背協調」，而且抗議是他們老闆親自提出，也意外，得失心太重了，我也在那家報紙工作過兩年多，很了解那位先生的風格。事實上，我認為他們會和我一樣，也作同樣安排，幾年來該打的仗都打了，沒有想到這次我嘗到的是「勝利的苦果」，不承擔，能怎樣？

第三天早上，楊祕書電話告訴內人，請她轉告我，上午十一點去見董事長，十點四十惕老自己又直接撥來電話，我知道有急事，立即了去見他。

「走吧，上山去吃午飯。」一站起來就走了，我跟著他上了車，在車上他問了一些家事，孩子讀書的情形，家用情況，身體狀況，有沒有健康檢查之類的話，到了陽明山他的山居，一起吃飯，就我們兩個人，四五個菜，那時候我飯量不錯，就大吃起來，吃到差不多了，惕老說：

「他們對我們香港事件新聞處理，有討論，有人自己沒有做好，怪別人，提什麼抗議！」

涉及競爭．有人要問

而後，他詳述經過，最重要的結果，對手報的抗議，提到中央宣傳會議，由蔣主席主持，重點是《聯合報》不守協議，在王惕吾、余紀忠多位國民黨中常委在場，據轉說，蔣聽了問該誰負責，承辦人不能提王惕老，大概有人回答說「總編輯」，蔣又說「問一下嘛」，也沒有說對錯。

我聽惕老的轉述，反應很直接，「問一下」可以多種解釋，問一下，是去了解怎麼一回事，問一下也可以是調查一下為什麼會這樣，如果再嚴重，「問一下」也可以拿來問罪。我的直覺的看法，不是什麼大事，應該是「去了解一下」，不是什麼大事。

站在文工會或宋楚瑜的立場，有人抗議也要適當處理一下，希望由《聯合報》報表個態，他們可以向另一位中常委交代，我是宋楚瑜，也會要真問一下，可是他應該直接問我，由我答辯，由我「認錯」，讓某先生消氣，我也做過他的員工，見面三分情，沒有「你死我活」的道理，氣不順嘛！

這時候我當然表示「不服」，惕老也說他也不服，可是再細想，我做總編輯已超過三年，順風船也可停一下，先休息一下，再出來的機會多，而且該擔當的應有擔當，我立即表示：

「最簡單的辦法——換總編輯！」我說：「內部工作調整，無關其他。」

很出惕老的意料，他不以為然，沒有這麼嚴重，他也表示，不急，總可以想出辦法的。

「明天就宣佈，要快！」

「為什麼？」

主動表態・自動卸職

「不管您有沒有這個意思，我主動，你不必為難，而且還在你身邊，什麼事不能幹，什麼機會沒有？」

惕老停了一下，他說：「本來可以調副社長。」

「不要、這樣看起來是升級，不好，」我說：「到總管理處好了，我去請昌平先生安排。」

他同意了，說他會告訴劉先生，叫我下山去找劉先生，我回到報社，昌平先生在等我，顯然他和惕老已有默契，他告訴我：「就擔任總管理處執行副總經理好了。」劉先生是兼總經理，我成了他的副手，是高調。

這時候，劉先生問我，認為應該誰接總編輯，王惕老在山上也問過這個問題，我安排的接班梯隊，還未成熟，我說「應該由編輯部選人」，就未再多言，所以我都保持沉默，因為第二天就要交接，昌平先生問我：

「董事長決定國瑞接你，你認為怎麼樣？」

「你們已經決定好了？很好，老編輯出身！」

我一再想：這個事兒我錯了嗎？

我如獲重釋，回到編輯部，最先告訴查仞千和黃年，仞千平靜，認為三年「功德圓滿」，黃年氣憤，半天沒有說話，相信內心極痛苦，三年來我們合作良好，任由他大發揮，我一直認為他是很好的接班人，不過這個時候不宜，我深信他是一隻大鵬，定有展翅的一天。

也巧，早先的約定，那天我要到劉國瑞府上吃晚餐，欣賞劉媽媽的廚藝，赴宴變道喜，恭賀國瑞出任總編輯，我到《聯合報》一直到一年前，國瑞兄都在編輯台，主編第二版，由他接手，交接手續都不要辦，我順順利利，交卸了總編輯，也不是什麼大事，出乎意料的，北京《人民日報》在第一版報頭旁邊加框登了一條新聞：

「報導「中英聯合公報」，《聯合報》總編輯換人」

第二天，《聯合報》第二版刊出我調總管處，劉國瑞繼任的新聞，最高興的是內人和三個兒子，這幾年他們的父親，太疏離他們了，常聽孩子說「爸爸，好久不見」。因為這些年我深夜下班，他們睡了，早上他們起來去上學，我在睡覺，在一個屋頂下，很難在一起說一句話。從此孩子的假日，就是我們的「家庭日」，和和樂樂在一起。

從未表白・問心無愧

一直到後來，奉派到泰國辦報，主持《世界日報》約近二十年，報系退休後又留任總主

總編輯交接，劉國瑞（右）接任，王惕吾董事長（左）與必立（左二）發行人監交。

筆十年多，加起來，新聞學徒，辦報三十年，對過去，尤其香港事件，我從未發言，曾想過抗爭，出面辯解和文字表白，甚至要寫信給蔣經國先生，一個退伍軍官認為自己十年的努力，做了他自己想做的事，有自己一點小成績，為一個香港新聞，說要問一問，問什麼？有人問了我嗎？沒有，我要問他，可是他早已去見孫中山了。另一個也算是當事人，少壯的宋楚瑜，現在已自認自己「七老八十」，我還忍心問他嗎？不能，問誰？「只有問我自己！」

「這個事兒你錯了嗎？」

我總聽到有一個蒼老的聲音，吐出四個字：「問心無愧」。

從功利的觀點看，也許是「塞翁失馬」。我泰國辦報三十年，任社長將近二十年，報系退休後留任泰世總主筆又十年多，想到自己已望九之年，自然就更加寧靜長樂、怡然自得了。

（二〇一五年八月完稿）

副教授的曼谷新夢

我從《聯合報》總編輯職務，調任總管理處執行副總經理。那個時候，總管理處的編組不完善，劉昌平先生兼任總經理，報系希望推動企業化經營與管理，只有大構想，沒有具體行動，只有幾個人作各報新聞比較，對報系內各報比評，也和其他各大報比較，這不是很討好的工作，效益不大，還容易得罪人。我尤其尬尷，不能一味「前任批評後任」，所以這個工作，職位雖高，形同「總管理處行走」。

意外受聘．文大教書

正在這個時候，文化大學新聞系所的主任鄭貞銘教授，約我見面，鄭先生是我在軍中認識的，他獲得新研所碩士之時，服預備軍官役，分發到林口，和我同事一年半，後來我到了新聞界，自然見面的機會也多，他多年努力，成就非凡，已是新聞教學界重要推手，桃李滿天下。

大概他也覺得我有一點長處，而且有實務經驗，五年多《民族晚報》總編輯、三年多《聯合報》總編輯，在這段時間，也多次與鄭教授見面，有時候對某一新聞事件，也向他請教過，所以，保有君子之交的關係，而且他很多位高足，在日晚報與我同事，想來，他對我也不陌生。

我和他會見，很意外，他建議我到文化新聞系去教課，而指定教「編輯學」，我聽了當然很高興，新聞學徒受鄭教授的垂青，一種知遇之情，真是感激。我記得我向他說，我沒有學位，又沒有專業著作，能教書嗎？他說我有經驗，教編輯，經驗比學位重要。

我沉思片刻，說課程可不可以不叫「編輯學」，是不是叫「編輯技術」或「編輯藝術」，我們思考了一會，最後我提出就叫「新聞編輯」，通俗中性，他認為很好，就這樣決定了，沒有幾天，就接到文大「副教授」的聘約，也參加過幾次教授會議，資深記者歐陽醇老哥，已是文大老教授，他看到我十分熱絡的表示歡迎，他對我因為「香港事件」離開總編輯的位子，十分不平，他鼓勵我到文大教課，而且他建議我好好準備教材，他告訴我，可以「隨堂錄音」，再加整理，一年後可以出版專書，送教育部審定，列為大學教材。他說，很多朋友都這樣取得教授升等。

教授大綱．草寫初成

我真的開始準備了，找出有關編輯的資料，也到書店買些新書，而且開始寫「講授大綱」，用「新聞編輯」，定為課目，這份大綱共分八章，每章授課二至四小時，一年授完：

第一章：編輯：編輯概說。

第二章：計劃編輯：政策制定、分層計劃、分工執行。

第三章：執行編輯：稿件整理、標題製作、版面規劃……

第四章：分類編輯：依新聞專業性質、規劃各版內容。

第五章：彩色編輯。

第六章：副（專）刊編輯。

第七章：雜誌編輯。

第八章：校對。

鄭貞銘教授認同這個大綱，他也同意歐陽醇的看法，隨堂錄音，寫成一本實用的編輯學，教學生能夠學用一致，可以有擔任編輯的基本功力，他建議多舉實例，引導學生做一個好編輯。

就在這個時候，發生一個小插曲。有一天，我在《聯合報》大樓遇到在「繽紛版」寫「紫微斗數」專欄的慧心齋主，她說要幫我排個紫微斗數命盤，向我要出生年月日，我本來不信這些的，又不忍違逆人家小姐的好意，隨口說了自己的出生年月日。幾天後，她恭恭謹謹用毛筆給我寫了一封信，抄了我的命盤，最後赫然一行大字：「有遠行，東南方！」

我看了哈哈大笑，聽到這件事的同事，都不以為然。那段時候，報系高層主管卸職，轉往美國、加拿大《世界日報》人很多，如果說我有遠行是美加，大家或許相信。

再細看，後面還有一行小字：「有回來會朋友的機會」，看語氣，好像已成定局，而且勢在必行。

因為「紫微斗數」的命盤，我很快聯想到較早，我交卸總編輯後，率領一個小型參訪團，訪問美國、日本，時間將近一個月，美國訪問了《洛杉磯時報》、《前鋒論壇報》、《紐約時報》、《華盛頓郵報》、《今日美國》，也應邀訪問駐美大使館，錢復博士親自接見，在「新聞不見報」諒解下，錢大使暢談當時中美關係的一些狀況，內容極具深度，本來他晚上想與我們五人共進晚餐，但另有約會，乃由大使館一位顧問周先生，代表他陪我們晚餐，席間，大使館另一位先生說，周顧問測字是「神算」，十分精準，大家讓他幫我測字，我隨手寫了一個「趙」字，他看了一下，用筆寫了「走」「肖」，再看我一下，簡單的說：「趙先生有新任務」，又一再強調「驛馬星動，而且就在近期」。我對照慧心齋主的命盤，不由人不狐疑起來！

說來奇怪，幾天後世界中文報業協會在台北福華飯店召開，突然王董事長惕老的楊祕書，緊急呼叫，說惕老叫我趕去福華飯店，我火速奔往，惕老、劉昌平先生、王必立先生，還有一位我不認識的先生，在那裡等我，惕老向我介紹，那位先生是泰國《世界日報》的副社長饒迪華先生。是老報人，早期政大經濟系，與政大校長歐陽勛同班同學。

一個任務．曼谷辦報

大概惕老他們談了很久，可能很多事已經有了決定，叫我來，一定有事與我有關。這時候惕老叫我在他身旁坐下，他說：

「玉明，我有個任務給你！」他早年在軍中是我的團長，我是班、排長，軍人說任務，就是不可推卸的使命，自然我理解。

「報系決定接辦泰國《世界日報》，請你去泰國。」他接著說：「請迪華兄擔任社長兼總主筆，管言論；你任執行副社長兼總編輯，管社務和編務，向報系負責。」

簡單明瞭，幾句話，交代十分清楚，職務、職掌、分工和責任承擔，簡單的說，由我代表報系去曼谷接辦《世界日報》，負成敗責任。

我一時反應不過來，稍一思考，目前我在報系「賦閒」，負方面責任，找我去曼谷，對惕老用兵是出對了牌。但來得太突然，尤其我的副教授之夢，正甜著咧，教材準備了、聘書接了、課前會議也開了，豈不是半途而廢。我十分矛盾，如果去曼谷，失去教大學的機會，如辭掉去曼谷這個機會，勢必離開報系，我又捨不得這些年建立的基礎，以及一份不差的待遇。

也許出乎惕老的意料之外，我沉默不語，實在是一時不知所答，幾位都看著我，惕老說：

「你怎麼不說話？」

「對泰國我很陌生，不知道怎麼回答。」我說：「讓我好好想一想，再報告董事長。」

他們四人要去開會，我只好回家，我知道，球已在我的手裡了，是接好還是傳出去？接如何接？丟如何丟？成了我一個人的問題。消息傳開，受各方關切，查仞千最贊成，認為是出路，張繼高說好事，他說曼谷是國際大都會，不愁沒有發展，對自己也開眼界。我讀高二的大兒子最反對，他氣憤不平，我因「香港事件」調職以後他一直不高興，認為不公平。所幸內人平靜，她認為現在不快樂，換個環境也好。

當然，最難是不知如何回覆鄭貞銘教授，臨時抽腿，是不負責，也可能打散了他的佈局，我當時想，萬一鄭教授找不到適合的人，我每三個月休假半個月，把課排集中，用四次回台辦事，也可教課。所以我向他說明我有新任務時，平靜自然，但十分抱歉。鄭先生很開明，他在國民黨中央工作過，也擔任過《香港時報》董事長，對海外辦報，視同任務，他平靜的說，泰國辦報是大事，意義不尋常，教課有的是時間，他好像很明瞭海外辦報的苦，他說會很忙，恐怕很難照自己的意思，利用休假回來上課，可能不容易辦到，有心教書，將來有的是機會。就這樣安心安排去曼谷，即忙且亂，一天工作十七小時，時間總不夠用，所以我等於欠文大新聞系的債，多年以來，一直念著這個事。多少年來，只在梅新安排下到新聞系演過一次講，但沒有驚動鄭教授。

第二天，王必立先生找我，談接辦《世界日報》的問題，我才知道，他是接辦後的副董事長，是這次接辦《世界日報》的實際負責人，我向他負責。原任董事長林來榮先生，也是台北世華銀行的董事長，獲聘續任，他是著名的僑領，在《世界日報》危難的時候，他找自己一些朋友支持，注資度過難關，在聯合報系接辦後，他由外交部駐泰代表沈克勤陪同，訪問台北，與王惕老會面，我也獲邀參加會見，採納必立先生的建議：一、維持《世界日報》原名出版，由泰世與聯合報系簽訂「委託經營合約」，請林來榮先生繼續領導。二、不辦變更登記，原報增張改版，擴大發行。三、由美國《世界日報》在泰國成立一家投資公司，投資《世界日報》。四、《世界日報》董事會改組，確認經營團隊的人事案。五、不接受任何津貼，由聯合報系自負盈虧，指定趙玉明率團赴泰，實際負責。

稍後，國民黨中央黨部秘書長馬樹禮先生，邀海工會主任鄭心雄、文工會主任宋楚瑜、外交部次長丁懋時、駐泰沈克勤代表，惕老、必立先生，也讓我跟去參加，會中確定委託經營的決定，原有國民黨一千六百萬股權（僅帳面數字），委託王惕吾代表，惕老再次在會中宣佈，不接受任何津貼，聯合報系自負盈虧，當場指派趙玉明全權赴泰接辦。

這時候，報系派往泰國的「調查」，也回來了，由當時《聯合報》總經理簡武雄率同幾位同仁，到曼谷實地考察，考察報告很詳細，幾個人提報，厚厚一本，從世報沿革、設備房舍、發行狀況、營運困難，以至泰華僑社、政治情勢、兩岸關係，都有提到，也有建議，包括辦什麼報，怎麼辦，也有建議，關鍵是辦綜合報還是專業報，諸如以《經濟日報》模式，辦一份泰華經濟報，或者以生活為主，辦一份泰華民生報，強烈主張走新路、辦新報。

我當然了解，任何建議都必須由我親力親為，從頭做起，我的結論是：有什麼條件、辦什麼報？進一步看，泰華社會需要一份什麼報？辦什麼樣的報最討好、最容易成功、最有可能完成自己的使命。

當時的現實是：政治上，泰國與北京早已建交，在曼谷設有大使館，泰國政府與臺灣的實質關係很好，從互設機構的多次改變，可以證明，最初駐泰機構是「華航辦事處」，而後「遠東商務處」，再「駐泰代表處」，而且台商多、投資大，總投僅次於日本。再看泰華社會，選邊站是很自然的事，以泰國各大僑社「九屬會館」、中華總商會而至「中華會館」，情況很明顯，最好的是「有大集會兩邊跑」，不然，西瓜偎大邊，不是奇事。

最關重要的是報業的現狀，那時，泰京有七家華文報，《世界日報》敬陪末座，總發行二千份，其中一千二百份是贈送報，廣告總收入不到三十萬銖，更嚴重的，因早年接受過國民黨海外單位的補助，被人污為國民黨報，加上早前的工作人員，「比國民黨還國民黨」，明明人家北京，非叫北平，很多早年臺灣口號，《世界日報》報面也常見，報紙內容，與現實脫節，加上收入少、營運困難，基本設備、辦報條件，根本談不上，「考察報告」給我的壓力十分大，甚至使我想知難而退，偏偏不服輸，我是誰？惕老說是「任務」，尤其新聞學徒的三十年功力，我能退？湖南人「不信邪」，這時候除了「不信邪」，還有「敢為人先」的湖南人精神可支撐我，挑起這付擔子。

過河卒子．勇接新命

勇氣來了，方法也有了，也不那麼悲觀，當即決定：

曼谷新夢起步，王愓吾董事長（左三）多人送我上車。

王愓吾董事長（左三）與我全家合影。

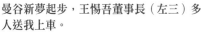

歡迎報業團來泰，趙玉明會見鄭貞銘（左一）教授，多次對未到文大授課，表示歉意。

一、辦一份泰國華文報，華人社會需要的報。

二、組織有力的工作團隊加一組以朋友為主的義勇軍。

三、編採幹部我找，總經理、經理和財務人員報系安排。

四、重要人事早決定，先到曼谷，了解實況，再決定怎麼作。

很快就敲定了人事，總經理張朝棟，是《聯合報》副總經理，惕老自己決定。工商部經理楊宏志、《經濟日報》工商服務部副理、廣告主任徐文六，《聯合報》廣告組副主任、要聞主任冠維勇，《聯合報》採訪記者，記者兼秘書王家英，《經濟日報》記者，楊宏志夫人，發行人員由張總安置，一共九個人，成了接班梯隊，必立先生，再邀《聯合報》總經理簡武雄，印務部經理柳建國同行，一共十二人，在民國八十五年十二月十七日，一行前往曼谷，啟開了我一個曼谷辦報的新夢，一去就是三十年。

十二月十八日下午，接班梯隊與《世界日報》的老人，舉行了第一會議，必立先生在會強調了王惕老的決策，接辦《世界日報》，沒有報系利益可言，旨在服務僑社，《世界日報》不接任何津貼，由聯合報系自負盈虧。必立先生也提示：「鍋裡有、碗裡就有」共存共榮的經營理念。這些指示，就是我接辦《世界日報》的最高綱領和行為規範。實際主導報社經營發展二十年，報系退休以後，還留任泰世總主筆十年多，曼谷辦報三十年，成就了我學徒辦報的理想，使我一個鄉下孩子，臺灣追夢七十年，有一個完美的完成。

（二〇一五年八月完稿）

第二輯

曼谷紀事

編者的話

這一輯是作者代表聯合報系前往曼谷，接辦泰國《世界日報》的主要過程，看他如何在聯合報系的全力支持下，把一份不景氣的華文報，辦成主流報業，由曼谷推向東協各國的大區域發展，獲得很大的成功，看他如何帶動《世界日報》全體員工，合眾心為一心，贏得一些成績。他在曼谷服務三十年，二十年主導辦報，他退休後再協力工作又十年，一心為報，留下了真實的工作紀錄。

服務泰世三十年

泰國《世界日報》一九五五年七月二十六日創刊，今年屆滿六十週年。由聯合報系於一九八六年二月十八日「增張改版」發行，也已三十年，也是我服務泰世的三十年。我一個新聞學徒，能在同一個媒體工作三十年，是一件何其幸運的事，是我終身難忘的事。

一九八三年九月，我擔任《聯合報》總編輯三年，轉任聯合報系總管理處執行副總經理，做點新聞評鑑和培育新進人員，也是一段工作潛沉期，除率同一個小組，訪問美國和日本，參觀美國《紐約時報》、《華盛頓郵報》、《洛杉磯時報》、《前鋒論壇報》、《今日美國》，日本的《每日新聞》、《產經新聞》、《工業新聞》和《朝日新聞》，長些見識之外，也沒有什麼大事可做。

一九八五年九月，世界中文報業協會在台北召開，得王惕吾董事長「緊急呼叫」，陪同他和劉昌平社長，王必立發行人，會見從曼谷來的《世界日報》饒迪華副社長，說要給我一個「任務」，代表報系接辦泰國《世界日報》，擔任執行副社長兼總編輯，社長聘饒先生擔任。

自此，即率同《聯合報》少數同仁前來曼谷，順利接辦泰國《世界日報》，擔任執行副社長二年。一九八八年饒先生轉任高級顧問，由我接任社長至二〇〇一年，創辦印尼《世界日報》，兼任社長，至二〇〇二年九月自動申請退休，報社情商留任社務顧問兼總主筆，至此，我在《世界日報》服務三十年，也應是一個完美的句點。

世界日報

發展大曼谷 大家一起來
要求民間增加參與基層建設

防止市中心區過分擁擠
私家車進入將酌量收費

美議員訪泰棉邊境
保証給予難民支援

馬科斯說美如止援
菲將廢除基地條約

越南之音指責中共
強霸越南北部六省

本報擴充版面革新內容
今日起每天出報七大張

蔣孝武月底膺新命
駐星洲貿易副代表

星洲李顯龍入閣
台北蔣孝武外放
政壇佳話

新東陽食品

賀泰國世界日報改版增張成功
新東陽竭誠為海外僑胞服務！
海外郵購服務
代辦國內禮品一律免手續費
新東陽股份有限公司

不一樣的《世界日報》誕生了，1986年2月18日第一版。

一、接辦合約的簽訂

泰國《世界日報》，自一九八六年二月十八日，正式成為聯合報系的一員，使每天環繞地球二十四小時，都有聯合報系的報紙出版的理念，有了一個東南亞中繼站。

泰國《世界日報》是一家具有三十年歷史的報紙，有過繁榮鼎盛的日子，也有過暗淡苦撐的歲月。尋求《聯合報》接辦，早在多年前馬紀壯擔任中華民國駐泰大使時，就多次與《聯合報》創辦人王惕吾「友情商榷」，請王創辦人伸援手，接辦《世界日報》；後來駐泰遠東商務處代表沈克勤，也透過當時的劉昌平社長，舊事重提，都為王創辦人所婉拒，理由是「本身力量不夠」，所以接辦《世界日報》的事，乃告沉寂，直到一九八五年又再度提出。

當時聯合報系已在美洲創辦《世界日報》，在歐洲也辦了《歐洲日報》，而且策劃在巴西創辦《南美日報》。那時正值泰國《世界日報》創刊三十週年之後，由於經營未臻理念，隨時有停刊之虞，有關單位再度向王創辦人提出，由執政的國民黨中央黨部主導，向王創辦人「緊急呼救」，表示如再不接辦，只有停刊一途。

至此《聯合報》乃派出調查小組，赴泰實際了解，負責調查的是《聯合報》總經理簡武雄，業務部副理鄭正和等，調查結果，認為《世界日報》並非完全不可為，建議在泰辦《經濟日報》相類似的報紙，並提出一些資料數據，供創辦人參考。

至當年十一月，王創辦人決定聯合報系接辦《世界日報》，指派曾任《聯合報》總編輯、當時擔任總管理處執行副總經理的我，負責籌劃接辦事宜，並決定接辦後社長由在泰的早期政大畢業的饒迪華擔任，兼管言論，我為執行副社長兼總編輯，主持社務與編務，並向報系負全責。

稍後，由國民黨中央黨部召開協調會議，由秘書長馬樹禮主持，到會者包括文工會主任宋楚瑜，海工會主任鄭心雄，外交部次長丁懋時，遠東商務處代表沈克勤，王創辦人和《經濟日報》發行人王必立，內定赴泰接辦的我，也隨王創辦人赴會列席。會中決定：泰國《世界日報》，請王惕吾接辦，由該報董事會與聯合報系辦理轉移簽約，國民黨所持全部股權由王惕吾接掌。

一切談妥，王創辦人在會中提出先決條件：「聯合報系接辦後，不接受任何方面津貼，概由聯合報系自負盈虧，希望大家同意。」獲得與會者熱烈掌聲，表示一致認同。當即王創辦人宣佈，接辦《世界日報》、聯合報系指派我負全責。此足見王創辦人的最高智慧，不接受津貼，即不受干預，此為接辦後《世界日報》堅守獨立民營立場的最高指導，省掉多少繁雜無謂的爭議。

一九八五年十二月十二日，《世界日報》董事長林來榮訪問台北，會見王惕吾創辦人，並依前項會議的精神，將《世界日報》、《世界晚報》，《世界週報》等出版物，全部「無條件移轉聯合報系經營」，並由王必立發行人代表在美國成立的科博（COOPER INVESTMENT）公司，與林董事長簽訂「接辦合約」，完成了聯合報系接辦泰國《世界日報》的法定手續。

二、接辦前三十年的問題

泰國《世界日報》，創刊於民國四十四年（一九五五）七月二十六日，由當時泰國政治強人、內政部副部長、財政部副部長、警察總監炮，是耶暖警上將，與盤谷銀行董事長陳弼臣所創辦，可以說財雄勢大，盛極一時。

初創時期，由於陳弼臣的人望和財力號召，加上乃炮上將在政壇的影響力，不少新聞文化界的精英，都投入《世界日報》的旗下，如社長許敦茂，副社長兼總編輯李運鵬，主筆黃煥文，副刊主編王平陵，要聞主編饒迪華，泰聞主編張綜靈，經濟主編江白潮，其他如黃耀寶、馮淑惠、林命光等，都是青年才俊與社會幹才。社長許敦茂任職一年後，出任泰國內閣合作部副部長、商業部長、副總理而至國會主席，此即一例。

更由於當時泰國與中華民國邦交敦睦，泰國華僑對政府的向心力強，僑眾對政府在任何活動，無不支持，也帶動了《世界日報》的發展，更值得一提的是當時泰國政府強硬反共，不對社會主義毫不妥協，任何社會主義書刊視為非法，甚至三民主義也列為社會主義書刊，不准媒體刊行；《世界日報》的反共特色，獨樹一幟，乃因勢利導，在日報之外，又發行《世界晚報》、《世界週報》，更有《難民週刊》發刊，而成三報一刊，至今晚報，週報的執照，仍屬有效。

這段時間，泰國多次發生政變，華文報刊都曾停刊，唯獨《世界日報》，未被停刊，惜當時世報主持人未掌握情勢，擴大發展，頗失機宜。

《世界日報》自創刊至一九七五年這二十年，中（台）泰邦交敦睦，報紙經營正常發展，是世界日報繁榮鼎盛的一個重要階段。一九七五年七月泰國與中國建立完全外交關係，政治環境大逆轉，經營情況，每下愈況，逐漸陷入一個非常艱困的階段。

最關鍵的問題，是兩岸處於戰爭狀態的對峙，也及於泰華社會。兩岸的嚴重對立，也在僑社劃了鴻溝，產生反共與擁共的暗底較勁，《世界日報》乃被扣上「國民黨報」的帽子，更因《世界日報》版面看不到大陸新聞和圖片，涉及中國的報導都以批揭為主，致敵對面擴大，自然也失去一部份讀者，至一九八五年時，已岌岌可危，面臨停辦絕境。所謂《世界日報》是「國民黨報」，有一個很特別的原因，《世界日報》早年鼎盛，後因乃炮的失勢，連帶使陳弼臣出走香港，《世界日報》乃多次改組，轉由泰華僑界接辦，由華僑注入少額資金，等於入股，維持出版所需，後來情勢逆轉，入不敷出，主持人出面向國民黨海外部門求助，每年獲得一萬五千美元的補助，當時董事會即將此一定期補助及少數專案補助，都列為「增資」入股，這是黨資注入的由來。至一九八五年底，報社有記錄可查的僑眾投資為四百萬銖，每股一萬，合計四百股。歷年補助，彙積多達一千六百萬銖，合計一千六百股，這些股權委由董事長或指定幹部代表，無形中使國民黨成為《世界日報》的「金主」，設若當初董事會不將這些支助款列為入股金，即無國民黨投資背景，此即在《世界日報》經營陷入困境時，仍由國民黨出面處理，由《聯合報》接管經營的原因。

經營合約所指，接辦時由王惕吾代表的一千六百萬銖股權，與華僑的四百萬銖股權，已虧損殆盡，僅是一個「數字」而已，實體代表物亦僅一棟地權屬皇家的三層樓社址，和一部舊印報機而已。當時發行數僅二千份，其中一千多份為贈送報，廣告及發行收入每月約三十萬銖，在全泰七家中文報業排名第六，其艱困可知。

三、聯合報接辦前置作業

經營合約簽字之後，聯合報系展開前置作業，立即指派接辦先遣人員，赴泰先期作業。他們是：執行副社長兼總編輯趙玉明（總管理處執行副總經理，前《聯合報》總編輯）、總經理張朝棟（《聯合報》副總經理）、工商服務部副理楊宏志（《經濟日報》工商服務部副理）、要聞主任寇維勇（《聯合報》採訪組記者）、廣告主任徐文六（《聯合報》廣告組副主任）、發行組副主任楊書傑（聯合發行組幹部）、記者兼祕書王家英（《經濟日報》記者）。

編組完成，即於一九八五年十二月中旬，由王必立發行人領隊，《聯合報》簡總經理武雄、印務部柳總經理建圖陪同，到達曼谷，與泰世原有工作人員接觸，商討接交事宜。當時決定，報紙繼續維持出版，至接辦工作完成前刻停刊七天，並決定一九八六年二月十八日增張改版之《世界日報》，正式出版，《世界日報》也正式成為聯合報系的一員。

新董事會成立，首先是美國科博（泰）公司在泰成立科博控股公司，王必立為董事長，趙玉明為財政，黃根和、楊宏志為董事，以投資泰國《世界日報》為主要目的，也成為《世界日報》新董事會的骨幹。泰世新董事會共十三人，名單如下：董事長：林來榮。副董事長：王必立。常務董事：潘子明、趙玉明、黃根和、李厚維。董事：雲昌任、丘書亮、姚文莉、李瑞泉、林典修、饒迪華、張朝棟。

聯合報系當即分二次增資三千五百萬銖，加代表股一千六百萬銖，合計五千一百萬銖；僑眾股四百萬銖，新公司實際投資五千五百萬銖，不足支應，由泰科博公司貸借，接辦第一年，《聯合報》轉來設備不計，實際支出達九千四百多萬銖，台北的相關支出，還未計算在內。

四、增張改版的全新面貌

接辦準備工作，分別在台北、曼谷，雙管齊下，費時四十天，大體完成，我返回台北，就報系支援事項，最後協調諸事完成，一九八六年二月十一日（農曆年初三），由王必立發行人統領，簡武雄、柳建圖兩位總經理再次陪同，整隊開往曼谷。王創辦人、劉昌平社長、王必成發行人、王效蘭發行人，親送出發，王創辦人與我握別時感性的說：「一切拜託了」，接辦團隊就此任重道遠，將聯合報系的精神與正派辦報的理念，帶到了泰國。

抵達第二天，即舉行擴大會議，說明接辦一切措施，我當即提出：改良工作環境，改進工作內容，改善員工待遇，加強服務僑眾，作為共同努力的目標。副董事長王必立先生，更明確提示「鍋裡有、碗裡就有」的經營理念，建立成敗與共的合作信心。

由於業務、印刷有簡總、柳總協辦，我專心推動編務，提出在台作成藍圖，向編採人員進行講解，並將報系支援人員分配各版，協助完成編輯，以速成手段引導老編輯使用新編排手法，當年有資深編輯年高七十多，採訪主任、記者也多六十以上，但人才難求，勉予任用，因有範本，又有老手助拳，編務阻力大減，經過二天試編試印，即決定二月十八日正式發行，為時不過五天，一家陳舊不堪、暮氣沉沉的報紙，乃煥然一新，呈現泰華讀者的眼前，一時佳評如潮，僑眾對「《聯合報》來了」，表達前所未有的歡迎，《世界日報》也踏出了成功的第一步。

一九八六年是農曆虎年，《世界日報》向泰華社會，正式宣告：虎年，是充滿希望和挑戰的一年，《世界日報》經過披荊斬棘的三十年發展歷程，邁入第二個三十年的一個新起步。

《世界日報》為了適應多變的世局和社會發展的需要，從一九八六年起正式由台北聯合報系接管經營，將以虎虎生風的雄健步伐，將資訊科技、經濟、人文、生活的知識，融入報紙內容，提供讀者嶄新的風貌，增張改版後，每日出報七大張。

接辦出版的第一天，即在社論中呼籲，與在泰各華文報共存共榮，服務僑界，也鄭重提出《世界日報》的傳統與創新，作為在泰辦報的原則和目標：

（一）不變的原則：《世界日報》秉持創刊時期的理想，擁戴皇室、支持政府和遵守法律的基本原則，堅持對人道的關懷，對民主、自由、正義的維護，對社會進步和諧的推動，和更美好生活水準的追求。

（二）誠摯的服務：《世界日報》將本著「四海皆兄弟」的恢宏襟懷，加強對華僑社會的報導與服務，共同致力僑界的和諧興旺。

（三）迅確的新聞：《世界日報》以新引進的專業新聞人才，和全球通訊網路的靈活作業，在品質第一的嚴格要求下，每天提供最迅速、最正確、最有價值的新聞。

（四）公正的評論：基於報紙是「公器」的原則，《世界日報》評論，將以公正客觀的超然立場，本著良知和廓然大公的胸懷，以善盡言責。

五、中文報深入泰國社會

聯合報系接辦泰國《世界日報》，給沉寂保守的泰國中文報業，帶來了活力，也帶動泰華報業的競爭，間接使讀者受益。因為泰世的新聞，與台北聯合報系各報的新聞，同步刊出，快速的新聞與平實報導，贏得泰華讀者信賴，發行數直線上升，也帶動廣告業績的躍升，二年內發行數增加八倍，廣告業務增加幾達三十倍，而且穩定成長。

但業務發展也出現阻力，當時台海兩岸的對峙並未鬆動，僑社的對立面仍然存在，也因友報面臨發展危機，難免有小動作，又出現「臺灣報」、「國民黨報」的老話題，中傷《世界日報》獨立民營的立場。另一方面，當時報紙發行，仰賴泰華「送報公會」，泰華各報印報後，送報全仗公會，公會也日益坐大，讀者指定要《世界日報》，公會常改送他報。

泰世立即採取二大措施，化解阻力，首先是注意新聞報導平實，言論公正，從僑社的對立中求取公正、平衡，用事實向讀者說明正派辦報的民營報立場。其次，當機立斷，成立四十八人送報機車隊，對大曼谷區直營送報，大力推廣訂戶報，泰北清邁、清萊，泰南宋卡、合艾，以航空運銷，其他內地則用火車，長途汽車運報，將對送報公會的依賴減至最低。

同時工商服務部培訓工商記者，對業務日漸熟悉，對工商界的服務，受到客戶的信賴，工商服務也藉新聞專版、編印專刊各種方法，為工商界誠信服務，獲得肯定和回饋，《世界日報》商業廣告佔逾百分之八十五，較其他報仍在應酬廣告中周旋，領先了一大步。

二年後，一九八八年一月配合整體發展，人事上，也有異動和調整：社長饒迪華，轉任高級社務顧問，我升任社長，仍兼總編輯。同時成立言論部，由饒迪華兼任總主筆，主筆陣容先後有趙玉明、陳銅民、梁雪郎、韋蜀遊。

註冊總編輯林文隱退休，改由常務董事黃根和擔任。依泰國法令規定，總編輯必須泰籍，外籍人士可任執行總編輯。前八年由我自兼外，報系來泰擔任執行總編輯者，先後有

《聯合報》副總編輯梁雪郎，《民生報》副總編輯駱學良，《聯合報》編輯部顧問張松潭，地方中心副主任韋蜀遊，本報台北辦事處副主任林信雄，原任《聯合報》主編，二〇〇三年夏到任工作十年後卸任，現任為姚文鑫，《聯合報》資深編輯人。

首任總經理張朝棟，任職一年半後回調總社，由楊宏志升總經理仍兼工商服務部經理。楊宏志在泰三年屆滿，回調《經濟日報》工商部總經理，兼業務部總經理，總經理由《經濟日報》工商部副理袁守盈接任，在職九年，一九九七年回調《聯合報》業務管理部代理總經理，情商參與本報接辦的黃根和出任總經理，正式參與主持世報業務工作。

支持內務部「為東北找水源」活動，代表台商向內務部長巴曼上將（右）獻金。

《世界日報》近三十年來，一致以深入泰國社會，作為報系發展的手段，特提要說明如下：

（一）參與、支持政府機構舉辦活動：一九八八年二月十四日舉辦泰國旅遊季立體發表會，為「觀光泰國年」揭開序幕。婦女精緻生活發表會，一九八七年八月八日與國際崇她社聯合舉辦，獲皇后慈善機構嘉許。攜手同心綠化東北慈善活動，皇儲妃莅臨主持，副總理兼內務部長巴曼到場接受由我代表台商捐款。發動救助水災、風災與貧困孤苦救濟。舉辦泰華

皇儲妃頒給《世界日報》獎牌。

企業現代化座談、迎接泰國經濟、社會發展新趨勢座談、泰國社會變遷與華人角色座談，提供廣泛建言，受各方重視。

（二）促進外來投資，主動參與台商投資服務公司（TTI）各種活動，主辦投資說明會，台商投資座談會，促成臺灣商會及各地聯誼會成立，贊助支持是隆、亞速聯誼會「名人講座」，擴大工商服務部，協力解決投資疑難。

（三）支持泰華文教活動，主動協助泰北難民華文教育，發動《聯合報》副刊作家深入採訪報導，受到臺灣讀者重視，捐來圖書一萬多冊，轉送泰北各中學，另捐款近千萬銖，促成泰北文教基金會成立，逐年辦理教師慰問，清寒學生獎助。捐款一百萬贊助中華語文中心，五十萬贊助中華國際學校，捐款二十萬贊助九屬會館教師發助學基金會，捐款三十萬銖贊助泰北文教基金會。透過各團體辦理送書包、送文具、送器材到泰北；並結合社會捐款建立回莫「自強之家」，收容孤兒。

（四）支持泰華文業活動：每年舉辦「五四文友聯誼會」，舉辦文學演講會，先後邀請臺灣作家痘弦、田新彬、司馬中原、亮軒、林懷民、林煥彰、余光中、鄧雪峰、羅門、蓉子、蘇偉貞、陳義芝、楊錦郁、楊蔚齡、楚戈、張拓蕪、張默等來泰；每年二、三位，發表文學演講，舉行座談，加強文學交流。

自一九九五年起舉辦泰華文藝營，使老、中、青三代作家，濟濟一堂，研討創作。第一屆文藝營與台北青年寫作協會聯合主辦，邀請臺灣作家和詩人八位來泰講學，他們是小說家司馬中原，陳裕盛；散文家丘秀芷；詩人辛鬱，林煥彰；理論家林水福，鄭明娳。一九九七年舉辦第二屆文藝營，邀請到國際著名的小說家陳若曦，詩人向明，評論家、老牌副刊編輯孫如陵，以及新秀女作家郝譽翔；一九九九年泰華第三屆文藝營，來泰作家，有詩人管管、王添源、林煥彰、顏艾琳；小說家吳鈞堯；散文家丘秀芷；評論家孟樊；樂評家符立中；翻譯家彭淑姿。十五年間，並為泰華作家出版作品選集：《待墾的土地》、《收穫的季節》、《豐碩的果盤》三本書，報社為作家出書在泰華是創舉，對文藝作家頗多鼓勵。

（五）贊助、舉辦學術活動，提升泰華社會視野。支持泰國中華會館主辦「中山講座」，促成沈君山、高希均、翁松燃、金耀基諸學者來泰演講，支持台大校友會主辦孫震教授演講會，並在社慶活動邀請宋楚瑜、高希均、王力行等來泰演講、座談轟動一時，座無虛席，廣受各方肯定。

（六）每年編印工商名錄、農民曆、機械特刊。且不定期出版專刊，如《泰皇影集》、《母儀天下》、《今日泰國》、《辛亥八十》、《今日臺灣》、《今日中國》、《新世紀展

泰總理塔信（左一）訪問《世界日報》，與趙社長敍談，左二為駐泰代表許智偉。

望》、《旅遊指南》等專書免費贈送訂戶。其中《新世紀展望》，邀泰國六大政黨黨魁，包括挽限、乃川、塔信三位前後任總理，撰寫專文，為中、英、泰媒體所僅見的盛事，也說明泰世深入泰國的努力，受到重視。

六、王惕吾創辦人二度來泰

聯合報系接辦泰世第三年，已有相當的成長和發展，當時仍擔任聯合報系董事長的創辦人王惕吾，三年內二次來泰，都由《經濟日報》發行人、聯合報系總管理處總經理王必立陪同。

王創辦人第一次來泰，是一九八八年四月三十日，受到中華民國駐泰沈克勤代表、林來榮董事長及報社主管以上人員的熱烈歡迎，五月二日中午舉行員工盛大歡迎會即席致詞，嘉勉員工，五月三日即離泰。

當時已接辦二年多，聲譽雀起，王創辦人頗感欣慰，經他實地了解，認為在泰無盈利目的，應以服務僑社、發揚中華文化為主要目標。王惕吾因為擔任世界中文報業協會副會長，對泰華報界很了解，與各界報主持人也很熟，深知泰國中文報的處境。王創辦人提示：面對目前和未來這個激盪多變的時代，隨著泰國經濟成長，知識水準提高，大眾的視野也更擴大，讀者的要求自然更多。《世界日報》要發揮報系「進步更進步，投資再投資」的《聯合報》精神，樹立自己美好的形象，更要影響泰華各報，也帶動東南亞區域的華文報，共同為華僑提供服務。

王創辦人第二次來泰，是一九九〇年四月二十二日，這次來泰時，《世界日報》業務發展迅速，收支已接近平衡，創辦人曾接見主要幹部，要求作整體營運評估，我亦據實報告，結論是兩句很白的話：「泰世大概不會向報系要錢，可也不會有什麼錢送回報系」，王創辦人十分高興，他說：「這就是很好的結論」，他提示如果有盈餘，應增強設備，改善員工待遇。第二天員工餐會，創辦人即席嘉勉全體員工，晚間宴請各董事，二十四日即離泰赴港。創辦人對泰世的接辦與發展有中肯的評價。曾在一九八七年六月八日第十九次聯合報系常董會中，對我領導接辦《世界日報》的努力，以「不負所託」表示嘉許；並二度撥發獎金，對發行、廣告同仁加以鼓勵。

繼任聯合報系的王必成董事長也二度來泰，一次是一九九一年十一月二十一至二十四日，主持由泰國《世界日報》籌辦的二十四屆世界中文報業協會年會，在繁忙會議中，曾二次前往報社巡視，聽取簡報。第二次是一九九五年七月二十六日，專程來泰主持《世界日報》創刊四十週年社慶，慶祝酒會在香格里拉大酒店舉行，出席泰國政要及各界來賓達三千人，國會主席瑪律主持酒會，副總理素帕猜與沙瑪等政要出席，前後兩任總理乃川和挽限都致書面賀詞。董事長曾設餐宴招待全體員工，舉行績優人員頒獎。

聯合報系總管理處總經理、《經濟日報》發行人王必立是主導接辦《世界日報》的決策人，是《世界日報》副董事長，來泰次數最多，對《世界日報》的情況，了解極深。接辦當年七月二十六日，他來泰主持《世界日報》創刊三十一週年社慶，即聯合報系接辦後的第一次公開酒會，在新南宮大酒店舉行，前國會主席頌通博士到會主持，王必立副董事長向會一千多僑領宣示接辦理念，以及服務僑社的決心與信心，自此，他即與僑社有廣泛接觸，重要僑團訪台或他來泰考察，曾多次舉辦歡宴，為泰世全面進入僑社活動，奠定了友誼的基礎。王必立也實際參與編務、業務重大決策，他曾明確提示泰世發展原則：（一）壯大報紙，加強軟體與硬體投資，使設備現代化，報紙更具權威性。（二）優先考慮改善員工待遇，增加員工福利。（三）股東如有分享，則投資再投資。（四）將盈餘回饋社會，貫徹王創辦人不以盈利為目的政策。

總管理處執行副總經理王文杉（現任聯合報系董事長），二〇〇〇年七月二十四日來泰，巡視報社，聽取簡報，主持主管擴大會報，提示聯合報系新世代的新願景。此行主要目的，是主持泰國《世界日報》四十五週年社慶的員工大餐會，邀請駐泰代表處官員與重要僑領出席，在皇后花園大酒店，席開三十桌。泰國華文報有五年一大慶的成例，這次世報進行改革，將三千人大酒會的開支，轉辦公益活動，包括：泰華文藝營、清邁商展、高希均演講會、宋楚瑜座談會（尚有林義雄演講會與北京辛其座談會，因故取消）廣獲好評。王副總第一次來泰，會見之僑領多係王創辦人、總管理處總經理王必立舊識，大家對王副總青年有為，極為讚賞。

他在餐會致詞，報告聯合報系的新願景，因為E時代的新措施以及聯合新聞網的發展，獲得在場人士熱烈的回響，他也高度肯定泰國《世界日報》向東南亞區域發展決策正確，與聯合報系的新願景，是一致的目標。

七、改革求發展

聯合報系接辦《世界日報》，一直在艱困中尋求突破，欣見泰世被泰華社會所接受，僑社以「起死回生」形容報系所作的努力。接辦第五年，至一九九〇年慶祝創刊三十五週年，是一個重要的轉捩點，在泰收支已趨平衡，而且有稍有盈餘，報譽雀起，無形中也增加報社負責人的責任，決心推動全體同仁辦好一份泰國中文報相期許，著手增張改版，擴展內容，加強對讀者的服務。首先確定「改革中求發展」的目標，從「本土化」起步，先後多次致力下列各項工作的研究發展：

（一）內容再規劃，採納各方反應，增強經濟金融、兩岸情勢、副刊專刊等內容，重視實用性。

（二）全面彩色化，國內外大事、國際綜合、旅遊、影視、婦女家庭及工商服務各版彩

世報歡宴影展代表，沈克勤代表（左），九屆首長周鑑梅主席（左二）與影星陸小芬會見。

色編印。

（三）全面電腦編排，記者採電腦寫稿，發揮報系現有設備的優勢，解決泰世人才不足的缺點。

（四）租用衛星專線，使台北製作之副刊專刊可以整版傳真，將重要新聞各版，在台北編排製版，使新聞更快、更新與聯合報系各報每日同步刊出，強勢出擊。

（五）改組台北辦事處，由聯絡、供稿的行政任務，改革為一個小型編輯部，由各報借調人員兼理編務，原兼主任阮肇彬，無暇兼顧。總管理處徵召《聯合報》執行副總編輯查仞千，擔任辦事處主任，綜理編務，副專刊一併統籌管理。查仞千後與美世辦事處主任丘鎮蓉，對調服務，丘鎮蓉退休，主任一職由《聯合報》執行副總編輯賴清松接任，編採組長林信雄升任副主任，賴主任因病退休，由《聯合報》副總編輯兼地方中心主任張昆山接任，今年張昆山榮任印尼《世界日報》社長，主任由曾任《聯合報》總編輯

泰國《世界日報》負責主辦24屆中文報協年會，泰國副總理（中）蒞會主持。

趙玉明任籌備主席，邀泰華各報參加籌備。

室主任、泰世台辦處副主任徐梅屏升任。

（六）泰世本身也進入電腦化，新聞編排，彩色分製版，隨之也自動化，同時鼓勵同仁學習電腦，使發行、廣告、會計、行政，都運用電腦管理。記者也用電腦寫稿，編輯也電腦組版。

最近一次改版，以九大張至十二大張為規劃目標，九大張比接辦時的七大張，增加二大張，如新聞與業務需要，則增為十二大張，各版內容與編排由台泰二地分工作業，掌握聯合報系的新聞強勢，以提供讀者最快最好的新聞服務。

《聯合報》接辦以來，董事會也多次局部改組，董事雲昌任、丘書亮、李瑞泉先後逝世，張朝棟回調，林典修退休，由李金塔接任，董事人事多次變動。後饒迪華、袁守盈回調，韋蜀遊退休，至一九九六年，擔任董事長二十多年的林來榮以年事過高，堅辭續任，董事姚文莉、李金塔辭任，使董事會進行大幅改組改為七人董事會，同時由專程來泰主持董事會的新任王必成董事長提請林來榮為永遠名譽董事長。新屆董事會名單如下：

董事長：王必成（聯合報系董事長）。董事：王必立（原副董事長）、王文杉、趙玉明（原常董）、黃根和（原常董）、李厚維（原常董）。

二〇〇二年九月趙玉明退休，董事會再改組，董事會仍為七人，董事長王必成，董事王必立、王文杉、黃根和、李厚雄、林信雄、孫國楠。董事黃根和繼任社長，仍兼總經理迄今，帶領《世界日報》更向前發展。

八、邁向區域發展

王惕吾先生「不以盈利為目的、加強對僑社服務」的提示，引導泰世的發展路向，開始向東南亞發展的雄圈，有美國《世界日報》向加拿大發展的前例，泰世也確立向區域發展為目標，逐步按計劃進行：

（一）最先向柬埔寨發展，起因是報社收到柬埔寨人士的來函，有意代銷世報，經過連繫和商討，開始供報，從一百份增到四百份，正式聘總代理，也兼辦廣告業務。金邊總代理負責人是呂憲兒小姐。

（二）一九九三年與寮國新聞部簽署「發行合約」，由總經理袁守盈、發行主任屈經富訪問寮國永珍，多次洽商，一度供報，但因寮國經濟情況不佳，發展並不理想，目前仍在進一步研商中。但因永珍與泰國廊開府，僅一橋之隔，泰世實際上已在寮境流傳。

（三）向緬甸發展：一九九六年我隨台北駐泰許智偉代表訪問緬甸，在與僑界接觸時，僑領一再是籲請泰國《世界日報》在緬甸印行，當時緬甸沒有中文日報，因緬甸軍政府的政策變化不定，在仰光印報可能性極低，乃決定以航空運銷為主，在緬甸徵求總代理，趙社長多次面見緬甸駐泰大使，正式提出申請，並再次率同總經理黃根和訪問仰光、瓦城，進行評估，並商請山水公司的張繼珍小姐擔任緬甸總代理，也克服了申請進口的困難，《世界日報》乃於一九九八年十一月正式航運仰光，我和總經理黃根和親赴仰光，主持在緬甸發行的酒會，各界人士三百五十多人參加，並聘請在泰世工作回緬的李榮漢擔任特派記者，另由曼谷派專人赴緬輔導工商服務與廣告作業。泰世在緬甸發展，十分正常，並在瓦城成立代銷處，負責向北發展，仰光總代理是由張繼珍委請邱崇良負責，瓦城辦事處則由楊金昌負責。

（四）進入越南：近年台商赴越南投資愈多，越南也走開放改革道路，基於吸引外商，對報刊進口尺度隨之放寬，但仍有專責新聞出版社發行的專責公司，負責管理，泰世掌握這一形勢，向越南連繫，乃隨著《聯合報》、《中國時報》進入越南，透過《聯合報》發行部門推介，也委由代理《聯合報》的一家向越南專責公司請准的公司，代理在越南行銷。趙社長與黃總經理也二度赴胡志明市訪問，發現臺灣各報均由這家公司代理，仍限在胡志明市一地，河內以至其他地區，尚難普遍發行，一切有待突破。已聘余展今為駐胡志明市記者，總代理廖育珠因業務過忙，無法繼續代理發行，由發行組直接洽商越南XUNHASABA公司簽約，代理承銷業務。

（五）東南亞地區，星馬外人辦報早有限制，菲律賓相距頗遠，唯一可發展的地區是印尼，二〇〇〇年民選政府上台，對華文書報的限制放寬，給泰世向區域性發展的決策，具鼓勵作用。

九、印尼《世界日報》一路發

二〇〇一年新華社一則報導，指印尼的放寬華文書報限制，引起我的高度興趣，立即與黃總經理三度赴印尼考察，發現印尼華人眾多，市況熱絡，台商投資因南向的鼓勵，情況比泰國、越南更暢旺，極有發展空間，但印尼為千島之國，對發行推廣難度很高，如自曼谷航運促銷，成本太高，分送各外島，新聞時效盡失。加上兩地情況不同，曼谷新聞，在印尼也不合時宜。當時一再思考，必須採行非常手段：（一）在當地印刷，先租廠代印，再考慮建社建廠。（二）利用衛星網路，整版傳真，將台北供應泰世各版，也傳供印尼。（三）部分印尼新聞，在當地編製，適應本土性要求。（四）合法提出申請，尋求投資保障。（五）台北派往人員創刊後逐步減少，啟用本土人才，減低行政開支。上列作法獲得聯合報系總管理處高層首肯，正式創刊作業：

（一）二〇〇一年一月，我與黃根和到雅加達查訪印報公司，認識傑米和張宛慧夫婦，傑米是印尼人，宛慧是臺灣出生的山東人，他們開了一家印刷廠，有一部美製高斯印報機，經過懇談，他們接了代印《世界日報》的合約，解決了印尼辦報第一個難題。

（二）查訪人才，結識了鄧通力、謝夢涵，經他們推介或自動前來印華精英鄺耀章，張立仁、楊錦明、甘守忠、彭法靈、張學仕、謝炫輝、黃馨慧、劉美玲、鄧虹意，多數是留台大學畢業生。

（三）洽租社址，找到一座三層獨立樓房，面臨大街，裝修後很有氣派。

（四）申請衛星傳版及製作器材，印尼有的印尼買，沒有的臺灣運來，工程同仁陳癸霖、歐陽明、陳志鴻、束有望、魏秀敏和范秀榮，通力合作解決採購、裝設、試測和教學事項，加快完成作業的時效。

（五）組成接辦團隊，由報系選派袁玉衡、孫揚明、楊清安、孫國楠、唐經台多位，原定五月一日抵達雅加達，因四月底雅城爆發十萬人大遊行，行程延後三天，我則準時於五月一日抵埠，展開先期工作。

（六）完成法律登記，正式向印尼政府申請登記聯合報業（UDN）有限公司，責負編製出版，再成立世界日報（THE UNIVERSAL DAILY NEWS），縮寫也是UDN負責發行。

諸事齊備，六月六日起試版二日，於二〇〇一年六月八日正式創刊，依年月日最後一個是一六八，一路發！所以創刊當天，到處有人大叫「《世界日報》一路發！」

印尼《世界日報》順利出刊，採取台印兩地編製，每日出版五大張，全面彩色印刷，由於編排新穎，內容充實，獲得印尼讀者的喜愛。原意將泰世推廣至印尼，風雲際會，促成《世界日報》在印尼創刊，成為聯合報系在全世界的第九家報紙，也成為泰世的姐妹報，可惜只辦了六年，現已休刊。

十、三十年多少艱辛感念

根據「泰國華文報史」記載，自一九〇三年《漢京日報》面世，已有一百十二年的歷史，泰國新聞學者威帕教授等三人所著《泰國華文報業情況與角色》一書附錄記載，泰國先後登記有案的華文報五十九家，週刊及雜誌多達一百一十五家，一百多年的興衰起落，目前正常出版的報紙僅存六家，週刊雜誌已寥寥無幾，這一事實，說明泰國華文報生存發展的困難。華文報發展，與泰國政治的變遷，關係至大。例如鑾披汶執政時代，一九三九年大捕華僑領袖，華校被封，多數華文報先後停刊。沙立元帥執政時代，一九五八年限制華文報出版，不准新報成立。同時在一九二二年及一九四一年頒佈二份「印刷條例」，扼殺華文報的發展，更因禁止華文教育，致華文報由早期蓬勃成長發展，而至逐次減少，僅存六家，政治原因，影響最大。

最近三十年來，泰國華文報，因聯合報系接辦《世界日報》，激起原有各華文報的改革，從平淡中展現了競爭。一般分析，影響泰國華文報生態，來自下列重要因素：（一）聯合報系接辦《世界日報》，展現民營報業企業經營的長處。（二）《中華日報》股票上市，創辦《經濟日報》及泰文《老沙炎報》，雖先後停刊，仍造成報業衝擊。（三）僑領注資辦報，一九九三年《亞洲日報》創刊，但大幅賠累，後經改組，情況轉好；另一家《京華中原日報》效法，也找企業家投資，效果不彰；更有一家《東方日報》，也是少額集資，不幾天即告停刊。（四）盤谷銀行接辦《新中原報》，導因《新中原報》積欠銀行貸款，銀行乃接管該報，另覓企業家投資，銀行因而收回積欠，報紙則由銀行指定人員接辦。（五）尚有

《星暹日報》屬家族企業，並無突破性發展。凡此種種，說明泰國華文報業的艱困，但仍有很大的發展空間，泰國《世界日報》這三十年的發展成長，完全是聯合報系強大支援力量獲得的成果，泰國報紙定價過低，早期每份六銖，幾經爭取，亦僅十銖而已，廣告費更是低得可憐，僅約《聯合報》同版位的百分之零點零五，與泰、英文報，也相差十數倍，這是經營上的大阻力，更由於報份的成長緩慢，奮戰三十年，《世界日報》發行、廣告，雖都躍居第一，但業績大突破，仍乏善可陳。

作為聯合報系的代表，負責接辦、經管泰國《世界日報》，成績雖非十分亮麗，自信已盡全心，現在雖早已交棒，但總結近三十年來的種種，深覺度過艱辛歲月，我的感念也與時俱增。

首先是我對王惕吾先生的感恩，從我進入《聯合報》工作，承他信任，多次賦予重要任務，來泰工作所提各種計劃，無不支持，在財務上的信任，尤為感激，接辦前二年，一切仰賴聯合報系支撐，我常因事急，用傳真方式：「急需美金五十萬」、「急需美金三十五萬」，總在三天之後，匯款即行到曼谷的中國國際商業銀行。他來泰兩次，我簡報財務情況，他卻認為「不必」，他的信任也等於科以責任，多年來一切平順度過，他的信賴應是主因。當然，與泰世關係密切的王必立先生，實際上是接辦泰世的中心人物，一切在他的策劃之下進行，如果泰世有成，一切應歸功於他，我不過奉命執行而已。最難得的是董事長林來榮先生的寬容與信賴，重大事件我會向他報告，他無不支持，他的長者風範，對我在泰的鼓勵最大。

第二，我最深感念的《聯合報》精神，內外一體，榮辱與共。這三十年來，驚擾了很多朋友，尤其駐在各地的特派員、記者和報系內技術專才，他們對泰世有求必應，無私的支助，任勞任怨為泰世的工作，提供最大的助力。

第三，是實際參與工作的同事，四位總經理，張朝棟兄全力開發，親赴各地佈建發行網；楊宏志兄首創工商服務部，為泰世的廣告業務，奠定了良好的基礎；袁守盈兄在管理上的貢獻最大，法規制定，人員精簡，作出很大的貢獻；黃根和兄致力全面電腦化，自動化，建樹最大，在協力向區域報發展上更功不可沒；尤其他願意接棒，使我順利退休，最是感激；他繼任社長，十年多來，駕輕就熟，帶領《世界日報》，更向前發展。編務方面，梁雪郎兄充分運用語文專長，身體力行，並在言論上竭盡心力，至今仍兼主筆；駱學良兄抱病從公，致力編輯訓練，主持奧運專版，使本報大放光彩；張松潭兄在任，正值增張改版重要階段，協力台泰編務，後在病中仍未稍懈；韋蜀遊兄對編務革新，建樹更多，組建採訪中心，親力親為，效果更佳。林信雄兄是《聯合報》多年

王惕吾董事長（右）贈獎趙玉明。

兄弟，在泰世台北辦事處工作多年，來泰兢兢業業，成功可期。台辦處歷任主任阮肇彬、查仞千、丘鎮蓉、賴清松、張昆山、徐梅屏，以及痖弦、陳義芝、田新彬、林煥彰聯副同仁全體一心的友誼支助，為泰世打拚，盡心盡力尤為感動。

泰世三十年發展與成就，反映著全體員工的努力，大家的全心奉獻，換來泰世光耀泰華社會的整體成功，感念王創辦人「不負所託」的遺訓，祝福泰世，時時奮起，再創新猷，大步迎向第二個六十年，勝利成功。

（原載泰國二〇〇五年十二月《泰華之光——泰國世界日報創刊五〇週年特輯》）

最苦最初幾個月

民國七十四年十二月十七日，聯合報系接辦泰國《世界日報》的工作團隊，由王副董事長必立率領到了曼谷，奉命在泰主持大局的執行副社長兼總編趙玉明、《聯合報》業務部總經理簡武雄，他也是接辦調查小組召集人，《聯合報》印務部總經理柳建國，內定泰世總經理張朝棟，工商部經理楊宏志，成為接辦的核心小組，簡總主持接收、柳總操控印務、張朝棟協助，我則重在社務與編務，由楊宏志、寇維勇、王家英協助，大家分途忙碌，迎接挑戰。

三改主張・接受挑戰

沉靜的思考了兩天，老實說，我對《世界日報》的種種現況，十分失望，房舍陳舊、管理零亂、到處違建、印刷設備與印報機器，落後至極，如果以《聯合報》標準，完全是廢料，我向小組成員，作了以下表述，獲得支持，他提出接辦《世界日報》的構想，簡單三句話：「改良工作環境、改進工作內容、改善員工待遇」，而且即說即作，採取明確措施。

一、改良工作環境：從整建辦公場所開始，找來工程包商，從一樓到三樓，打掉違建，重新規劃，一樓印報房，行政、發行、分類廣告、停車。二樓編務中心、工商服務、電腦房、社長室、會議室。三樓印務部，分打字、照相、製版、整版衛星傳真、曬洗沖版，建立一條完整生產線。同時請柳總經理、與美原廠KING PEES接洽，限期派人檢修印報機，換裝新電子報，並估評增裝幾部新印報機的可能性。

二、改進工作內容：致力研討泰華同業的情況，指定寇維勇，每天細看各報、詳細比評，找出優劣點；指定王家英細讀各報副刊，仔細比評，找出優缺點，順便了解泰華寫作人的狀況，我據以思考，在曼谷辦一份「泰國華文報」的作法和方向，初步決定在每日出版七大張的原則下，規劃各版的新內容。

三、改善工作待遇：當時泰國的勞工待遇很差，沒有最低工資的下限，所以情況不好，當時泰國大學畢業生，每月五六千銖就很好了，華文各報不過三四千銖，加班沒有加班費，超過工時沒有報酬，華僑子弟在臺灣或大陸升學的很多，回泰後很少人進入華文報，甚至報人子弟也不進報館，而至編輯台上都是老人。以泰世為例，二版編輯七十多歲，屬牛，與王惕老同年，採訪主任六十八歲，體育記者六十六歲，僑社記者和我同年，六十歲。署名總編輯八十歲，掛名不上班，他是老報人，有泰國籍，報社改組，他還是註冊人，可見一斑。所以改善待遇是頭等大事，我比照《聯合報》支薪分等級，有固定給與，而且計年資、重獎勵、有加班費與年終獎金，但漲幅不能太高，收支難平衡，造成大虧損也不行。所以採兩三步，分期上調，最少每月可領一萬銖，最高達二萬五千銖，成為泰華各報待遇最好範例，但因為工作要求嚴，講實效，很難網羅人才，不過還算基本穩定，前兩三年是負成長，年終獎金和兼職津貼都照發，獲同仁好的回應。

實際工作・步步逼緊

我的「三改」政策定調以後，展開實際工作：

總經理張朝棟，訪問泰國各大城市，建立發行網，設立分銷處和通訊網，在泰北清邁、清萊以後各難民村推廣發行，引進難民村學校有初中以上程度畢業生，儲備打字、印務人才，成效很好。

趙玉明巡訪曼谷市內印刷設備的代理商，意外發現，《世界日報》所需的設備，日本製造的照相機、沖洗機、曬版機、洗版機都有現貨，在四家代理商中，一家有兩件，其他三家各一件，加起來正好是一條生產線的需求。我在《聯合報》工作時，常跑工廠，對各種設施稍有認識，不想在曼谷，外行變了內行，於是找有兩件那家談生意，向他買全組印刷設備，而且指明其他各家有現貨，由這家報價，負責裝機、檢驗、試機，配合工廠改善，限期完成生產線設施，規定裝機試機時限，並議定違約罰則，這種意外的幸運，加快了接辦的時程。

請柳總向美國《世界日報》，洽運衛星傳版機，向泰國洽租太空衛星線路，洽購電腦，請台北印務技師，支援生產線建立，教泰世同仁，使用新設備；請台北調派三位電腦打字員，教泰世打字員學電腦，購進十部電腦、兩部植字機，加快訓練，培訓使用新設備的技術工人。

全部重建工程，納入管制，由柳總督導，張朝棟總經理列表管制，從房舍改建、設備裝置、人員培訓、分工合作，作成作業管制，親自嚴格管控，發現狀況、立即處理，建立了很好工作效力。

廢除排字房，用傳統打字機工作，直到改用電腦化。

規劃完成・台北落實

會商決定：舊報社工作至當年農曆除夕前一天止，即二月七日為交割日，因二月八日由新接班梯隊負責，至二月十一日（年初三），是例行休刊，同時公佈《聯合報》接辦經營，改裝機器，二月十二日至十七日，繼續休刊七天，裝設新機器。明確公告：一九八六年二月十八日，增張改版的《世界日報》正式出版。所有各部的工作，必須如限完成。

我一人趕回臺灣，回報系安排新報出版細節，完成以下工作：一、決定每日出版七大張：新報各版，和專刊副刊在台製作，泰國新聞、泰國經濟、股市、僑社新聞、工商服務各版在曼谷製作。二、委託聯合副刊，代編副刊「湄南河」，小說、教與學專刊各版，同事田新彬、林煥彰、馮曼倫等人參與編務。三、成立台北辦事處，請《聯合報》編輯部編政組主任阮肇彬兼主任，洽報系編輯同仁，用兼職方式代編靜態各版，包萬象、旅遊、綜藝、影視、經濟生活、健康、女性靜態各版，同時夜間使用傳真，選用重要外電稿和《聯合報》刊出重大新聞，協力曼谷編輯台，彌補泰國編譯人才的不夠，所以台辦如同一個小編輯部，成員將近三十人，「台辦」和「聯副」，承擔了三分之二的版面，內容充實，版面新穎，各版完成後製片膠片，提前空運泰國，所以泰國編輯台壓力大為減少，編輯版面僅國內外大事，國際新聞、泰京新聞、社會新聞、泰國經濟、證券行情、工商服務、僑社、地方新聞等十多個版，七大張二十八個版，在泰僅製作五分之二，工作量可以承擔，加上義勇軍助拳，一切比預期順利。四、請報系編輯同仁依計劃，日出七大張規格，做出樣版報，七大張各版，包括廣告安排，參與同仁都是名編，有查仞千、張逸東、賴清松、林秋助、阮肇彬、胥盛祥、田新彬、馮曼倫、林煥彰等，並洽請印務部，以正常作業、打字、組版、出清樣、統一完成作業，由我將清樣帶回曼谷，發給泰世同仁，照著葫蘆畫瓢，增加效率，也容易統一作法。五、組成義勇軍，赴泰助陣，獲同仁熱烈回應，有查仞千、張耀民、徐桂生、劉宗周、邱海嶽、郭光前、雲伯勉、秦慧珠多位，在泰工作四、五十天，陪泰世老同事工作上路，使接班工作順利進行。六、組成言論部，饒迪華、趙玉明、梁雪郎、陳銅民多人兼任主筆，撰寫社論。七、在台招考記者，以泰北難民村子女在台升學者為對象，共錄取六人，都是大學畢業的女生，她們是陳聯芬、陳素貞、謝蜀芬、謝菊芬等，成了泰世的生力軍。八、工商經理楊宏志，在泰招考工商記者十二人，成立工商服務部，開拓業務。我本人和義勇軍兄弟，在二月十一日（年初三），在董事長王惕老、劉昌平先生、王必成先生、王效蘭小姐的歡送下，登上征途，展開曼谷辦報的新使命。

改組公司・確定人事

抵泰第二天，依計劃開始工作：改組了《世界日報》董事會，成立世界報業公司，林來榮先生任董事長、副董事長王必立、執行常董潘子明、常董王文杉、趙玉明、黃根和、董事李厚維、饒迪華、張朝棟、楊宏志。聘饒迪華為社長兼總主筆，我為執行副社長兼總編輯、張朝棟為總經理。二、成立科博（COOPER INVESTMENT）投資公司，董事長王必立、董事趙玉明、黃根和、李厚維、張朝棟、楊宏志，我為總經理，主持公司，主要業務是投資《世界日報》。新改組的世界報業公司總投資五千五百萬銖，原帳面上屬國民黨的一千六百萬，和僑界投資的四百萬，雖是空帳，新公司帳面上承認、聯合報系的科博公司名義投資三千五百萬，總資本額五千五百萬，完成註冊。聯合報系接辦，第一年實際投入超過一億三千多萬，聯合報系在台北實際支援的支出，還未計算在內。這個數字，對在泰主持接辦的我，是很大的壓力。

緊張好一陣，關鍵的時刻到了，回到曼谷，發現辦公室煥然一新，新機器如期裝好，聯成生產線。整版傳真機具，尚在試作中，至少正常出報，已無問題。二月十五日向編輯同仁，簡報各版內容、編輯方式、作業程序，向各同仁展示台北編成各版式樣，由台北支援義勇軍一對一陪同，由泰世同仁看稿、製題，由台北同仁初核，再送總編輯發稿，這一天，各版在規定時間內，都沒有做完，十六日再試一天，情形有改善，二月十七日發稿，是增張改版正式發稿第一天，第二天一九八六年二月十八日，一份嶄新的《世界日報》，就與泰華讀者見面了，正巧，那天第一版是大曼谷推動市政大建設方案，查仞千協助一版編輯下的題目是「建設大曼谷，大家一起來」，對《世界日報》增強改版、擴大發行，有很大的宣示意義，大家歡天喜地的歡迎創刊已三十年的《世界日報》，有一個新的美好的再開始。

新報出版・各方歡迎

第一天我發表了主稿的社論，推崇先賢創辦《世界日報》三十年努力，說明聯合報系接辦泰世的經過，並向讀者宣示，先賢創報提出「遵崇皇室、支持政府、崇向民主、服務僑眾」的宗旨不變，聯合報系一貫「關懷、服務、創新」的正派辦報理念不變，並呼籲泰國華文報同業求新求變、共存共榮。為服務僑眾、為宣揚文化，開創泰國華文報的新境界。

增張改版的《世界日報》，受到各方的歡迎，新聞翔實、內容新清多樣化、編排方式新穎，一般反應十分好，我這個接辦當事人，當然欣慰，也十分感恩，全賴報系的全力支持，但冷靜評估，尚待努力的事還很多，心中又開始了進一步的思考，最高目標是要新聞能與聯合報系各報同步發展，副專刊要切合需求，與泰華本土性結合。這些思考，成為很大的一種動力，自許在一年內，進行內部改造，更進一步，辦好這份報紙。我第一階段努力目標，隱然浮現，而且思考成熟：

——進行第二次改版，使內容更符合泰華需要。

——追踪租用衛星天線，裝配整版衛星傳真機器。

——加速電腦作業訓練，考慮新聞電腦編排。

——考慮全面彩色化，逐步增加彩色版，強化內容，也增進廣告營收。

——建立大曼谷送報車隊，購置四十部機車，無息、分期貸給送報生，增加直營業務，送報、收費一貫作業。

——致力推廣華文教育，增加閱報人口；辦理文藝活動，增強副專刊的內容。

——參與泰華各會銷活動，協力推廣台商服務。

——參與泰國社會救助活動、慈善活動、宗教活動。

以上的構想，在「最苦最初幾個月」中，逐步考慮成熟，具體逐步實施，直接的反應在一次大改版的安排，中心點在新聞內容大改進，推出臺灣新聞、臺灣經濟、大陸新聞、大陸經濟、國際新聞、國際經濟，副專刊也精簡，全面彩色化，影視、綜藝、工商、萬象各版改彩色版，內容更多樣化，隨著衛星專線的傳輸，整版傳真的執行，讓各種改革變成了事實。

（二〇一五年八月完稿）

迎向更輝煌的第二年

來曼谷，匆匆已過一年；這一年的情況，過去若干期《聯合報》系刊，多有報導，而且蒙同仁愛護，對我個人「鼓勵」特多，所以一年多我在系刊上不敢再多寫什麼，現逢改版週年，系刊主編請阮肇老索稿，乃託雲伯老向同仁徵稿，以資紀念。交稿前刻，伯老問我寫了什麼，我說我未寫，他建議將我十二月二十五日在年終檢討會上的報告，送系刊發表，我再閱全文，談過去的不多，談未來都是遠景，頗有「立此存照」的喻意，泰國《世界日報》新年度中心工作大略如此，期待我們大家全力以赴。

向義勇軍致敬致謝

在泰一年，如果工作上有成就，我實不敢居功，我覺得《聯合報》團隊精神，是真正的成功指標，改版之初，武雄、建圖、仞千、耀民、海嶽、崇周、文六以及發行、印務部赴泰支援同仁，最有效率的「義勇軍」，帶動了全部作業，在台北被「拉差」，趕編副刊八版的聯副「兄弟姐妹」，都在緊迫動員中完成使命，《聯合報》編輯部各位，駐外的特派員記者先生、供應中心的老弟老妹，以及我們忠勤負責的「留守司令官」阮肇老，每一位的公情私誼，我都永懷感恩。

我們在曼谷，是報系大兵團的小部隊，小部隊打勝仗，是戰技或戰術勝利；決勝點是董事長副董事長的大戰略成功，他給了我們最大的支持和辦報的條件。去年二月十一日年初三，由台北再出發，董事長和我握手，當時我立即感到：「他把他的事交給我了，我把我的命交給他了！」這一年我信守著這一點，全力以赴，應算賣命，事情到底做得如何，我只能說，我已盡力，力有不及，就是個人能力問題了。

日前收奉副董事長必立先生來信，簡明扼要：「趙玉老：一年辛苦，謝謝！」現在我也應該說，「朋友們，這一年蒙你支持，謝謝！」

下面就是我辦報一年的年終報告：

從籌備改版到今天已滿一年，對各位一年的辛勞特表敬意。去年籌備改版之初，我曾經向大家承諾，帶領大家改革工作內容，改進工作環境，改善工作待遇，也要求大家一起捲起袖子幹，我記得當時（十二月十八日，聖誕前夕）說過，大家絕對不能把王董事長當聖誕老人，他不是派人來送錢的，他只能提供我們辦好一張報紙的條件，辦事還是要我們自己，可以告慰大家的是我們報紙內容改好了，發行、廣告也大幅增加，雖然虧損很大，但在工作內容、工作環境和工作待遇上，都大幅度的改善了，經營發展上也有很大的進步，但望我們在未來一年有更大的成效。希望各位都從本身、本單位作一次檢討，每一個人誠誠實實的回顧一下過去一年的工作。

過去一年，籌劃改版，匆匆忙忙，不免有些忙亂，進入第二年，要一切正常發展，要走向制度化，工作的計劃、執行、考核，每一位主管同仁，要負起責任，每一個同仁也要積極投入，集思廣益，建立我們的團隊精神。

鍋裡有．碗裡自然有

我特別要請大家投入工作，參與深一點，不要把工作當成討生活，要有理想和抱負，把報紙當成自己的，成敗大家都有份。副董事長上次來和大家會餐提示過一句話，他說「鍋裡有，碗裡就有」，最能說明個人與團體的關係，我覺得這一點我們做得還不夠，要請全體同仁共同勉勵。

談到團體成就與個人福利，我想舉例說明，我知道大家都關心年終獎金的事，今年我們營運虧損很大，談不上純益，本來沒有獎金可發，董事長副董事長關切我們的生活，體念大家的辛勞，由台北撥出錢來發年終獎金。如果我們轉虧為盈，年終一定可得到更多的福利；

現在我就便把今年年終獎金發給的標準和方式，報告一下：

一、在報社服務兩年以上，加發一個半月。

二、服務一年以上未滿兩年者加發一個月，二月參加改版同仁從寬以滿一年計算。

三、半年以上未滿一年者加發半個月。

四、滿三個月未滿半年者加發四分一個月。

五、不足三個月不發獎金，按一般試用應為三個月。

明年對我們是重大考驗的一年，我們如何在已有成就上再進步，再發展，希望我們大家一條心，乘勝追擊，今年虎年，虎虎生風，鼓舞了我們開創的威力，明年兔年，動如脫兔，講求是速度和效率，希望明年各部門的工作，都有很大的發展。

革新編務．提高實銷

明年編務最重要的工作是內容再討論，去年策劃的內容，執行一年，不適合泰華情況的內容，已逐步改進，但還要檢討，一年來編務上有很好的聲譽和氣勢，值得大家安慰，希望百尺竿頭，求得更好的效果。明年重點工作：

一、改進泰京新聞，泰聞組要發揮潛力，也要引進好人才，使泰京新聞做到領先和超越。

二、採訪上追求突破，一定要做直接採訪，進入泰國社會。

三、編輯處理上要建立新觀念，從質量並進，超越他報，編輯人員要積極參與做到計劃編輯。

四、言論立場掌握，至為重要；評情析事力求客觀，絕對不介入泰華派系爭執。

五、對大陸鄉情、政治敏感事，適度處理；有讀者反應指誰左誰右等等，我們要堅持原則，不是左派、不是右派，我們要做到正派，辦正派的泰國華文報。

六、僑社新聞與內地新聞，遷就地區特性，不宜更張，但如何與業務結合，應作專案研究。

發行方面今年已取得相當成就，最近一兩個月尤其看好，這是全體發行同仁的辛勞，應特別表示嘉勉；希望各單位同仁在能力所及的範圍內，從自己的親友著手，協助發行業務，每個人都能爭取幾份報紙，以表示一種合作的精神，外間聽到對發行的反應，也要誠懇的向發行組建議。未來發行的重點：一、貫徹董事長副董事長全力發展大曼谷區的指示，推廣訂戶，開發零售。二、提高售報的實銷比率。三、對各行專案報紙效果分析和追蹤考察，過去推動的幾個專案實效，進行檢討。四、繼續擴大發行點線，改進送報困難；自營送報發展正常，對未來發行有極大影響。五、參與各種活動，設立攤位，與工商服務部合力發展，加強擴張聲勢，發展業務。

廣告一年來的發展，已多月突破一百萬以上，有節日各月業績比平常好，如何使平常月份都能超越，希望社內同仁多協助，各部門與社團關係良好的同仁，隨時出面延攬廣告，十分重要，特向各位請託。未來廣告開發：一、因應社會人情關係特性，有計劃與社團、企業界做好關係。二、對臺灣來泰投資企業的報導與開發。三、不斷辦活動，以服務爭取業績。四、泰企業與雙合資企業「雙語文（中泰）廣告」的爭取。五、專業廣告與分類廣告，全力發展。六、工商部同仁要創新觀念，繼續經營「企業新觀念」專案，開發新客戶。七、廣告線索發掘與追蹤開發。

和衷共濟再創佳績

行政管理方面，一年來由於大家守法盡責，一切業務順利推展，要向大家致謝，行政是以管理為關鍵的事務、會計、出納、人事、文書、行政、事多人少，一切仰賴大家的合作，社方的要求考慮整體性，也要大家體諒，未來的工作：一、適應新的情況，修訂報社所有的規章。二、加強財務管理和稽核。三、加強人事管理，本著精簡原則，各單位主動檢討人力運用現況，對不稱職人員應加輔導，實在不能達成所賦予工作，應予資遣。四、加強工作考核，重視獎懲，各單位主管對同仁特殊表現，應報請獎勵。工作不力同仁，也應予以議處。五、大家愛惜公物，減少浪費，養成勤儉建報良好風氣。六、定期舉行機具檢查，加強保養維護。

最後，對各位同仁的一年辛勞，再一次表示謝意，我也負責將大家的辛勞報告董事長和副董事長。我也要再一次要求各位同仁，和衷共濟，尤其要不分彼此，共同來為《世界日報》盡力，我們有現成的榜樣，社長饒先生在《世界日報》服務三十年，他每天仍兢兢業業，辛勤工作，我來泰工作，受他的鼓勵最多，也要向他表示敬意。

（原載《聯合報系月刊》
一九八七年二月號）

美洲《世界日報》馬社長克任（右）訪泰。

台大校長孫震博士（前排左三）訪泰，與台大校友合影。

王惕老訪泰三日記

董事長王惕老一九八八年四月三十日，由必立發行人陪同，搭乘華航八一九班機，於下午六時二十分抵達曼谷國際機場，來泰國視察，他是報系接辦泰國《世界日報》兩年多第一次蒞曼谷。世報同仁都期盼大家長的蒞臨，董事長來，從早兩天傳知大家以後，不論由台北來的或原住泰國的同仁都歡欣鼓舞，等待著他來。

董事長抵達，中華民國駐泰遠東商務處沈克勤代表，主管新聞文化的陳世琪組長，都進入機場內去迎接，陳組長也幫我辦了一個出入證，使我也能趕到機門內恭迎董事長。大概是沈代表向他報告《世界日報》第二天要有文友聯歡的大活動，我向董事長行禮後，他笑著說，你這兩天忙，早告訴我，我就晚兩天來呀！我向董事長報告：「我們全體早等著你來呢！」副董事長必立先生也嚷著：「趙玉老你瘦了，瘦了一點更精神！」聽他們兩位親切的聲音，一切的繁忙辛苦都全忘了。我和沈代表、陳組長立即陪著董事長出關。

王惕吾董事長（中）訪泰三日，左為駐泰劉瑛代表接機。

在迎賓區等著的有世報之友黃根和先生、楊總經理宏志、雲副總編輯伯老夫婦、孫主任國楠夫婦，游主任德二和我的大兒子趙惟真。還有潘執行常董子明代表林董事長來榮先生，前來迎接，子明兄還帶了鮮蘭花串，向董事長掛花致敬，董事長將掛花轉贈給國楠的新娘子陳淑芳，而後與歡迎者在機場合影。

由於請來為文友會演講的余光中教授夫婦、記者寇維勇同機前來，董事長要求等他們一會。有一個插曲，寇維勇原本想「逃避」董事長的，他的本意不要驚擾董事長，不想董事長一見我就說，寇維勇來了，他只一個人，誰去接接他，出關後還一再問，怎麼沒看到他，交代誰接他？董事長視同仁如子女，自然流露關愛，使人感動。

我們大隊人馬兵分三路，我和根和陪董事長、必立發行人，宏志陪余光中教授伉儷，其他大伙回宿舍。在夜色中向城區駛進，曼谷已是燈火輝煌。董事長回憶十幾年前路過曼谷的情景，他說泰國變了不少，現代化的國際機場，寬闊坦平的馬路、高聳的大樓，真的有很大的進步，我和必立發行人，也向董事長作了一些補充陳述，簡介了今天的曼谷，這個東南亞的國際大都會。

晚間，我們四人共進晚餐，吃「銀都魚翅」，根和點菜，我就向董事長報告他在泰兩天的行程。等用完晚餐，住進皇家風蘭大酒店，已經十點了，董事長興致很高，精神也好，當他在二十層高樓的套房，拉開窗紗，俯瞰夜曼谷的燈火時，對曼谷的變遷，再度表示了驚訝。

五月一日　巡視報社

早上七點四十，我和宏志到酒店，陪董事長進早餐，扼要的報告社務情況，他問起我的兒子，他知道惟真有很好的改變，也很高興。

餐後，在套房客廳，聽他垂詢社務、編務、發行、廣告，重點在尋求再突破。他也提到此地華文報水準不高，讀者結構不似美國，希望總要追求收支平衡，才是經營的最高目標。

上午巡視報社，當天是五一勞動節，沿例休假，翌日不出報，報社除警衛人員，只有少數人員在社迎迓，潘子明兄，早在報社等候，我們一起陪同董事長巡視報社，從印刷、發行、廣告、工商服務部各部門，到二樓編輯部，董事長早在廿年前到過《世界日報》現址，仍留有深刻印象，我向他報告接辦後內部改建裝修的經過，電力重配、冷氣安裝等情況，他對目前的房舍裝配，也很滿意。而後在我辦公室小坐，我簡報社內人事情況和兩年收支概況，董事長有兩點重要指示：

一、要全力培養人才，考選員工子女，中文程度好一點，選送臺灣接受教育，使成未來世界日報的骨幹，現有年輕在職人才，可選送報系接受短期在職訓練。

二、業務一定要突破，要從多方面思考，現在聲勢很好，業務也要更好。

董事長並向潘子明兄（黃埔同學會理事長）詢問在泰黃埔同學的現況，子明兄扼要作了說明，也報告現下正進行的主要工作，最重要的是編印一本有紀念價值的「文集」，董事長同意捐助全部印書費用，同學會原安排舉行大歡迎會，事前已婉謝。

十點三十分，董事長到了濱高宿舍，這是報社為台北來泰同仁購置的。必立先生兩年前在泰，看到同仁分散，為了便於照顧，決定自置宿舍，組成這個「東西南北男女老少大家庭」，房舍五十五打郎瓦（比坪大一點點），共四層，有七個房間。

董事長和台北同仁及眷屬閒話家常，對宿舍簡單、清潔的陳設，至為滿意。他笑著說，這棟房子在台北價值不少啊，他一再說，大家安定，生活方便就好。

中午沈克勤代表在國賓大飯店潮州酒樓歡宴，邀來曼谷中文報主要負責人作陪，席開兩桌，嘉賓有董事長、副董事長必立先生、余光中教授夫婦、鄧雪峰教授、《中華日報》董事長陳純、《星暹日報》總經理李坤揚、《京華中原報》副社長吳金城、總經理林妙英夫婦、

《聯合報》阮副總編輯肇彬、唐副總編輯經瀾、《世界日報》執行常董潘子明、社務顧問饒迪華、總經理楊宏志、代表處新聞組長陳世琪，以及本人。

泰華報人對董事長來曼谷訪問，至表歡迎，他們對《世界日報》這兩年多的發展，也作客觀而良好的估評，有少數幾位是董事長當年籌組世界中文報協認識的朋友，董事長面邀他們出席今年十一月十八日在香港舉行的中文報協成立二十週年年會，董事長祝福泰華中文報業，共存共榮，加強為華人華裔服務。陳純先生等幾位當即表示，一定參加中文報協年會，再次挽請董事長多留泰數日，給他們一個宴請的機會。另一桌必立先生也和各報總經理親切交談。這次宴會真的做到了賓主盡歡，享用了最道地的潮州菜和泰國點心，也對中文報在泰的使命，有了溝通。

下午，我和兩位教授、宏志、經瀾、肇彬，都要參加在國賓大飯店舉行的文友聯誼會，原訂由沈代表陪同遊訪，臨時董事長推謝了沈代表的好意，下午二時由必立先生陪侍，司機鄭麗娜女士開車，導遊拍他耶海濱，瀏覽著名的拍他耶海灘風光，也蒞訪最現代化的皇家海灘大飯店。董事長對海濱迷人的景色，留下了很深的印象。

據鄭小姐說，去程順利，車行一小時半，有拍他耶略作停留，董事長對多處風景，極表稱讚，興致非常好；回程擠車，行車超過三小時，回到曼谷已快九點。這半天，可謂舟車勞頓，但董事長精神極佳，充分顯示董事長的健康深致祝福。

五月二日　會見員工

今天最主要的節目是會見報社全體員工，由宏志安排，歡宴地點在湄南大飯店，上午宏志去酒店招呼，我遵囑十點四十分到了董事長下榻的皇家風蘭大酒店。

我向董事長簡要的報告員工歡宴餐會的安排情況，我呈給他一分名冊，世報現有員工一百四十四人，比接辦時的一百七十人，精簡了不少。董事長叮囑業績要好一點，我也作了說明。

隨即董事長看著我，若有所思。而後親切的說：「玉明，你有什麼打算呢？你自己？」這時房中只有董事長，必立先生和我三個人，我也簡略陳述我的一些想法，考量報社的需要、我的家庭情況、孩子的教養、我自己可能盡的責任。董事長很能體諒我的處境。

同時董事長提到今後外派，也要有年限的規定，出來總要工作三年吧。必立先生也提示，還是訂個辦法，大家好辦事。我們三人再一次將話題轉到在泰國發掘人才的可行性，僑社的本土性可能有助業務和社務的推展；也談到報社投資事業，達到「以報養報」這個兩年前我即提出的構想，我也為只在空談，而未具體實踐，表示慚愧。生意這行我實在怕怕！

十一點三十分，陪董事長到了湄南大酒店三樓的貴賓廳，席設四十桌，餐廳正方美術設計組製作的「歡迎董事長蒞泰視察餐會」鮮明的布置，襯著大盆的蘭花，使會場特具生氣。董事長進入大廳，全體起立響起了熱烈的掌聲，大家終於盼來了自己的大家長，人人臉上都顯著愉快的笑容。

我和饒顧問迪華，為董事長引見了主任級以上的幹部，包括與董事長同庚的「二伯」潘法仁、《世界日報》的「楊子」主筆陳銅民、泰聞組主任蘇美泉，要聞組主任丘國祥、印務主任陳文道、行政室主任莫振華。而後董事長逐桌與同仁見面，一一握手致意，我也在旁邊對同仁作「特點」提要介紹，整個大廳洋溢著熱情，大家一圈圈圍繞著董事長，向董事長雙手合十敬禮。

在熱烈掌聲中，董事長到台上坐著和全體話家常。董事長首先說明早想來看大家，這次來曼谷，看了一切都很高興。董事長也簡要的說明二十年前馬紀壯大使曾經邀他接辦《世界日報》的一段往事，他期勉大家創新突破，辦好這分報紙。（董事長致詞全文另刊）

董事長致詞後，請必立先生代表他敬同仁一杯酒，於是乎大家一致高呼「猜——喲！」我也領導全體向董事長致敬，又是一陣「猜——喲！」董事長問我「猜喲」的意思，我說是泰人向皇室高呼萬歲之意，董事長說「這怎麼可以」，我補充說，引用到一般集會則是高呼「勝利成功」！

餐會進行中都十分熱烈，同仁分批向董事長敬酒，董事長以茶代酒，也曾慈祥親切的詢問同仁的工作情形；今天的菜又格外豐盛，「二伯」潘法仁一再說，今天《世界日報》幾十年來聚餐最好的菜，大家都有同感。

餐會後，分單位和董事長合影留念，董事長也邀幾位年輕同仁個別合照，表示嘉勉，更有不少同仁紛紛擁向董事長，請求合照，董事長都一一如他們所請，這真是一次親情流露的餐會。

下午五時，董事長在客寓分別約見了饒顧問迪華兄，楊總經理宏志，個別慰勉，對他們的工作和本身問題關注有加。六點，董事長同時約我們三人與必立先生作了指示：

——繼續借重迪華兄的才華、經驗和對泰國社會的關係，加強編務發展，迪華兄也可撰寫專欄，在泰發表，傳回台北使用。

——因應社會與經濟發展的需要，研究加強經濟分析、專業版規劃，如產業、機械等，參照當初《經濟日報》發展的路線，尋求突破。

——加強工商服務，建立良好關係，增進業務，把握目前來泰投資的情勢，增加廣告、發行的績效。

——培養人才最重要，要認真發掘、選拔人才，提供教育機會。

——全力追求收支平衡，據知有一兩家報紙尚有盈餘，要深入研究，突破業務的限制。

——總之要突破現狀，做出更好的成績，好還要更好！

晚間是林董事長來榮先生歡宴，迪華兄和宏志先去照顧，我陪董事長二位又小坐片刻，董事長又以世報發展與人才發掘兩事，再加叮嚀。

七點，陪董事長到香格里拉大酒店赴宴，沈代表、林董事長、丘董事長書亮（本報董事）已在門前迎接。當晚席開兩桌，有遠東商務處各組長、秘書、本報幾位董事、國際商銀鄭經理、立委張立明兄。主人林董事長誠摯感人，從決定場地、客人名單、菜肴，都親自處理。他一向在家中宴客，這次因為他府第正興土木裝修，改在飯店，這個宴會也真做到了賓主盡歡。

這一天，從早到晚，節目連連，董事長的丰采和精神，給人感受到親切自然，而且堅實，見過董事長的外界人士和報社員工，都自然流露著發自內心的欽敬。

五月三日　平安返台

董事長早上排定了返台的班機——十點十五分華航八二〇。因此，我們預定七點四十五分到酒店接他，陪他進早點，而後八點十五分向機場進發，誰知早晨下雨，加上兩天休假，車子擠塞的情況，出乎意外。我一見情況不對，讓台北同仁直赴機場，我請鄭小姐「特技」駕駛，趕到酒店時，董事長已乘黃根和兄的車子先行出發了。

真急，差一分鐘，我在他的座車後尾隨護衛，根和夫人看我緊張兮兮，猛說笑話。到了機場，必立發行人大概得了「情報」吧！只聽他朗聲說：「趙玉老，你緊張了一陣吧！」我只有望著董事長一陣傻笑。

正好這時候沈代表克勤、陳組長世琪趕來送行，台北來的幾位也到了，大家圍著董事長話別。沈代表邀董事長到華航貴賓室稍憩，由於曼谷新機場新設計，高級貴賓室在出境區內，我們只有在誠摯的祝福聲中，恭送董事長「進關」了。就在這一刻，泰國黃埔同學會的潘理事長子明和幾位資深副理事長趕來送行，雖然失之交臂，但他們對董事長的景仰以及表達黃埔「親愛精誠」的精神，使人感動。

董事長匆匆來去，留給大家甚多感念，也授予大家更多的責任。這次蒞泰三日行程，對泰國《世界日報》是歷史性的紀錄，對我們整個報系而言，也是報史上值得記載的一頁。因為這三天的重要活動，我一直在他的左右，謹記下這三天的日記。

（原載《聯合報系月刊》一九八八年六月號）

王惕老提示：做泰國華文報紙的楷模

趙社長！各位同仁：今天我到曼谷來，同大家談話感到非常開心。一方面因為各位這幾年來的努力，已為報社贏得讚譽，一方面上一次來的時候，跟各位聚餐時曾經說過，你們做得好我會再來看大家，如今大家已達到預期的工作目標，因此我親自到這裡給你們慰勞。

成就貢獻

今天上午聽到趙社長和袁總經理有關財務及業務等各方面的報告，我也覺得非常的欣慰。因為這幾年來大家已盡了你們的精力、智慧貢獻給這份報紙，才會有今天的成就。這不但可以說，在泰國是對《世界日報》做了有價值的貢獻；在整個的聯合報系來說，也有貢獻。因為這對聯合報系在世界各地辦報的聲譽，也有所增益。

歡迎王惕吾董事長（左）餐會。

聯合報系在台北、在泰國、在美國、在歐洲，每一個地區，報紙是最好的，聲譽是最好的，業務也都是最好的。現在我們泰國也是如此。所以你們的努力對整個報系也有很大的貢獻。可以說，你們在這裡高興，我對整個報系都有很好的聲譽而感到高興。今天我是特地前來泰國慰勉大家。只是因為我不喝酒，待會請你們的趙社長代喝，或是由王副董事長（必立）代喝好了。

前景展望

展望我們泰國《世界日報》，這幾年你們所看到的實際投資，已盡了最大的努力，有了很好效果，現在客觀的環境可以說是一天比一天的好。泰國經濟發展的大環境，也跟隨著整個東南亞蓬勃起來，所以台商、日本以及各國的投資相繼而來。這種影響和我們報紙的業務是息息相關的。尤其是臺灣廠商和其他地方的中國人到此地來投資一天比一天多起來，站在我們《世界日報》業務的觀點，可以說是出現了好景。

多年來，我們《世界日報》的編務方面的成就，可以說在泰華中文報業中，有很特出的表現。我可以自信且客觀地做一個分析，我相信我們這一份報紙經過這幾年的成長突破，在曼谷中文報紙中已是第一流的。而且我們不但將自已報紙的水準提高，也已影響泰國，甚至近鄰的東南亞區中文報紙水準的提高。今後我們更應該以報系在全世界的新聞陣容，更進一步地將《世界日報》的編務水準提高。所以希望曼谷《世界日報》編採人員更加配合，使我們這張報紙真正成為泰國中文報紙的楷模。

努力開發

至於業務方面，現在《世界日報》廣告客觀的條件已經具備了，發行方面雖然限於情勢，現在一時還沒有辦法大突破。但是我相信只要相關同仁努力開發，是可以做得更好一些。大家還必須了解，我們在這裡辦報紙，一方面是為自己，大家得同心協力地奉獻辛勞，來做好這一個事業；在泰國整個的環境來說，我們也是為海外的中國人提供中華文化的貢獻。所以在雙重要求之下，我們能夠賺錢的要做，少數賠錢的也得做，這是我們和其他人辦報紙一個不同的地方。現在曼谷地區的發行已經建立基礎，也應該到泰北的和他貧困省去服務，去投資，去貢獻。所以我們要完完全全的動用資源，在財務方面也繼續提供，更擴大為中國人服務。

今天，因為見到大家這樣努力，有這樣的成就，我也一樣的高興，所以給各位講幾句話。謝謝各位。

（一九九〇年四月二十三日王惕吾董事長第二次訪泰世致詞）

十年回首笑談間

自一九八五年底，我從台北被派來泰接辦經營「泰世」，轉瞬已進入第十年。猶記得九年前十二月十八日，在當年完全沒有冷氣、設備簡陋的「泰世」，編輯部大廳召開第一次全體員工大會的情景，九年後的今天，「泰世」在各方面已有長足的進展，回首來時路，竟若笑談間。

接辦九年　廣獲肯定

「泰世」這九年來的發展，印證了聯合報系「正派辦報」的方針和超然的言論立場，已獲得泰華廣大讀者的肯定。同時，因為由於「泰世」的變革和振興，也帶動了泰華文報同業的發展，形成今天七家華文報即共榮又競爭的局面。

細想「泰世」這九年來的發展，追本溯源，大家要了解，聯合報系人力和財力支援，才是帶動「泰世」的原動力。回顧過去九年的成就，從「泰世」編排電腦化的工作進行順利，是跨出邁向電腦化重要的第一步。同時增購精密分色設備，開創泰華文報首家全面彩色化，從報紙發行數量的增加，和讀者的反應中，證實普獲好評。

王董事長必成暨夫人張寶琴訪泰。

同時，在一九九三年六月，正式啟用台泰衛星傳版，國際政經新聞版改由台北成立辦事處編製，不但可利用台北報系龐大資訊網和充分人力，更迅速地將世界各地的新聞提供給讀者，提升「泰世」的內容品質，也彌補了當前「泰世」編採人力的缺乏。去年中，增購新印報機，加強印報能量，即一次可印十二大張報，有助於紓解發行出報的壓力。

「泰世」的改進，從硬體的設備增置到報紙的內容，編務多次改進，講求「本土化」是一份真正的、屬於泰國或東南亞的中文報紙。最近又增加「星期特刊」，豐實了「泰世」星期天報紙的可讀性，有助於發行及廣告的爭取。

發行突破　廣告劇增

「泰世」發行量迭有突破，較前年成長百分之五，根據調查我們發行量佔全泰華文報約百分之廿七，列居首位；其中發行量超過百分之廿者有兩家，百分之十五以下者兩家，約百分之十者兩家。不過，我們不能以此為滿足，更要向東南亞區域性報紙發展，更積極地將「泰世」推銷往柬埔寨、寮國和越南。

被視為報社重要收入的廣告業務也有突破。尤其可貴的是「泰世」已完全脫離昔日僑報所謂「靠人情廣告」維持的窘境，泰世工商業廣告佔百分之八十五以上，僑社應酬廣告佔不到百分之十。

「泰世」過去九年來，以報社的影響力，致力於社會慈善工作，包括救助泰北孤兒，興建回莫「自強之家」房舍，協助成立泰北教育基金和多宗困貧者個案救濟，均獲得社會人士之支持和響應，這不但是報社對社會的一種回饋，也證明「泰世」獲得大家的信賴。

有些問題　不容忽視

無可諱言發行業務正面臨瓶頸，有待突破。發行部同仁必須落實發行工作，檢討曼谷市臨近各府縣台商區的送報。因為仍然常聽到不少訂戶埋怨沒有收到報紙，和無法買到報紙情事。對東南亞各國區域報的開發、推廣展、追蹤工作也有待努力，儘管存在的障礙不少。廣告方面，除了堅持拓展工商業廣告外，尚待突破的是要打入泰國本土工商業界，擴大廣告層面，爭取更大的利潤。

至於，有人批評我們是「臺灣報」，台泰編輯同仁必須要體認，我們要辦的是一份真正的泰國的中文報紙，因此在新聞處理和言論論述上，應有所堅持，也要有一定的分寸。

編採人才的培養，新陳代謝是不可逃避的現實，面對當前華文報人才青黃不接的情勢，我會在社論中建議泰國華僑崇聖大學，設立新聞等相關科系，「泰世」將提供五至十名學生建教合作的名額，學成後來報社服務。至於目前「泰世」的編輯同仁在泰華各報中，仍屬年輕的一群，這也是報社從一開始接辦時，即鑑於年輕編採人員的缺乏，以「土法煉鋼」的方法培訓的。因此，發掘新人和培育新血仍是重要的工作。我也期勉同仁們要不斷進修，提升自己的知識和能力，與時俱進，將工作做得更好。

新的一年　努力目標

老實說，我也認為同仁的凝聚力也不夠，常因為不能團結以致減低了工作效益，新一年度各部門可考慮設置「立即獎」，即由各部門主任保荐對有優異表現的同仁，做適當的獎勵。各部同仁也不妨定期餐敘，費用可向社方報銷，同仁有婚喪、喜慶、病痛應互加祝賀慰問，都有助增進感情，加強對報社的向心力。

至於迎接第十年努力的目標。在編務方面：一、必須落實辦泰國中文報的目標，即強化本土化，增加本地色彩。二、全面檢討現有各版內容。三、強化泰國新聞各版。四、從專案採訪著手，推動採訪工作，以跳脫新聞完全譯自泰、英文報的窠臼。

在業務方面要落實發行工作，檢討漏送、慢送的各種弊病。而開發新訂戶和發展東南亞鄰國區域報也是重點工作。

廣告方面要全力突破，進入泰、英文機構，爭取更多樣化的廣告。

在財務賬務的管理，宜推動電腦自動化；同時希望透過行政管理，增加工作效率。

進入一九九五年，是接辦第十年，也是「泰世」創刊四十週年，計劃擴大慶祝。所以全體同仁要協力辦好四十週年社慶活動。

四十大慶　系列活動

「泰世」創刊四十週年社慶活動從九四年十二月起至九五年七月，連續推動：一、與泰國國家畫廊聯合主辦「臺灣現代畫展」。已在九四年十二月八日起至卅日舉行，頗獲好評。二、與泰國中華會館聯合主辦學術演講一至二場，第一場計劃在九五年三月十八日邀請高希均教授來泰主講。三、與台北中國青年寫作協會聯合主辦「泰華青年文藝營」，同時擴大舉

中國文協團訪泰，趙玉明（前排右五）獲贈海外文藝獎章。

辦「泰世」湄南河版副刊作家聯歡。日期預定在九五年五月。四、與泰國臺灣商會聯合主辦「台商產品展」，預定地點在清邁府，九五年六、七月舉行。五、發行有獎促銷活動。九五年一月起推動。六、舉辦「我看《世界日報》」徵文，預定九五年四月收件，六月截止，七月揭曉。七、擴大四十週年社慶酒會。預定在九五年七月廿六日，擬邀一千五百多人參加，暫定敦請泰國國會主席瑪律、副總理沙瑪為貴賓，領導主持慶典儀式。

為配合四十年社慶，計劃編印「泰世」副刊作品選集第二輯《收穫的季節》、《泰世這十年》和《今天的世界日報》三本紀念書刊。可做為贈送酒會貴賓禮品。所有社內同人將人人有獎及表揚績優同仁獎勵。

「泰世」進入第十年，對結構制度化，全面發展表示欣慰。今後「泰世」可在編輯部、言論部、業務部正規結構下，明確分工，擺脫過去社長一人一把抓的現象。同時我們也要逐級授權，分層負責、協調合作，在「正派辦報」的理念下將「泰世」做得更好。最後，很感謝各級主管一年來的辛勞和合作。

（一九九四年十二月二十三日泰世年終工作檢討會致詞）

經歷一次泰國政變

泰國政變多！幾乎是大家默認的事實，來泰國工作和投資的人，在決定行動之前，不免都會聯想到泰國的政變，無形中在每個人的心裡，留下一些化解不開的陰影。

第十九次政變

我來泰國已五年三個月，就像一瞬的事，在我來之前幾年，發生過一次政變，沒有成功，從人們口中常談論這次政變的種種，在新聞處理上也常碰到一些涉及那次政變，印象最深的是政變領袖獲釋，而且恢復了軍管，還在稍後正常升級。泰國從一九三二年起，到我來之前，共發生了十八次政變，九次成功，九次失敗。

儘管政變讓人怕，像我這樣的外來人，在泰國住這麼久，沒有經歷一次政變，好像白來了泰國。尤其晚間在編輯台閒著的時刻，總會談起政變，包括嚴厲的新聞管制、報社負責人要拿編報大樣到政變團去報到，不小心報社就會關門，早些年有一次政變，全部中文報都關了，只有《世界日報》，碩果僅存，成了「獨霸天」。儘管如此，在我心裡常認為在泰國長住，總有一天會碰上政變，在心裡也勾劃了一套應變的辦法。

果不然，第十九次政變，終於發生了，是一次不流血而快速成功的政變。

一切毫無預感

一九九一年二月二十三日，星期六。

我從台北回來，忙著早先計劃的改版，多次會商和聯繫，確定二月十八日，按辦泰國《世界日報》邁向第六年的第一天進行，這一天是年初四，初三發稿是星期天，台北同仁是年假，泰國機關是休假，對增張改版不利，有同仁建議是不是延後幾天，我因決心已定，不同意更改，只有大家年前多忙一陣，預為安排。緊接是過年，休假三天，也沒有閒著，加上我在台北，一陣狂風吹過，蒙各位好友，報內報外，賜宴多多，我本不甘寂寞，在臺灣「積酒」雖未「成疾」，總是一個累字了得。幸而粗體健朗，無礙大局，而且忙慣了，越忙越有勁，也感謝同仁的合力，改版就是在如此情形下，順利完成，起初五天，天天商討，很快也就納入正規了。

二十三日是我回泰後第一次休假，週末假日，未及登記，我一早去闖高爾夫球場碰運氣，離家最近的鐵路球場有大比賽，又趕到陸軍球場，第一球場也有比賽，我在第二球場巧遇三位泰國年輕球友，他們已有登記，邀我同組，球場打球的人多，都沉迷在自我的歡樂中。

打完球回家，經過接近機場的高速路，各型車輛穿行，素坤逸路行人湧現，龍馬大酒店、國際大飯店中外旅客進出如常，我家附近的羅賓遜百貨公司，更是人潮壅塞，我到家也一切如常。不久代表處的張紹民將軍來電說發生政變，而後各方消息傳進，證實發動政變的「國家安全會」已掌握大局，國務總理察猜上將，副總理前軍事強人阿提上將被捕，打開電視，響起嘹亮的進行曲，不同階級的軍官輪流在螢幕報告或宣讀文件，可惜我不懂泰文，找來女傭和司機，也不過知道一個大概。

我立即趕往報社，一上車我興起探索的慾望，叫司機在街上多轉幾圈。沿路的情況和往常一樣，中央百貨、SOGO行人川流不息，四面佛前擠滿了善男信女，沙炎中心（如台北西門町）熱鬧如昔，著名的華人街耀華力市區一點也看不出異樣，各型公車穿行無阻，只有公安局前大門緊閉，軍警多人荷槍戒備，這才使我回想在球場回程路上，經過一處軍營的景象，多輛軍車裝滿士兵，四五輛坦克，砲口分向四週，刁斗森嚴。稍後，我在報社近鄰國防部附近也看到幾輛坦克和一些武裝士兵活動，除了這些軍事活動，我看不出與平常有什麼不同。

決定因應原則

到了報社，先到泰聞組了解情況，蘇主任美泉、馬副主任振英、劉通銀、李森發諸位都忙著看電視，聽廣播，政變團的公報、聲明和佈告不斷播出，馬振英決定做完整的錄音，以便深入的了解政變的狀況和發展。

而後向饒顧問迪華兄請教過去因應政變的經驗，他在泰國三十多年，歷經過多次政變；與過去政變團的要求，報社總編輯和社長限令向指定的地點報到，攜帶當天出版報紙的大樣，聽候發落，出版或停刊全在革命團的一句話，經他這一說，倒增加了我幾分緊張。正在這時候，袁總經理問出不出號外，依饒先生的說法，明天能否出報，還是未定之天，自然更談不上號外，當即決定，一切求穩，不出花樣：

一、一切政變（泰國人叫變政）新聞，全依國家安全委員會發佈的公報、聲明和佈告為準，直接譯述，不另加分析。

二、不作評論和其他反應。

三、標題力求平實。

在新聞處理上，所有政變新聞，由我親自整理發稿。饒顧問迪華兄協助泰聞組，並綜合各項公報、聲明、佈告，寫一條綜合報導作為一版頭題。梁顧問雪郎兄綜理外電，與黃主任應良合力處理波灣戰訊。

心理壓力很大

國家安全委員會（政變團）當天共發了二十個公報、兩項聲明和一個佈告，涉及十分廣泛，但也全面照顧，包括：一、接掌政權，以順通上將為主席，陸海空警四總為副主席；二、廢除憲法，解散國會、終止內閣一切權力；三、宣佈全國實施戒嚴，禁止民眾五人以上的政治集會；四、禁止軍警移動，一切遵守國安會主席發出的命令執行；五、效忠皇室，維護以泰皇為元首的民主政制；六、國安會執行國務院權利，總理權力屬國安會主席；七、國安會政務分工與執行政策，各部常務次長負責各部部務；八、嚴禁囤積居奇，民眾應保持安靜；九、各部常次、銀行負責人、報社主人與總編輯限時向國安會報到；十、新聞報導、廣播、電視播映需接受管制等，同時發佈第一份佈告，廣述接管政權的理由。

在下午的幾個小時內，接納如此多的規定和管制，心理壓力自然很大，甚至不知道明天會怎麼樣？

晚間，一切情況明朗之後，我打電話給副董事長必立先生，他正在醫院陪董事長，我託王夫人轉報政變的情況。

新聞管制規定

自然，我最最關心的是與報社關係最大的第十四公報，要求各報主人、社長、總編輯向國安會報到，聽取新聞報導及新聞管制的規定，包括：

一、請各家報社主人、社長、總編輯於二十四日上午八時三十分到陸軍署會議廳報到，聽取報導新聞的路線說明。

二、為使報刊的新聞報導在正確的基礎上不歪曲事實，請各家報刊攜帶對國家安全會有關新聞，每天上午十時向國安會祕書長呈報，一經批准後，始可刊登報道。

三、國安會每天上午八時三十分，安排新聞發佈會，請各報刊合作前來聽取新聞發佈或接領新聞發佈文件，自二十四日開始，每天到陸軍署會議廳領取。（後來下午三點半還有一次記者會）

四、未經國安會檢查的新聞，國安會將依序審議處罰，其步驟為：第一次停刊三天，第二次停刊七天，第三次永遠封閉，直到政變會命令為止。

這些突然的管制規定，使人窒息，單是上午十時送審國安會新聞就辦不到，而且罰則也重，稍一不慎，報社的「生存」也受威脅，但管制規定都在二十四日上午八時三十分以後，當天是二十三號，也就是二十三日發稿二十四日見報的新聞怎作？必須要有果斷的決定。

照編照排照印

我的處置是：照編、照排、照印，萬一深夜另有規定或限制，大不了不發出去。稍後由袁總經理和饒顧問分別與中文報同業取得默契，大家「有志一同」。

二十三是星期六，見報當天是星期天，泰世長期以來，星期天出《世界週報》，日出三或四大張（友報均兩張），實際上是《世界日報》星期版，卻另有報眉，過去有讀者反映過，但沿襲了一千三百多期，也就沒有改動。

現在政變後要送檢，我擔心如果送的是《世界週報》，經認可登記，萬一再出《世界日報》不獲承認，豈不壞事，立即決定從本週起改用《世界日報》報眉，將週刊期號加進日刊的期號，為總期號，從星期天的報，就名幅其實的是《世界日報》星期版。（是一變革，值得一提。）

世界日報
THE UNIVERSAL DAILY NEWS
軍事政變成功 察猜政府推翻
國家安全會接掌政權
由順通上將担任主席
陸海空警四總為副主席
國安委會決定廢除憲法
解散國會終止內閣權力
國務院長權力歸屬國安會主席
國安委會正式宣告
泰國外交政策不變
保障各國使領館安全
宣佈全國實施戒嚴
禁止民眾政治集會

政變第二天世報第一版。

既然決定出報，政變是大事，在不違背規定的原則下，作突出而重點的處理，使用第一版一半（另一半是戰訊）和第二版全版，將二十個公報、兩則聲明和一個佈告，全部譯出後，依性質分類，配上照片，綜合製題，當天只印一輪，時間較充裕，報面上做得十分完整，第二天一早，看各家華文報，平實比較，我們做得最好，自己也很高興，但真正高興的，是這一天的報紙終於都送出去了，順利的過了第一天。

前往軍方報到

二十四日早上七點三十分，依約去接總編輯黃根和兄，趕到報館，與泰聞組馬副主任振英會合，他是「備用翻譯」。大家不免有些緊張。（司機小楊，昨天留在報館，晚間住在我家，我的西裝和領帶都掛在車上，隨時準備接受傳喚，真還有些緊張。）

在車上，我向根和簡要說明國安會公報、聲明、佈告的內容，和我們處理的方式，強調完全緊守規定，直接譯刊國安會的各項文件內容，我自己還作了一份小抄，記下各份公報的要點，以備軍方詢問的需要。根和平日事業忙，他的編務事由梁顧問雪郎兄在我和饒迪華兄的協力下執行，想不到根和第一次正式執行職務，卻是向政變團報到，不免為他多擔一份心事。

八點十分提前到了陸軍署，泰文、英文和華文報的負責人和總編輯，都從各方趕來，本地和國際採訪同業，也湧到了陸軍會議廳，一個個表情凝重向報到處簽名報到，也有新聞官介紹開會注意事項。稍後，陸軍勤務士兵為大家送來一杯熱咖啡和一些小點心，我享用這一頓「變政早餐」時，內心承受一種友善的預感，但仍有難免釋懷的不安。

準八時三十分，我們被引導進入陸軍會議大廳，大約有兩百人，我們座位在靠前排，對面有三排座位，已坐滿陸軍將校，星光閃爍，兩旁站滿服裝整齊的軍官，會場十分嚴肅，一直到政變副領袖、陸軍總司令素真拉上將進場，後面湧進大群記者，鎂光燈閃閃，電視記者的強烈燈光照來，隨著是嘈雜人聲，會場空氣，始稍有轉換。

意外傳來喜訊

素真拉上將開始說話，他一下就掌握會場的心理，揭開了每個人心中最沉悶的話題：「我想你們最關心自己，國安會為了體諒你們事實上的困難，新聞報導不必事前送審，尊重自由處理新聞原則，希望與我們合作，多作建設性的報導，如不加節制，根據有關規定，是要停刊三天、停刊七天、或者永遠停刊的！……」

他面露笑容，這麼一說，會場的每一個人，都如獲重釋，新聞管制改成「自我約束」，也就是只要不和國安會作對，就可以和往常一樣，正常出版，也算是意外的「喜訊」。

而後他向新聞界說明政變的理由，接掌政權的措施，恢復秩序的步驟，以及維護君主立憲、民主政制的努力和決心，並且廣泛的徵詢發言，也許是素真拉平實和諧的簡報，加上愉快友善的表情，給會場轉換了空氣，大家發言十分踴躍，素真拉也一一回答，他的風趣和直率，使人留下深刻的印象。他的新聞簡報，如同一個記者會的現場，這次簡報作了實況錄影，在電視台播出，一位元老政治家，看過電視後公開發表談話，他說單看這次新聞簡報，他認為素真拉上將有擔任總理的才具，可見素真拉這次露面，獲得多大的好評。

在陸軍署將近兩個小時，我和根和，感受自然也很深，帶著緊張疑慮而來，又能輕鬆平安回去，實在出乎意料之外。我拉著他在陸軍會議廳外，攝影留念，終覺不虛此行。

到晚間，解除新聞管制的公報也發出來了，廣播和電視的限制也同時取消。當晚我以「素真拉上將的新聞簡報」為題，寫了社論，呼籲社會大眾，投資市場、工商活動，都能一切照常，作為對國安會呼籲的回應，促成社會早日恢復秩序，局勢及早穩定。

我又將這兩天的發展，向副董事長必立先生電話報告，承他關切，十分感謝。

這次政變國際反應，並非很好，歐市、美國、日本、紐西蘭都有不同程度的反彈，對政局的影響不小；中共駐泰大使李世淳是第一個會見政變領袖順通上將的使節，向國安會第一個表示「承認」，中共是前總理察猜的「政治老搭檔」，如此首先表態，不知察猜獲悉，心中是什麼滋味。

儘管外在有壓力，國安會對規劃恢復施政運作，維護社會安寧，卻在不斷的努力，而且有明確的決策：

一、泰皇下令任命順通上將為國家安全會主席，這是歷次政變從來沒有過的事，而且在「聖旨」上，寫明「察猜政府不得人心」，等於肯定了軍事政變的「效力」。

二、成立國策委員會，組成龐大文人顧問團、分軍事、政治外交、財政經濟、科技能源、社會心理五組，顧問團成員都是一時上選，增強人民對國安會的信心。

三、草擬臨時憲法，將成立臨時政府，再制訂新憲法，以早日還政於民。

四、全面調查貪汙，公佈二十二位原有閣員名單，指令接受肅貪委員會調查。

五、各部常次負責推動政務，原有各部會的有關委員會，如投資審查會等，繼續工作，使政務正常運作。

六、宣告外交政策不變，已由外次訓令泰駐各國使節，向駐在國說明國安會接掌政權後，依照已有條約和協定，嚴格維護權利與義務。

七、各政黨准許存在，但暫時停止活動，新憲法制訂後，舉行全國大選，產生民選政府。

這一系列的安排，在接掌政權不過幾天之間，依泰國慢習慣，已算驚人的效率，發展如何，自然是有待事實證明。

一次難忘經歷

來泰國五年多，終於經歷了一次泰國式的政變，對我來說，等於修了一堂泰國政治學，我真有些「懂」泰國的政治了。

過去，在多次場合討論台商投資風險的時候，我總認為泰國民智漸開，民主政制漸具規模，前些年連續兩次政變失敗，今後發生政變的可能性很小；現在我深一層的了解，在泰國還有許多特有的因素，可能是形成政變的基因，民主政治被濫用，嚴重的賄選成為貪汙的本源，內閣由民代產生，民代而自成一個「階級」，權力擴張，使泰國立國最具根基的常務官制度，大受摧殘。加上政黨制度不健全，多黨爭雄，無法產生過半數的執政黨，多年來五黨或七黨聯合執政，意見分歧，各行其是。在如此情況下，軍事接掌政權，在民間反而阻力不很大，甚至某一些老政治家對民主灰心，而認同了軍事政變！

有人說，來泰國久住，沒有歷經政變，等於白來。但我現在的想法，政變也沒有什麼，泰國式的政變，不流血的！只要宣示擁護泰皇，有效控制拘捕被革命的某一群，沒有或不使用武力對抗，幾乎沒有不成功的道理，接掌政權之後，面奏泰皇請求恕罪，皇上諭可，立即可以重組政權，如此而已。問題是以後的作為如何，若干時日以後，會不會自己又成為被革命對象，這也全看自己！

但不管怎麼樣，這次政變的經歷，使人難忘！

（原載《聯合報系月刊》一九九一年四月號）

進入主流社會的努力

到曼谷辦報，辦泰國的中文報，必須要進入泰國社會，了解泰國、認識泰國。中文報業在曼谷很多年，發展都不是很好，甚至有人悲觀的說，到某個時期中文報可能就會消失，我到曼谷初期，還真有泰國記者問我：「泰國中文報有沒有明天」。我不以為然，這個討論也不是從今天開始，憂慮歸憂慮，華文報照樣「此落彼起」，更因為台北聯合報系的投入，帶動了改革，華文熱也使華文報熱絡起來。

華文報進入泰國主流社會不容易，也是一個供需問題，我到曼谷，所有活動從台商、僑團、各地來泰的華人做起，尤其是來自中國大陸「新客戶」，他們在內地看不臺灣的消息，也不了解世界大勢，我們報紙的內容，最能滿足他們的需求，這是穩定發展的第一步。

進入主流社會從僑界開始

後來，全力參與僑國的大小活動，泰國有九個大僑團，就是九屬會館，包括潮州、廣肇、客屬、海南、廣西、雲南、臺灣、福建、江浙九個大會館，前八個是屬區很明顯，其他各省山東、河北、江浙，都屬江浙會館。還有幾個特別的大團體，一是泰華總商會，是大企業組成團體，一個是中華會館，孫中山先生創立的，與國民黨和政府有很好的連繫，還一個介壽堂慈善會，早年華僑捐建為蔣老先生祝壽的大會堂，現在已不能使用，發展成一個慈善團體。此外，同鄉會、宗親會、同學會等大小幾百個，所以進入泰國主流之前，要進入自己人的社會，對進入主流社會有很大的幫助。主動參與也很累人，但對業務、報份、乃至主辦活動，卻是大助力。我常向人叫苦，應酬太多，車上放兩條領帶，一條紅的、一條藍的，有時候在同時段，要跑喜宴，又要趕悼祭，有時候晚飯都吃不成，又非如此不可。

大僑團辦活動，自然有泰國政府大官員參加，可以藉參與的機會留些印象，移民署、警署、民聯廳、各泰國新聞傳媒，慢慢熟悉起來。當然主要是兩岸外交代表，台北代表處是「自己人」，也得保持良好的關係。中國大使館也需要保持接觸，新聞秘書、僑務參贊、而至公使大使，都得接觸。剛來的那時候，大使館有事都不請《世界日報》，僑領看不到我，都問「社長、大使館的會你沒有去」，我告訴他們：「大使館沒有請我」，他們問：「如果請你，你會去嗎？」我公開告訴他們：「我為什麼不去？」大概有人傳話，沒多久是

會見僑界及新聞界前輩，左五為銀行家鄭午樓博士，右五泰華教育家許善楨先生。

「十一」，給了我兩張請柬，一張出席大會，一張是大使歡宴，我如約而至，叫司機把車開到正大門，我下車直入，公使大使趕來歡迎，不是擺譜，是一個出場的方式，大大方方表示「我來了」，這是趣事一樁。從此，與他們的公使、武官、參贊、新聞秘書很多年輕朋友有交往，臺灣有大新聞，他們都來找我，希望我「背景說明」，尤其陳水扁執政那段日子，他們最常與我見面，找我「要真相」。不知怎麼一回事，好像是他們有人調動、不明就裡，有一天《世界日報》登了一條陳水扁的新聞，他們認為「有台獨傾向」，竟然發了一個通稿分送其他各華文報，要《世界日報》「與台獨劃清界限」，真是怪事，對我也是大事，對以「正派辦報」為理念的聯合報系，更是不能忍受的，他敢發通稿叫陣，我立即「社論」回應，強調聯合報系「正派辦報」的超然立場，對使館妄顧事實，發通稿指名攻擊表示嚴重抗議，公開宣示「曼谷的天空是藍的」，不容汙衊、不容踰越，更不容在自由民主的泰國社會，發生如此不幸事件。可能有人指點，所幸沒有造成大誤會，事件平息，也對我後來與使館人員的接觸，沒有什麼影響。

曼谷辦報兩個關心話題

到曼谷辦報，最直接涉及兩個課題，一個華文教育的推廣、一個泰華作家寫作水平的提升，這兩件事，我認為是大事，是必須面對的兩個問題，是必須解決兩件大事。

那個時期，華文教育已成僑社的一個重要問題，本來曼谷早年華文中小學很多，現在不甚景氣，泰北、泰南華文學校較多，有些規模不錯。大曼谷華教開始受重視，中華會館開辦語言中心，台商國際學校開始創設，華文補習班也多起來，當時中華語文中心大樓興建、國際學校開辦、潮州會館辦教師獎助、雲南會館籌設泰北獎學金，都希望《世界日報》捐助，我也認為需要參與，可是接辦後仍在大虧損，實在有心無力，最後決定捐中華語文中心一百萬銖、中華國際學校五十萬銖、泰北獎學金三十萬銖、潮館教師獎勵金二十萬銖、兩百萬銖錢不算多，但有倡導作用。我一直認為推廣華教、等於培養閱報人口，懂中文的人多，讀者

捐助中華語文中心教學大樓，趙玉明獲邀參與安釘大禮。

捐建回莫「自強之家」，前往泰北剪彩。

日增，對報業成長，有直接效應。後來還為泰北文教基金，在臺灣、在泰國發起捐款，得到近千萬銖的捐助，後來一位華僑李光天，捐助為其夫人楊蔭華辦理獎學金，促成加快泰北文教基金會的成立，按時發放中小學獎助學金。

再就是辦文藝活動，由副刊作者聯誼會，到文學演講會，再辦文藝營、文藝季，促成泰華文藝協會的成立，我一直主張泰華作家大聯合，泰華當時有寫作人協會，泰商文友會等等，早年兩岸對立，作者也會選邊站，現在兩岸和平發展，在海外寫文章，還分什麼。多次亞洲華文作協、世界華文作協，在泰集會，我主張都邀約與會，共襄盛舉。

我也應泰華報人基金會之請，擔任「高級顧問」，有機會隨團赴大陸訪問，包括北京、天津、汕頭、廣州多次參訪，也先後赴長沙、南昌、武漢參加兩年一次世界華文報業論壇，有機會見到各省市的領導，包括李瑞環在內的多位政治局委員、新聞機構的首長，還參加在昆明舉辦的「東協媒體論」。在武漢世界媒體論壇那次，還受邀代表全球同業在開幕禮上致賀詞，以「交流的平台、合作的長橋」，對全球中文報同業表達看法和建議。（致詞全文附刊本文之後）

另一方面，我也參加了世界中文報業協會的活動，由香港報人胡仙女士、台北王惕吾先生倡導，分別擔任會長、副會長，我是泰國理事，每年在香港開理事會，輪流在台北、吉隆坡、印尼、新加坡、香港舉行年會。我都應邀出席，還在泰國舉辦過第廿四屆年會，擔任大會主席，邀各報負責人任籌備委員，以泰國小格局，辦這麼大活動，有近四百人參加的盛會，很難得，但藉開會外訪，我有機會接觸到各國政要，包括新加坡總統、馬來西亞元首、各國報業領袖。

還有，大陸高層人士訪泰特別多，各地報業訪問團，《世界日報》為他們必到，提問也特別多，大陸貴賓訪泰，報人基金會有歡宴，總邀我作陪，有些客人還邀我到酒店細談，如四川省長、重慶市蕭秧，兩次來泰都和我長談兩小時以上，他問我台北新情勢，我問他大陸的動向，後來他組中華文化促進會，還邀為我海外發起人，我記得他給我身分是「海外華僑報人」。

用主動參與打開新局面

在這許多對外接觸與交往中，自然涉及與泰國人士的交往，局面也自然會打開，報社以主動參與，支持泰國政府舉辦的大型活動，如泰國旅遊業立體發表會，為「觀光泰國年」揭開序幕，又如「婦女精緻生活發表會」，獲國際崇她社的支持；又如呼應副總理兼內政部長巴曼上將的計劃，發動台商捐獻，促成「携手同心緣化東北慈善活動」，作為台商與政府合作的橋梁；更如促進外來投資，協辦台商來泰投資說明會，舉辦泰華企業現代化座談，泰國經濟發展社會發展新趨勢座談、泰國社會變遷與華人角色座談，參與「中山講座」、「名人講座」、支持華人文教活動等等，並經常發動救助水災、風災與貧病孤苦的救助活動；同時每年編印工商名錄、農民曆、各種特刊，其中「新世紀的展望」，請到六位大黨魁挽限、乃川、塔信、操哇立，都是總經理級大人物。四十週年慶，請由國會主席瑪律、副總理沙瑪主持，五十年慶請來前總理乃川主持，說明我們進入主流社會的努力，獲得支持。每逢大選，各黨黨魁訪問華人選區，世報是必訪之地，達塔、針隆、操哇立都多次到過我的辦公室，察猜上將、巴曼上將、阿南總理、許多大人物都有見面的機會，前述「協助東北慈善活動」，請來皇儲妃主持，她還在會上頒發慈善獎章給我，內人也代表報社呈獻臺灣製造的小型電子琴，給年僅十歲的小公主做禮物。

卅年努力已成泰華主流報紙

我交卸社長職務以後，每年還要到泰國幾次，我發現繼任社長的黃根和兄，因為懂泰文，在泰國生長，得地利、人和之便，進入主流社會，與各方十分交好，我認為已不是如何進入主流社會，而是《世界日報》已是泰國華人的主流報紙，真正的「泰國中文報」。

（二〇一五年六月完稿）

〈附記〉

交流的平台・合作的長橋

——武漢第三屆世界華文媒體論壇大會上致詞

大會主席、中新社劉社長、各位貴賓、各位同業先進、各位朋友：

世界華文媒體論壇，總結了南京、長沙的成功經驗，今天第三屆大會在武漢開幕，來自全球五大洲三十多國家和地區、以及國內各地四百多位同業參加盛會，我以一個在臺灣、泰國、印尼工作三十多年退休報人，能代表海外同業講話，深感榮幸，首先代表大家對中新社推動華文媒體論壇表示敬意，對武漢各界協力主辦表示感謝，對這次論壇的成功召開，表示衷心的祝願。

今年論壇的主題是：「全球『中文熱』中的海外媒體」，是一個很值得討論的話題，更是中國和平崛起後全世界正視的話題，對海外媒體而言，更是切身感受和面對挑戰的問題。海外華文媒體，因為地區不同、環境不一、發展情況也不一樣，先進國家和華文人口多的地區，發展條件好一些，成長就快一些，比較落後或華文教育受限制的地區，相對的生存發展條件就差一些，這種情況在東南亞泰國、印尼等地，更為顯著，華文媒體發展成大規模企業的可能性也比較小，當然也有例外，以美國《世界日報》為例，她已成美洲的主流報紙，在全美排在前五十名之內，成為一個典範。而一直保持榮面的臺灣、香港及馬來西亞的媒體，都面臨營收的挑戰，飽受壓力。

不過最近十多年來，由於科技發明，網際網路的時代來臨，對媒體衝擊很大，對弱勢地區的媒體幫助更大。我個人有過親身的經歷，二十年前我代表聯合報系接辦泰國《世界日報》，人才缺乏，新聞資料取得不易，全賴台北人力支援，新聞資訊靠傳真和電話報播，費時費力，時效性也差。後來拜電子高速傳輸之賜，採用衛星整版傳真，也抓聯合新聞網，整個版面改觀，彩色印刷精美，經營也取得良好收益。二〇〇一年我創辦印尼《世界日報》也採用這種整版傳真模式，機器到位，裝機試版，僅僅三十八天，《世界日報》出報當天，五大張廿個版，就順利發行。目前泰國《亞洲日報》與香港《文滙報》合作，其他報紙與汕頭、廣州、海南各地的媒體合作，也都是採用衛星傳真或網路傳訊。

這些年，我多次參觀北京《人民日報》、《光明日報》、《天津日報》、《天津晚報》、《廣州日報》、《南方日報》、《華城晚報》、《汕頭日報》以及多家電視台，發現大陸媒體的快速成長，一日千里，硬體軟體同步發展，新聞編採即時規劃，新聞寫作也很進步，實用性和可讀性大幅提升，而且都開設新聞網，我想，新聞主體機構又發展關係企業務收益激增，都可「以報養報」，早已擺脫補貼時代，更有能力支援海外。我想，如果能透過中新社華文媒體論壇這座橋，更有效的促成海內外媒體交流合作，從網站抓稿，甚至整版傳真，已是十分捷便的事，從這個角度深入發展，則海內外華文媒體新聞資料共用，重要文稿共享，乃甚至業務發展合作，都是切實可行，而且立即有效的。這也是全球「中國熱」

海外媒體一條發展捷徑，對真實、客觀、準確地發展中國新聞也是有助益的，同時海外媒體也可真實、客觀、準確地反映僑情和國際情況，向國內同業作出無私的回饋。

還有一個喜訊，全球「中國熱」，也鼓動了華文教育熱，每處傳媒一定要把握機緣，做華教的參與者與推動者，目前北京在海外各地普設孔子學院，臺灣也在各地辦台北學校，過去限制華文教學的國家和地區，華文民校、華語中心和華語補習班，都普遍設立，一些大學也開設中文系和先修班，華文文學團體也紛紛出現，作家出版華文書很受歡迎，有些書店出售大陸、臺灣、香港圖書，各種政論雜誌也隨時可以買到，我認為這是大好事，媒體參與華文教育、文學活動，對本身的成長發展、對推廣中華文化，都有直接的影響。今天的學生，就是明天的讀者，長期的耕耘下去，中國熱就不會降溫，海外媒體的發展空間就會更擴大。我也不能不提一個小小的忠告，華文媒體在別人的國家求生存發展，國內甚至企業走出去投資，都要適度為本土盡力，有些事要順其自然，不可強求，不可熱過頭，更要避免喧賓奪主，圓融美滿，自然皆大歡喜。

中新社劉社長說，哪裡有海水，哪裡就有華人，中新社不斷追蹤這個源頭，給海內外華文媒體搭建了一個交流平台，而且盡心盡力的提供完美服務，所以，我們還是要再謝謝中新社，也祝福到會的同業朋友進步、快樂，大會圓滿成功。謝謝！

媒體能為兩岸做些什麼

——中文媒體「兩岸關係發展研討會」綜合報告

中文媒體關心兩岸關係的發展，是一件好事，泰華報人公益基金會辦這樣一個研討會，更是一件好事。泰華報人公益基金會是一個民間團體，成立已經廿七年，是一個報人公益團體，辦理泰華報人急難救助慰問，報人子女就學獎助，近年也辦理新聞同業接待，組團赴中國各地參訪。早在四年前已故主席陳世賢曾倡議，邀請大陸、臺灣、香港、澳門的學者、專業人員和媒體負責人，在泰國辦一個大型的兩岸問題學術研討會，會期三天，以開闊開放的態度，認真深入討論兩岸所面臨的重大問題，集思廣益，提供兩岸當局參考，請我幫忙規劃，後來兩岸情勢變化，未能舉辦。現任主席陳鄭伊梨女士，未忘陳主席遺願，邀請中文媒體對兩岸關係發展舉行一次研討會，規模小一點，邀四地媒體人士共襄盛舉，蒙四地媒體人熱烈迴響，使研討會如期舉行，對四地同業赴會，表示歡迎與感謝。

七位同業演講涉及廣泛

聽了七位同業的演講，內容充實，也涉及廣泛，要我綜合報告，等於是一場臨場考試，也是考驗，十分緊張，說得不對的地方，請多指教。

北京《人民日報》鄭固固先生，以「連宋訪問大陸後兩岸關係」為重點，對連戰，宋楚瑜先後訪問大陸，兩岸媒體的全程報導，所獲致的回響，有詳實的說明。他認為連宋大陸行，至少有三項效益：一、創造了兩岸交流的新模式。二、打破了台獨偏狹的迷思。三、媒體全方位、大規格、長時的報導，突出媒體的功能，產生深遠的影響。

臺灣《中國時報》黃清龍先生，針對兩岸關係發展的未來，提出「和」與「合」的概念，和就是和平，合就是合作。他從北京訂定反分裂法的衝擊，許文龍事件的省思，到連宋訪問的成效，具體反應臺灣人民對兩岸關係的看法。他提出三點建議：一、北京要用心了解臺灣人民，二、創造兩岸統一的價值，三、重視中華民國存在的事實。

香港《文匯報》張晴雲先生演講，一開始就說，隨著新中國經濟的崛起，中國新聞事業出現飛躍的發展，臺灣在大陸貿易、投資，也增長了臺灣的經濟實力。他說，臺灣的出路在於同大陸經濟合作，臺灣的和平穩定，有賴於同大陸建立互相諒解、互相信任的關係。兩岸都是中國人，沒有什麼問題解決不了，只要有耐心地善意對話磋商，兩岸關係會取得突破性的發展。他強調，在這個發展過程中，臺灣同業可以起推動的作用；大陸同業也可以為兩岸

在兩岸關係發展研討會中作綜合報告。

互相信任和了解，作出貢獻，他對臺灣以「檢討兩岸媒體交流秩序及開發管理政策」為借口，聲稱暫緩《新華社》、《人民日報》在臺灣駐點採訪，不以為然。

兩岸報業面臨的機會與挑戰

臺灣《聯合報》社長王文杉先生，因事未能到會，他提了題為「兩岸報業面臨的機會與挑戰」的論文，由《聯合報》資深主編，現任泰國《世界日報》執行總編輯林信雄在會中宣讀，王社長以專業的精神，說明當前報業的發展情勢和變化，是機會，也是挑戰。他具體建議兩岸媒體加強合作，包括：一、兩岸新聞資源應可共享，二、兩岸互派記者的制度應該建立，三、兩岸媒體業務也應能夠合作。他的建議十分中肯，據我個人的了解，臺灣對大陸開放民辦報紙，臺灣媒體到大陸辦報，有高度的期待，有很長一段時間成為輿論熱門話題。

北京中新社夏春平先生強調，兩岸關係是全世界炎黃子孫最關心的話題，他認為兩岸交流與來往，大陸始終持積極態度，處處展現誠意，如春節包機，台商優惠，臺灣學生就讀，最近開放人民赴台旅遊，開放臺灣農產品水果進口，胡錦濤發表「胡四點」就是對台政策新思維。他列舉幾個重要數據，值得注意。一九九五至二〇〇四年，台胞到大陸累計達二千六百七十六萬九千人次，大陸赴台也有九十八萬人次，台商投資達三萬七千一百八十六個項目，共五百五十七點二億美元，兩岸間接貿易總額多達三千四百四十八億六千五百萬美元，大陸出口五百六十二億九千五百萬美元，進口三千八百八十五億七千萬美元，臺灣順差二千三百二十二億二千萬美元，對兩岸經濟依存關係，作了具體說明。最後，他認為台獨分裂勢力，將兩岸情勢引向緊張邊緣，十分不智，今天兩岸只有求和平、求穩定、求發展、才是正確的方向。

北京《光明日報》韓秀琪先生，從多角度分析，認為各方應「把握兩岸雙贏的最好機遇」，他從三方面提出看法：一、爆發戰爭的危機不能低估，二、兩岸和平統一是歷史必然，三、不要錯失雙贏的歷史機遇。他表示大家要關注潛在危機，其中涉及美國因素，日本因素，及中國威脅論與中國經濟威脅論出台的國際背景。其次他從中國天人合一的傳統文化，說明台商在大陸共榮共生，有經濟因素，更有文化因素，最後他說明北京制訂反分裂法的經過，認為反分裂法是和平之法，媒體應該詳加分析，使大家充分了解。

澳門劉耀光先生，代表《澳門日報》社長李鵬翥先生宣讀論文〈澳門媒體為兩岸交流合作所起的作用〉，強調台海兩岸的形勢和發展，值得全球華人熱切關心注意，他認為目前的情勢，臺灣如果能承認九二共識，回歸一中，立即開放兩岸三通，就可以化解危機，連宋訪問大陸與胡錦濤主席達成了許多共識，開通政黨交流的渠道，是一個新形勢，海外華文媒體應該扮演重要的角色。

半世紀兩岸情勢的變化

七位先生的演講，觸及多方面的問題，也觸及半世紀來兩岸情勢的變化，從這條起伏發展的弧形軌跡，我們發現今天的兩岸關係雖然不甚順暢，但比廿年的戰爭敵對、老死不相往來的嚴峻情況，已經好了很多。回顧這段歷史，我們必須感念兩個人，一個是蔣經國先生，一個是鄧小平先生。蔣經國晚年開放人民赴大陸探親，啟開了兩岸交流，廢止憲法勘亂臨時條款，開放報禁、黨禁，促成國家統一綱領的制定，使臺灣的大陸政策走出主要的一步。而鄧小平的開放改革政策，廿多年全面改變中國的面貌，走市場經濟道路，使中國迅速和平崛起。討論兩岸關係的發展，絕對不能忘記這兩位先生的歷史貢獻。

兩岸關係發展的一個關鍵問題，就是一個中國原則，北京一再表明，只要承認一個中國的原則，什麼問題都可以談。過去兩岸兩會多次事務性會談，都因為觸及一中原則，就談不下去，直到一九九二年兩岸在香港會議，提出「一個中國各自表述」的共同見解，一九九三年辜汪新加坡會談接受香港會議的見解，達成「各自表述」的共識。就是大家熟悉的「九二共識」，即大陸的一個中國是中華人民共和國，臺灣可以表述為中華民國。較早北京堅持一個中國，就是中華人民共和國，臺灣是中華人民共和國的一個省，對「各自表述」也未具體讓步。後來，北京因應情勢變化，將一個中國原則作了修正，提出「全世界只有一個中國，臺灣是中國的一部份，大陸也是中國的一部份」，對「九二共識」給予肯定。

可是在臺灣，李登輝執政十二年，提出兩國論，二〇〇〇年政黨輪替，訂有台獨黨綱的民進黨陳水扁，提出「一邊一國」，更與李登輝為精神領導的台聯黨唱和，喊出正名、制憲，二〇〇四年大選前，台獨聲浪激化，企圖走向法理台獨，兩岸關係陷於停頓。北京態度十分強硬，二〇〇四年五月七日，發表「五一七聲明」，接著「反分裂國家法」出台，為阻遏台獨分裂勢力，不排除用非和平手段，在北京，認為反分裂法中所訂「非和平手段」是最後手段，本意是促進兩岸和平。在臺灣則認為反分裂法是戰爭授權法，儘管沒有說明何種非和平手段，也沒有時間表，但畢竟是一個戰爭的陰影，不利兩岸和平的發展，臺灣當局至今未承諾一個中國原則，只承認有香港會議的見解，承認有「九二共識」，形成兩岸關係發展的僵局。

一個中國原則一而不統

一個中國原則的探討，受到海內外高級知識分子的高度重視，多年以來出現各種不同的解讀。著名的學者，也是臺灣著名意見領袖沈君山博士，在江澤民主政階段，曾多次訪北京，三度與江澤民單獨會見，暢談兩岸關係的現實與可能發展，這三次談話都有詳細記錄，江下台後，沈君山出版《浮生後記》，有個子題「一而不統」，總結他與江對話的精神，一是一個中國，不統是目前不具備統一的條件，兩岸都承認一個中國，急統沒有具體條件，急獨絕無可能，這可能是知識界的共同見解，可以解釋為「不獨不統、維持現狀」，頗符合臺灣的民意，美國也認同，北京也不反對。

連宋訪問大陸以後，開創了政黨協商的新格局，兩岸媒體的全程報導，產生積極的意義，連戰在北大的演講，暢談自由主義，宋楚瑜在清大演講，大談臺灣經驗，胡連會達成十點協議，胡宋會也達成共同意見，這種效應在臺灣島內的影響，必然很大，相信泛藍的各黨，也必有動作，而泛綠也必有所因應。目前在臺灣最熱門的話題，是會不會有一次「胡扁會」，由連宋的成功訪問，必然會挑動陳水扁的思維，他已迫不及待對胡扁會的期待，由於北京已挑明，只要承認一個中國原則，都歡迎來談，這是陳水扁的難題，不承認一中，自然不會有「胡扁會」，現在北京的球傳到了台北，陳水扁如何接球，只有他自己知道。

連宋成功訪問大陸回到臺灣之後，兩岸一中，九二共識，再度成為熱門話題，胡連、胡宋所達成的協議和見解，泛藍必然會努力實踐，可是在野黨必有力不從心，涉及公權力的兩岸協議，仍須要執政黨出面推動，臺灣農產品運銷大陸，大陸開放人民到臺灣旅遊，春節包機常態化，對臺灣學生的優惠，乃至送貓熊到臺灣，如何落實，仍需要泛藍持續努力。大家也明白，「胡四點」出台，對臺灣釋出的善意，臺灣朝野有必要認真看待。

這次研討會中，大家還關心兩個問題，一個美國和日本的態度，一個是民進黨的選擇，而且美國和日本的態度，影響民進黨的選擇，有人提醒台海爆發戰爭危機不能低估，也有人關切北京對臺灣採取非和平手段，美國和日本會不會武裝介入。儘管當年飛彈危機時，有美艦移動的訊息，但一般相信，美國不可能在台海出兵，美國國內反戰情緒高漲，越戰的教訓，阿富汗、伊拉克的經驗，中美戰略利益的考量，都說明美國不可能出兵，加以美國自克林頓到布希，都表明不支持臺灣獨立。日本跟著美國走，出兵的機率非常低，但北京如真對台用武，美國和日本都必十分關切，會對北京施壓，應有可能。

兩岸和平發展可著力處很多

至於臺灣真出現台獨建國，是一個假設性的話題，目前泛綠內部確有一小股急獨的勢力，應不足為慮，泛綠內部反對急統的人，仍佔相當比例。近廿多年來，泛綠在所有選舉中基本票，都是百分之三十多，因個別的或特殊的情況，升降不過幾個百分點，急獨也過不了選民這一關。另一個影響因素，目前在立法院仍保有過半數，泛藍內部雖有分歧，但在國家認同上保衛中華民國存在的立場則是一致的。更重要的是美國不希望片面改變台海現狀，這對美國不利，民進黨政府必須遵從。最後是北京不會容許，台獨就是戰爭，不是唬人的，綜合以上因素，台獨的夢難有實現的一天，但台獨分裂活動絕然也不會中止。

聽了七位的演講，大家對兩岸關係的發展，都有樂觀的看法，也有較深的憂慮，照我淺解的看法，兩岸關係最好的發展，在現階段仍是「不獨不統，維持現狀」，最切合現實，未來如何，要看未來的機遇，要看各方領導人的智慧，和兩岸人民的正確選擇。

最後，我要提出來是，國際華文媒體到底能為兩岸關係的發展做些什麼，好幾位先生都提到華文媒體的功能，大則從國家統一上做貢獻，小則為媒體本身的發展，推動兩岸多目標的合作，到底能做什麼，能做到什麼程度，有待華文媒體從理性、平實、發展的方向去思考和應因，在兩岸和平發展的大方向上，能動作，肯定會有很好的效果和收穫。謝謝各位。

（二〇〇五、六、廿，曼谷「國際中文傳媒海峽兩岸關係發展」研討會的報告）

兩封信：向員工報告

這裡是我寫員工的兩封信，就像總統「向人民報告」那樣，向泰國、印尼的員工報告。因為我不懂泰文，泰國《世界日報》當時有一百七十四人，除編採部門，員工大多是泰籍，不懂中文，我又不懂泰文，無法溝通，尤其有些事，包括工作品質提升，有關規定、福利、權利義務的事，必須讓他們知道，更重要的是報社辦報精神，所以有的在會議中我提過一些事，再用寫信的方式，寫清楚、講明白，要求主管同仁，用泰文向員工說明，員工也可以問明白：「社長說什麼？」「要我做什麼？」

這種方式，多少有些效果，這些信，複印多份，送到同仁手上，各單位小型會上，主管像「為愛朗讀」，一一報告員工，信存著，隨時翻出來，一再的叮嚀，這是一種沒有辦法的辦法。

這裡選出兩封信，一封是給泰世同仁的，一封是給印尼同仁的，兩地辦報，想不到用同一個方法：「向員工報告」，對我而言，是一種關愛，也是責任，只是太麻煩各單位主管，他多了一件附加的工作。

迎接泰世的多目標發展
——請大家再加一把力

各位負責同仁並請轉全體同仁：聯合報系接辦泰世正式出報，是一九八六年二月十八日，到今天已經十六年零八天。我個人來泰也第十七年，在過去這段日子裡，經過接辦時的硬拚，也有八九年盛景，發行廣告都站上第一位，而且薄有盈餘；但最近幾年在經濟危機的陰影下，情況十分緊迫。不管怎麼樣，大家都貢獻了一分力量，我們在泰國、印尼以及東南亞其他發行地區，都有很好的聲譽，這是大家應該很安慰的事。

今天首先要向大家說，好的報紙在景氣差的地區，發展受到相當的阻力，除發行業績有提升外，近三四年不比往年，都是虧損，銀行的定期存款一年比一年少，去年賠了近千萬，所以要大家一起來加把力，改變目前的情況。最近稅務單位來查稅，發現連年賠錢，提出兩個問題，一個是你們賠本為什麼還要做下去？一個是你們沒有盈餘為什麼還發年終獎金？賠本還要受質疑，可是我們是一本賬，也不怕查；另一個相反的問題，此地的台商都說我們發了，廣告大豐收，說虧損還沒有人相信。

出了問題，要靠大家一條心，來關心報社，要有一套「自救」計劃。我很感謝黃總經理不斷動腦，和我商量。我們和旅遊公司合作辦了幾次精緻旅遊，出一次團希望廣告和相關的收入增加，我們出工商名錄、農民曆，也可賺一點，今年工商名錄廣告收入三百五十萬，表格收入五十萬成績很好。最近計劃再出《世界日報專業季刊》，希望刺激業務同仁，增加廣告收益，多元發展如果順利，一年可能增收三五百萬，當然還有不少新的想法，開始向多目標發展，大家要熱心參與，盡心竭力，合力追求平衡，轉敗為勝，希望大家要懂得非常期間的非常應變，這幾個月我雖然常去印尼，但泰國的穩定，在我看來，比什麼都重要。

那末，所謂非常應變，怎麼做呢：

一、認真考慮是否減張，過去別的報紙提議一起減為七大張，我是反對的，因為有違報業自由競爭的原則。現在景氣差，如果減半張，一年可省一百多萬，減一大張可省兩百多萬，當然應該考慮，如果減出八大張，由四輪改三輪印報，黑損、白損以及一切成本都減少。當然要顧慮內容與廣告的比例，廣告多的時候偶爾加一張兩面印彩色，使彩色內容和廣告，不減太多，不太損及讀者的權益。東南亞的發行或者可以改五大張和印尼一樣，節省航運費用，報紙售價也可略減，對低收入的緬甸、柬埔寨、越南的發行可能反而有利。

二、人員精簡，從每個人的工作量檢討起，每個組、每個人都要知道自己的責任，不要敷衍了事，更不能得過且過。電腦化以後，人員應該自然減少。如果每位同仁的工作增加一點，工時延長一點，能合併的工作就合併，一般的事假減少點，要守規定，不要遲到早退。

還有多從網路上找東西，編譯人員也可減少一點，大家要知道，我們有一百六七十個人，人事費用負擔很重。我也要強調如果人員裁減，補償金一定照法律規定發給，肯定大家過去的辛勞。

三、開源節流是老話，現在開源困難，就要認真節流，不該用的錢一定不用，最近總經理用電腦詳細分析了這一年的開支，編務費、通訊費、加班費、稿費，都比較高，如何節省，要認真考慮，希望總經理、總編輯好好商量一下，預算控制做不好，節流就沒有希望，除了特殊情況，應酬減免，僑社婚喪喜慶，一律改登報致意，不再送禮；也鄭重宣佈，只要大家努力幹，除合理調整外，絕不減薪。

四、工商廣告佣金、獎金、公積金業，都要再規劃，我一直認為工商記者的衝力沒有以前好，有幾位守幾個老客戶，不大發展新客戶，主動為客戶服務的意願也不如從前。我想今後老客戶的佣金要相對減少百分比，新開發的佣金可以提升百分比，超額獎金可以增加，做不到業績標準自然也要罰，這個只是提議，大家討論一下，工商記者可能反對，到底如何做要平心靜氣作檢討，如果大家能像接辦初期那樣衝刺和成長，我也不必說這些話了。

五、各單位負責人要加重責任，要認真管理帶動同仁工作，大家把責任扛起來。過去每年辦考績，有主管給每個同仁一百分的，這是不負責任。我仔細思考以後，主管同仁的工作有調動的必要，同一個工作幹久了，挑戰的張力沒有了。而且主管同仁不怎麼管事，這也許是泰國的特有現象，發主管加給，就是要你管事的「酬勞」。最近有副主任告訴我，考績沒有用，都是憑印象發年終獎金，有些不公平。希望各位負責人對同仁的工作好壞，要有紀錄，不可不公正，造成誤會。

六、大家一起學電腦，電腦上網，工作效率加強，費用減少。目前泰國和印尼都一樣，打不出來就傳回台北打，泰國有衛星專線費用少一點，印尼長途電話費用太貴，太不划算。如果同仁都用電腦，能上網，打字的壓力小，人力也可以省。報系全面E化，海外也必須配合，起碼送台北稿件可免用傳真，同仁學電腦，印尼的情況很好，百分之八十的同仁都可上網，只有少數年紀大一點的人還在摸索。學電腦、用電腦，對自己也有好處，公私兩便。

七、同仁大動員，協助辦業務，從介紹訂報開始，協助推動，有機會介紹廣告，更重要的是宣揚自己的報紙，老實說，在泰華所有的中文報中，我們內容強、資訊快，是公認的事實。最近在印尼鼓勵推廣報紙，有位同仁推介一百幾十份，一位推介八十六份，我們試送一個月，訂報率很高，這個不要費大力氣，只有關心愛報，隨時想到就行。泰國是不是也試試看。還有推廣業務，考慮廣告交換，航空公司、酒店、餐廳，都可以爭取，這些我們本來要用的，不交換也是要用錢花錢的，在印尼規定，算業績不發佣金。

八、最後，希望大家堅定「正派辦報」的立場，遵守法律，服務社會，維護自由民主正義，推動社會進步和諧，追求更美好的生活。在個人的行為標準上，做到潔身自好，建立美好的聲譽，每個同仁在外面都代表《世界日報》，大家受到尊重，報社自然就會得到稱讚和好評。希望同仁和諧相處，建立一個祥和歡樂的工作天地，大家一起加把力，迎接新的美好的未來。

鍋裡有，碗裡就一定有
——請以春天的活力迎向勝利

印尼各位負責同仁請轉全體同仁：今天是春節後第一次社務會議，感謝大家從籌備、創刊到今天，這段日子的辛勤貢獻。雖然離收支平衡還有一大段距離，但廣告與發行不斷成長，體現了大家的努力。大家要有肯定的信心，我們正在辦一份最好的報紙。

剛才聽大家的報告，我們正面臨很大的衝擊，發行和廣告成長不夠快，收支平衡的時程可能拉長；有一家報紙，利用夾著《文匯報》、《澳門日報》和《汕頭日報》提供多塊中國新聞，增加聲勢，最近計劃在泗水，棉蘭等地印報；據說還有企業家想合資一百二十萬美金，買下印尼《西亞日報》中文版；還有人倡議集資辦報，兩年免費贈送等，對我們的壓力大增，我認為只要我們堅持目標，正派辦報，面對現實，要知道沒有競爭，就不會有進步，只要大家一條心，大家加把力，拚發展、拚收支平衡，一定可以成功。

印尼人口二億三千萬，華族佔的比例不小，由於多年華校停辦，看懂華文人數減少。據了解，一九六六年印尼華校有學生七萬五千人，回中國讀書的達二十萬人，六六年學華文精英，都是今天五十多歲的人，加上開放華教和家庭華文補習，讀報人口再少也有幾十萬人。

早幾年前有一家華文報銷六萬六千份，可見華文報紙有發展空間，看我們怎麼努力，闖開一片新天地。

下面我提出一些想法，大家一起來思考：

一、追求發展是一切的根本，也是編務的基本努力的目標，編務規劃從本土化著眼，進入主流社會，採訪組的「政要談國是」訪問了三十五位部長和政要，就是成功示範。對包括華族在內的社團，要不分彼此，不可有選擇性，要一視同仁，一句話，不可有好惡，但不能沒有是非。

二、在發行上，最緊要的是把報紙送到讀者手中，千島之國印尼太大，華人分佈太散是事實，最近有反應看不到報紙的讀者不少，請楊總經理領頭，徹底解決送報問題。要檢討現行的代銷制度，考慮某些地區自辦發行的可能性，當初在泰國也遇到同樣問題，立即買了四十多部摩托車，成立送報隊突破了發行的障礙，可以參考。外埠的發行要加強管理和追蹤考核，最好找一位懂印尼情況的人專責辦理，不能放鬆。

三、從擴大服務範圍爭取廣告業績，不斷追求成長。工商服務部人手少，可以增加，現有同仁可能因業務發展常有阻力，不免有些氣餒，要鼓勵大家勇往向前，再接再厲。做廣告像談戀愛，要追到底，用一切的方法，爭取對方好感，一切要為對方設想。我們找客戶，要為客戶的利益著想，幫他推廣，幫他賺錢，他賺大錢，我們也有一定的好處，有很多客戶我們根本還沒有觸及，怕碰釘子。印尼與新加坡、馬來西亞關係密切，廣告觸覺是不是可以向外延伸；中國大陸在印尼的貿易不少，有沒有可能去試試。孫經理提出今年六月以一百五十吊為基本目標，二百五十吊為榮譽目標，大家努力，應該可以達到。

四、業務營運以拚平衡為總目標，從去年五月到今天虧損不少，新辦的報紙要收支平衡，要有耐心，但要有信心與共識，王副董事長必立先生在接辦泰世時提出一句話，「鍋裡有，碗裡就有」，十六年來我一直記得很清楚，說明公司與個人的密切關係。在開源不是很順暢的時候節流是唯一的手段，我看一月份的賬，除掉年終獎金，虧損情況已有改善，今後要堅守預算，一切開支要請准，會計主任幫助總經理作好規劃。

五、要建立榮耀與共的觀念，前些時候推動同仁幫發行，有位同仁提供一百幾十個名單地址，一位提八十多個，真使人感動。最近有同事，要求加薪，說我有過承諾，這位同仁可能誤解了我的意思，創刊前我說過，所有同仁的工作和待遇，三個月後再檢討，工作與酬勞看情況調整，調整不是加薪，因為當時對大家工作能力不了解，大家要求都高，需人甚急，所以從實敘薪。調整也包括不適用人員的處理，因為有些同仁原在外有工作，如果用「試用」對他們不敬，「調整」意涵較寬。以目前的收支情況，加薪幾乎不可能，保證絕對不減薪，等到平穩發展的時候再談。希望大家諒解，我很誠實的向大家說明，我也多次在主管會報中談到過，還是一句話：「鍋裡有，碗裡才會有！」

（原載《聯合報系月刊》二〇〇二年四月號）

泰華・文學・橋

亞洲華文作家協會祕書長符兆祥先生電告，說今年亞華作家年會要在曼谷舉行，對年會之事想聽聽我的意見。回想亞華第四屆年會在泰國舉行，距今已有十多年了，當時我正擔任曼谷《世界日報》社長，又是泰華文藝協會顧問，曾參與協辦，年會景況記憶猶新，媒介亞華作家與泰華作家會見，對泰華文藝活動的提升，具有特殊意義，而我自己與泰國的良好因緣，也超過二十年，辦報也許乏善可陳，唯獨扮演泰華文學的橋樑角色，頗有幾分自得。

壹、泰華文友活動概況

首先簡略地介紹泰華文友會的活動，文友會雖是聯誼性質，但互相建立友誼，具切磋功能，形成一個「作家小社會」。

詩人鍾鼎文（右）代表太平洋文化學院，贈趙玉明人文學名譽博士學位。

一、泰商報文友會：掀起泰華文藝活動最早的是《泰商報》副刊，《泰商報》創刊於一九七七年九月，一九八二年又創辦了《泰商週報》，負責人是名導演陳可辛的伯父和父親。《泰商報》很重視副刊，一度激起泰華作家的寫作熱情，匯集不少精英，後來成立《泰商報》文友會，不定期聯誼，交換寫作心得，《泰商報》雖於一九八四年停刊，但文友會仍維持相當長一段時間，不少泰商報文友，目前仍活躍在泰華的文藝社團。

二、五四文友會與泰華文藝協會：《世界日報》於一九七五年創刊，一九七九年開始在每年五四文藝節，邀集副刊作者定期舉行「五四文友聯誼歡會」，對泰華文藝作家極具影響力，大家視這一天為文藝盛會，文友都自各方趕來，以文會友，交誼聯歡。至一九八六年我代表聯合報系接辦《世界日報》，將文友會擴大舉行，由純聯誼改為文學講座與文藝座談，廣邀臺灣作家來泰，進行文藝交流，以提升泰華作家的寫作水準，改進副刊的內容。

後來又促成泰華作家成立「泰華文藝協會」，全面推動文藝活動，舉辦「泰華文藝季」，使會員有機緣與臺灣作家和大陸作家廣泛交流，影響自然十分深遠。

三、泰國寫作人協會：另一個最為活躍的文藝社團，是泰華寫作人協會，以《新中原報》的作家群為基幹，成員包括泰華文友，以及近年由中國大陸來泰的年輕作家、詩人與藝術工作者。泰華寫作人協會與中國大陸的文藝團體接觸較多，經常有大陸作家來訪，也有會員參加大陸文藝獎徵文獲獎，且經常參加亞細安各國文藝活動，對新文學作品推廣，不遺餘力。

近年來，泰華寫作人協會大力推廣微型小說（臺灣稱為小小說或極短篇），泰華微型小說自一九九一年起步，即出現微型小說創作群，產生了不少好的微型小說。一九九三年中國微型小說學會與新加坡作家協會聯合主辦「春蘭，世界華文微型小說大賽」，泰華寫作人協會與《新中原報》為泰國「大賽聯辦單位」，收到作品八十多篇，均在《新中原報》「大眾文藝」版發表，頗受重視。至一九九五年一月中國微型小說學會會長江培增、祕書長鄧宗培、作家徐如麒、左泥、王振科、楊振昆訪問泰國，與泰華作家舉行座談，對泰華微型小說的推廣，影響頗大。「第二屆世界微型小說研討會」曾在曼谷舉行。

四、內地記者協會：還有一個重要團體，不屬文藝性質，這個團體就是「內地記者協會」，成員遍布泰國內地各府。泰華各報雖有僑社新聞版與內地新聞版，但在內地各府不聘記者，內地各僑社基於需要，商請各社團總幹事或華校教師，代寫社團活動報導，久而久之，內地記者形成一個團體，這些「記者」粗通文墨，多年歷練，其中不少人文字通順，遇有感時、思鄉、懷友、弔亡等小品文字，寄往副刊，採用率頗高。

貳、泰國華文報副刊

華文報副刊是泰華作家的基本園地，常年可以看到小說、詩、散文和專欄寫作，但由於各報都在艱困經營中盈收不好，副刊投資少，稿費低，出版機會幾乎沒有，不可能出現職業作家，作家寫作全在「興趣」。

下面略述六家華文報副刊的情況：

一、《世界日報》：以「湄南河」純文藝副刊主導，生活性的「繽紛」為次副刊，均每天刊出；以「教與學」作為教師與學生的園地，著眼於未來，每週刊出六天；每月並有「湄南河詩園」，已刊出一百多期，另有小說專版。《世界日報》副刊開放包容，重視文學性、生活性、本土性、多樣性，以適應多元化的現代社會。廣泛採用泰華、臺灣、香港、大陸及旅居歐美的華人作家的作品，帶給泰華作家觀摩的機會，以激發寫作的熱情。目前泰華作家作品日增，所佔比例也大。

二、《中華日報》：主要副刊為「華園」，每週刊出三天，「文學」每週刊出兩天，並有「詩刊」每月刊出一次，已出版五十多期；同時配合泰華寫作人協會推廣微型小說，不定期刊出「小小說專輯」，成為《中華日報》副刊一大特色。另有兩個通俗副刊「武俠」與

「小說」版，選刊台港武俠小說與社會小說。

三、《新中原報》：純文藝副刊「大眾文藝」，整版篇幅每週刊出三次，內容著重文藝理論、書評、小說、散文、詩等，與《新中原報》文藝活動相結合，作者以泰華寫作人協會成員居多。另一「新半島」副刊，每天見報，屬綜合性副刊，半版篇幅，容納通俗小說、散文、雜文與趣味性作品。另有通俗小說版，刊載武俠小說、推理小說、歷史小說，但多屬轉載性質。

四、《星暹日報》：有「人間」與「星暹文藝」兩個主要副刊，「星暹文藝」以散文、小說為主，重視泰國作家的作品譯述，傳統詩也占相當重的比例。「人間」副刊包括小說、散文、雜文及生活小品，重視生活性。《星暹日報》曾舉辦小說及散文的徵文比賽，得獎作品先後在副刊發表，頗受讀者重視，另有武俠小說版和「文史」，文史版以歷史掌故、文人軼事為主，等於副刊的輔助版。

五、《亞洲日報》：主要副刊「亞洲文藝」整版篇幅，每週二、四、六刊出，以純文學為主，兼顧通俗文學，強調地方特色，多以泰國社會生活背景為題材，對文學評論、外地文學交流相當重視，外地作家投稿以中國居多，亞細安各國作者居次，亦有臺灣、香港、美國、澳洲、日本、加拿大華人作家來稿。另有全版武俠小說與小說林，亦屬轉載港台舊作。

六、《京華中原聯合日報》：目前沒有純文學副刊，僅有「武俠天地」與「小說天地」兩版，多為舊作新刊。

參、華泰文學講座紀盛

我擔任曼谷《世界日報》社長十七年，這段時間臺灣知名作家訪泰的人數不少，其中包括世界詩人大會在泰開會，中國文藝協會訪泰，亞洲華文作家協會第四屆年會在泰召開，我都是參與者和協辦人，這些活動帶動了泰華作家的廣大參與，也促成《世界日報》往後若干年的「文學橋」角色，使《世界日報》文友會由純聯誼的「吃一頓」，變成文學講座和文藝季的活動。

事情的緣起是亞華作家在泰集會，有一天下午我在國賓飯店遇見老友司馬中原和亮軒，我「見人起意」，問他們兩位第二天自由活動有什麼安排，他們也猜想我有什麼想法，我告訴他們如果沒有活動，安排一次演講好不好，而且當場出題，司馬講小說，亮軒說散文，他們雖有些為難，卻也立即允諾，算是為趙某人在泰「助拳」。

當天下午立即動員，分別與泰華兩個協會和一些常寫作的朋友約定，又在報上刊出預告，第二天出乎意料吸引了一百六十人，演講後順便舉行餐敘聯歡，感謝兩位老友啟動我的神經，興起我在泰舉辦文學講座的想法，我當晚把構想告訴了在台北的瘂弦，而後敲定五四文藝節，舉辦文學講座，就商請瘂弦、林煥彰、田新彬三位打頭陣，當時泰世副刊全權負託他們三位，他們來泰演講，同時作為編者、作者與讀者的「會見」。

由於這兩次試辦成功，這個文學講座維持了將近十年，是瘂弦的大面子，加上我的小面子，這十年驚動眾多的作家朋友和我的許多老兄弟，照我的記憶，簡述如下：

・林懷民講現代舞；林煥彰談兒童詩。

・余光中講詩與散文；鄧雪峰講國畫，並當場揮毫，寫成大幅「墨荷」，至今還掛在泰世社長室。

・羅門、蓉子賢伉儷講詩的創作與欣賞，同時參加海南文友會活動。

・蘇偉貞講女性小說；陳義芝談新詩創作；楊錦郁、楊蔚齡談寫作經驗，同時由我領軍訪問泰北難民村。他們幾人寫成泰北專輯，在聯副刊出兩天，泰世副刊同步刊出。

・楚戈談詩與畫；張拓蕪談《代馬輸卒手記》與大兵文學；張默談詩刊與詩創作。

肆、三次文藝季的收穫

上述七次文學講座之後，又辦了三屆「泰華文藝季」，培養第二代、第三代年輕作家，傳承泰華文學的香火。

一、第一屆泰華文藝季：商請臺灣青年寫作協會合作，得到新聞局的支持，同時舉辦泰華文藝徵文。文藝季由原有的一天，延長為三天，來泰講學的有小說家司馬中原、陳裕盛、吳鈞堯，散文家丘秀芷、彭淑姿，學者林水福、鄭明娳，詩人辛鬱、管管、王添源、顏艾

舉辦泰華文藝營三次，林水福、辛鬱、丘秀芷、林煥彰十多位作家來泰，許智偉代表伉儷（左四、五）與作家合影。

琳、孟樊，樂評家符立中，陣容龐大，別有一番盛況。

二、第二屆泰華文藝季：請來老作家孫如陵談寫作與投稿，向明談新詩五十問，陳若曦談小說寫作，郝譽翔講散文寫作，我也在會中報告泰華文學與副刊。

三、第三屆泰華文藝季：請來旅美詩人鄭愁予談現代詩創作，上海作家白樺談大陸傷痕文學，這位〈北京最寒冷的冬天〉作者，是我訪問上海時與上海文協黨組負責人、詩人趙麗宏親自邀請的，他前述大作曾在《聯合報》副刊連載，早些年邀他訪台未成行，這次順利來泰十分難得，還有世副的田新彬、林煥彰二位再次來泰，會見讀者。

這三次泰華文藝季，廣納各方文藝作家，對充實泰華作家的內涵，建立台泰大陸作家的交流網路，激發泰華作家的創作熱情，具有創造性的意義。

四、十五年間三本書：同時，在過去的十五年間，《世界日報》在當時仍在虧損期內，先後為泰華作家出了三本書，這是十分使人興奮的，我曾寫過〈十五年間三本書〉小文，在聯副作過報告，這三本書是《待墾的土地》、《收穫的季節》、《豐碩的果盤》，開泰華報業為作者出選集的先例。這三本書的書名，深具持續進步的涵義，是一種向前與發展的表述，容納了一百位作家的作品，包括新聞局委託徵文的入選作品，和聯副作家泰北行的專輯文章，間接也對作家自費出書，產生激勵的作用。

伍、泰華文壇的一些問題

泰華文壇表面雖有活動，但長期存在著一些問題，值得重視：

一、泰國華文出版事業不發達：文藝書籍出版尤少，近年泰華作家出現出版熱，多數為自費出版，少數作家本身經濟能力較好，自無問題；而多數作家出版新書，仰賴較富有文友支助；且文藝書刊銷路不好，出版新書能銷兩三百本，已算不錯。

二、泰國對智慧財產權不夠重視：報刊對台港大陸作品任意轉載，甚至整版翻印，造成武俠及通俗小說充斥，成為報紙副刊的「主體」，致使報社忽視正常副刊的發展，這種舊作新刊的風氣，也削弱了華文作家作品發表空間。

三、稿費偏低：目前泰華副刊稿費最好的，不過千字二至三百銖（美金八至十二元），使泰華社會無法產生職業作家，多數寫作僅屬業餘的興趣，不在乎稿費收入。

四、華文教育多年來受限制：華文閱讀力銳減，要求華文寫作通順流暢，更不容易；文言白話夾雜潮語的文體，反而易為年老讀者所接受，對新文學副刊推廣，頗受影響，致新文學小說、散文和詩，常遭排拒，形成反淘汰。

五、泰華社會缺乏新文學獎助與輔導機構：崇聖大學與各報舉辦徵文，獎金太少，最高也不過一、二萬銖，對作家的鼓勵實在不夠。

六、缺少公正平實的文學批評：使得泰華作家創作的嚴謹性不夠，頗多作品流於粗俗，流風所及，影響不小。

七、泰華老一代成熟作家，多已老邁。

畫家鄧雪峰（左），散文作家唐經瀾（右二），世報台辦處主任阮肇彬（右）一同訪拍他雅。

亞洲華文作家年會在日本琵琶湖佛光山舉行，聯合報系與會同仁與星雲大師留影。

陸、泰華文學發展前景

一、華文教育開放：泰國政府現已開放華文教育，小學增加教學時間，中學也准許教華文，大學多開設中文系；而華人籌辦的中華國際學校（中小學到幼稚園）、中華語文中心，奉准立案。樂觀的估計，十年以後華文水準，即可大幅提升，副刊讀者自然增加，對作家應是鼓勵。

二、文藝社團活動：已有很好的起步，報業有文藝社團的支持，也會相對的增加，如「泰華文藝季」的舉辦、「微型小說」的推廣，都是具有正面意義的文藝活動，實與華教發展相呼應。

三、兩岸華文作家來泰訪問日多：對寫作經驗交流具有實質意義。近年不少中國大陸年輕作家來泰居留，投入泰華文藝社團工作，更有兩岸畫家在泰舉辦畫展。

四、文學蔚成風氣：近十多年來，報業發展趨於平穩，泰華文藝蔚成風氣，使報業對副刊的經營也開始重視，有些報紙對副刊的聯繫與服務，也開始增強，報業與作家同步向「事業共同體」的發展，出現新氣象。

五、兩岸和平交流：兩岸關係和平交流，廣受泰華社會的關注，文藝社團與作家間的政治隔閡，逐漸消除，作家致力純文學創作，更趨自由，文友之間和諧聯繫也較頻繁，對副刊的開放發展，亦有幫助。

六、迎接文學春天：近年《世界日報》成長穩定，即將邁入創刊六十週年，現任負責人有意在近期內，再度掀起新文學活動，將繼續舉辦文藝作家的進修與輔導，希望泰華文藝協會、寫作人協會能與傳媒密切合作，一起迎來泰華新文學運動的春天。我深信有什麼樣的土壤，就開什麼花，泰華作家朋友，勉乎哉。

（原載二〇一三年五月《文訊》三三一期）

「湄南河」的本土性

——給泰華文友的建議與祝福

最近接到《世界日報》姚總編輯的傳真，說泰華文友對「湄南河」副刊有些建議，同時願意參與副刊的改進，嶺南人、符徵、楊玲、曉雲、林太深、苦覺、晶瑩多位文友，都願意為「湄南河」寫稿，大家也對「湄南河」的過去，作了回顧，對未來的展望更充滿信心，將從推出系列專欄作為「再出發」的新起點。聽了十分高興，文友們願意為「湄南河」寫文章，我特別興奮，大家提出來，要我也寫一篇短篇，表達我也願意共襄盛舉，自然十分樂意，藉以為大家打氣，並致以深深地祝福。

關心副刊本土性是好事

大家關心「湄南河」副刊的本土性發展，是好事。回想一九八六年，我代表聯合報系接辦泰國《世界日報》，規劃副專刊時，將副刊的名字加上「湄南河」，其實就是本土性定位，而特約思維、陳先澤多位文友寫專欄成為特色，當時另闢有小說版，容納來稿的量很大，所以也容納臺灣及海外作家的作品，當時就引起過討論，在文藝集會時文友們提過「質問」，我記得我曾經回答文友，希望有雅量容納外來的好的作品，至少可以觀摩，產生激盪，後來文友寫稿多了，這個問題就不存在了。那段時期文友寫作勤，而且也有出書的風氣，文藝活動也多，《世界日報》每年舉辦五四文友會，進一步舉行文藝討論會，後來又辦了三年的「泰華文學季」，請臺灣和大陸的名作家來泰講學和座談，並為泰華作家出了三本作品選集，還與新聞局合作，辦過一次泰華作家有獎徵文，這些往事，說明報社為文學在本土生根所盡的心力。

我在曼谷實際主持《世界日報》將近二十年，我最關心的兩件事，一件華文文學的傳播，一件是華文教育的發展，有人笑我是「傳教士」，傳華文文學的教，傳華文教育的教。我的想法是透過華文文學和語文教育，增加華文報的閱讀人口，報紙在社會生存，一定要與社會各方面產生共鳴，不但要提供資訊，善盡告知的責任，也要提供服務，促進社會和諧發展，當然，對社會的安寧福祉，更應該關切。《世界日報》明年就是創刊六十週年，一家報紙，服務社會六十年，仍能一本初衷，服務讀者，也不容易。《世界日報》六十年的成長與發展，分兩個階段，前三十年是一個階段，可以說是也有風雨也有晴，後三十由聯合報系接辦經營，展開了成長發展的三十年，有幸，我個人與她結了三十年的緣分，直接在工作崗位上二十年，退休後，兼任總主筆又是十年，最幸運的是與各位文友結緣，承大家的雅愛，將我納入你們文學的陣容中。

要討論文藝協會的運作

去年，世界華人作家會議，得中華會館與《世界日報》贊助，在曼谷舉行，朋友們要我回曼谷全程參與，還封我一個「泰華文協榮譽會長」，我十分興奮回到曼谷，全程參與，會議盛況，至今難忘。還有再前二年亞華作家會議，泰國沒有人出席，主辦單位要我與會，又作了文友的代表，我感受特深。所以我要誠懇的請求泰華文友，應該重新檢討泰華文藝協會的運作，應該回復當年成立協會那股熱情，快些運作起來，從文友連絡、寫作經驗交流、亞華世華的與會，都有參與會議的價值。泰華從事文學研究與創作的人不少，目前文藝社團有好幾個，有泰華文藝協會、泰華寫作人協會、海南作家聯誼會等等，雖各有其歷史背景，但現在台海兩岸已進入和平發展的新階段，在泰三會文友，私人交誼頗多，如果能夠面向新時代，成立一個文學聯合會，增添助力，希望有影響力的文友或社團領袖，登高一呼，早促其成，也希望各新聞媒體，從旁協力促成，使泰華文藝界另有一番氣象，何樂而不為。

去年六月，世界華文作家在泰集會時，有文友反應，「湄南河」創刊不重視本土性，這是一種誤會。「湄南河」副刊過去三十年，一路走來都兼顧本土性，最近兩三年是有些變化，簡單的原因是因為聯合報系是世界性媒體，環繞地球二十四小時都有聯合報系的報紙，各報資訊共享，各報副刊稿件通用，而且由電腦統一作業，泰世、美世和在臺灣各報副刊，統一調配，所以泰世「湄南河」外稿多一些，更因為泰世原有的一些專欄缺稿，而致泰國本土作家的作品減少。有文友責怪「有人」不重視副刊，顯然是一種錯覺。現在有文友願意寫稿，對加強本土性有實際意義，總編輯親主其事，社長支持，編輯台每天用整理、換版或其他方式改版，是很好的安排，我相信經過這次的改革，「湄南河」副刊的本土性能夠加強，副刊改進與發展的新安排，必然會受到各方的叫好與贊美。

祝福泰華文友，文思猛進，心身健康。

（原載二〇一四年十月十五日泰世湄南河副刊）

東協區域報的開拓與發展

在泰國辦報一兩年以後，情況基本穩定，報份增加，廣告營收也增加，最重要的是報譽好，報紙內容獲肯定，而且「正派辦報」的理念，成為我們推廣的一個中心點，平實的說，我們用內容和外貌，向泰華讀者展現我們是獨立民營的報紙，掃除「國民黨報」的污名化指控，追求讀者認同《世界日報》，的確是他們「自己的報紙」。也就是在泰國辦報的形勢已能正常運作，帶來多元發展的機會，自然想到向周邊國家和地區發展，泰國是東協國家的重鎮，「東協區域華文報」的市場開拓，成了我的最優先選項。

區域開拓．優先選項

我很清楚，報系辦美洲《世界日報》的「先進經驗」，從兩三個城市發展到全美國，再進入加拿大，本來還要到南美巴西辦報，而成為美洲《世界日報》，更是全美五十名以內的主流大報。副董事長王必立先生來泰時，我向他提到區域發展的規劃，他說他正想著這個，他的說法是辦「亞洲世界日報」，如此兩人想法相同，自然就是他的最高決策，我帶頭進行，力求具體實現。

這個時候，一位新加坡商人，在柬埔寨經商，他看到《世界日報》，趕來曼谷看我，說想承辦柬埔寨經銷，問了一些辦理業務的事，我當然高興，向他說明經銷報紙的具體作法，包括市場調查、進行手續、成本概算、空運費用、售價商定、權利業務。我強調最重要是誠意，他覺得可以辦，我問他：「空運報紙成本增高，每份售價自然高，大概每份多少，讀者可以接受？」他說他沒有算過，我又告訴他：「難得你有誠意，可以先試辦，你回去了解清楚。」我進一步說：「我每天送你五十份報紙，免費，空運費也報社付，你回去試辦，一個月後我們再討論。」

就這樣，柬埔寨成為走出去的第一站，很快就有兩百多份報紙，多數是訂戶，後來他還代收廣告。這時泰北邊境緬泰交界的一些城鎮，有報紙流入，泰南馬來西亞某些邊境地區也是如此，這是好訊息，顯示報紙區域發展有需求。這時候我接到鄰近泰北邊境的一位緬甸小學校長來信，說看到《世界日報》，內容好，「教與學」尤其好，可以做輔助教材，他已複印給教師參考，我回他信，長期免費每天送他十份報，讓發行組通知泰北總代理，第二天辦到，這些都是很有鼓勵意義的小事。

有一天，駐泰代表許智偉博士問我，要不要去緬甸玩，他說他要去緬甸，我知道他是駐泰代表兼理緬甸，他是公務出訪，我很高興回答他，我去，兩個人，他又問「夫人隨行」，我告訴我帶總經理黃根和，因為我正找路子走出去，緬甸當然是很重要的一站。

進柬埔寨．再到緬甸

我去緬甸，帶了三十份報紙當禮物，到旅店我就拿了一份報紙給櫃台，希望他夾起來，給大家看，這是社長推銷緬甸的第一份報紙。這幾天我見大僑領，都送一份報，所以在許代表會見僑界的時候，大家叫嚷「來緬甸辦《世界日報》」，許代表自然推我出台，變成一個《世界日報》簡報。我公開承諾：「只要法律允許，你們需要，我一定來！」

此行我認識很多僑胞和台商，還有緬甸華人社會的名人羅星漢、張書全很多位，他們的意見影響大，甚至影響緬甸政府，出乎意料的，張書全有心辦報，我告訴他在緬甸另起爐灶難，將《世界日報》「橫的移植」絕對可行。我問他怎麼辦報，他直說緬甸華人需要，我問誰主持，他說他的女兒，在臺灣讀完了大學，到紐西蘭升學，碩士畢業，就要回來，他為女兒安排，可以作些投資。我很高興，有年輕人願意出來，我詳細說明可能做法，最簡單是在緬甸成立《世界日報》分社或總代理，緬甸是社會主義國家，法定有沒有限制，怎麼申請、追求合法，請他在女兒回來以前先了解。這是我已側面了解，張書全是坤沙的參謀長，第二號人物，早年由臺灣派緬甸工作，軍校十六期，臺灣有上校軍銜，我是軍校敘二十四期，他是學長，彼此熱絡了不少。最後結論是他去了解情況，我回泰國安排，約期我們再來具體討論。

還真的，他內部關係好，很快的獲得允許，可以正式進口「泰國的《世界日報》」，我和根和第二次訪問緬甸，商談細節。最大的問題是緬甸比較窮困，收入不高，每份報泰幣十銖加空運費，緬甸的開支，一份報要收將近二十銖，是五角多美金。報社可以降到最低，負擔還是問題，其次是社會主義新聞管制，情況難完全控制，緬甸張書全建議：《世界日報》收印刷紙張成本，由他承擔其他支出，訂定讀者可以接受的售價，可兼辦廣告，送他三五十份推廣報，彌補逆差，條件優厚，他也認為合理，她的小姐張繼珍，第一次出面主持《世界日報》正式在緬甸發行儀式，我簡單致詞，繼珍現場英語翻譯，語言流暢，態度從容，我十分滿意，當即正式掛牌，「《世界日報》緬甸辦事處」如焉正式成立，區域發展，又向前邁進了一大步。

特殊機緣・進了越南

稍後，有一天一位越南台商會會長，來泰訪問，他和黃根和是朋友，他們過去在台商到臺灣辦活動的時候認識，談到越南台商的情況，知道了一些基本情況，我最感興趣的是他的夫人，目前經辦臺灣報紙進入越南，包括《聯合報》、《中國時報》、《中央日報》。我深入問他，共產國家管制媒體，自由世界的報刊怎麼會准許進去，他回答很簡單！「因為台商需要」，我追問：「目前情況如何？」他說：「很正常，能準時送到訂戶手裡。」又問：「有沒有零售？」他說：「不多，有幾個地方可以擺，好像並沒有人管。」

我非常有興趣，告訴根和，安排到越南看看，也向這位台商會長表示，要去越南，不料，他說他和主管報刊進口的官員認識，可以先安排。兩週以後，我和根和，真的到了越南，還真的見到了他所說的官員，而且三個官員一同會見了我們兩個人。

三位官員其中以一人為主，他十分主動的表示：

「泰國中文報到越南，是被歡迎的，一切可以委託我們代辦。」他宣佈他的腹案：「報社負責將報紙運到越南，照原定價核價，五五分帳。」

我非常明白，空運與一切費用，由報社負責，很明顯，是賠本，而且違背供銷原則，我們沒法立即同意，我表示要從長計議，我問：

「有沒有以成例，譬如現在台商訂報的進口規定？」

「情況各有不同，要去查問才知道。」

「你說的我們會研究，反正也不急，我們實地了解一下，再回覆你。」將一些小禮物送他們，就告辭離開，趕到那位台商會長家，見了他那位辦臺灣報進口的太太，了解真實情況。她知道我是《聯合報》的人，她告訴我經辦《聯合報》好多年了，是自家人，她去想辦法，多申請一份報紙進口，泰國報紙空運越南，她到機場去取，權利義務，有《聯合報》前例，我認為合情合理，我問越南新聞官員那裡，怎麼回答，她說簡單，就說是《聯合報》一起的，當然也會關照一下，就是她去打點。如此，泰國《世界日報》又到了越南。

與寮政府．簽了合約

我回到曼谷，總經理袁守盈說，寮國（老撾）有人來洽，願意承銷泰國《世界日報》，我們都高興，請袁總經理代表去寮國洽辦，很圓滿辦妥代銷，而且與政府新聞部門，簽了准許報紙進口的合約，就是政府核准泰國《世界日報》行銷的專案，使東協的佈局，大致完成，新加坡不准外人辦報，馬來西亞不許，菲律賓太遠，而且《聯合報》原已與菲律賓某報，辦妥合辦報紙協議，重要人事都已決定，後因菲人反悔而擱置，放眼東協地區，就只有一個印尼了，自然印尼就成了最後一個目標。

有一天，我問黃根和，他多次參加僑團活動，有沒有認識在印尼的朋友，他提了一兩個名字，我叫他連絡一下，說我想去印尼，也巧，就在那天，我看到一則電訊，是中新社發的，說「印尼政府將開放華文報出版」，語焉不詳，但這是機會，引起我的興趣，加快訪問印尼的計劃。

到印尼，對這千島之國全然陌生，見到根和的朋友，由他們帶路先到台北代處拜會，也去看台商會長，試探泰世進入的可能性，也見了一位律師，了解印尼辦報或報紙內銷的相關法令，尋找可能性。發現報紙由泰運銷印尼不可行，路太遠，航運太貴，到報時間太晚，對多島國家，分銷不易，要來印尼，只有辦報，談何容易？

但我發現三件事，引發我的雄心：一、發現一家代印報紙的印刷公司，使用和《聯合報》一樣高斯印報紙；二、發現一大群留台學成的大學生，投入新聞工作。三、東協國家的報紙，進入印尼，限制比較少，而且確有開放報禁的討論。這表示：有人才、有代印、有開放機會，這是條件，如果在印尼辦報，有大投資，規劃周詳，就有可能。

根據律師的說法，外報經過允許，可以行銷印尼，如果要在印尼編輯印報，必須獲印尼政府批准，成立出版發行公司。也就是說，泰國的《世界日報》可以申請銷印尼，但不得在印尼編印報紙，如在印尼編印，必須組成公司註冊登記。深一層說，我是泰世社長，註名申請報紙銷印尼、可行；如果用我的名義到印尼投資辦報，會有條件批准，如此兩家的「我」，簽經營合約，就可以辦到，律師說我的說法可說得通，而且合法。

就這樣，我主持的泰世（英文簡寫UDN），與申請成立的印尼《聯合報》業發行公司（英文簡稱也是UDN）簽訂合約可以辦報。後經律師連繫，「我代表我」、「我和我」、「趙玉明和趙玉明」，真的簽約辦成了印尼《世界日報》，也不知我這個新聞學徒那來的這個奇想，連律師都稱讚。我委由律師向政府辦理印尼聯合報業註冊，資本額美金二百萬，我立即趕回台北，報告各節，獲得准許，滙出資金進入我在印尼開的「聯合報業帳戶」，印尼辦報，就如此成為事實。

印尼《世界日報》．一路發！

隨我前往籌備的《聯合報》記者孫揚明，在報系內部刊物，寫過一個報導，十分傳神，特摘刊於後：

萬事起頭難，這句話總是不錯的，但不是完全的對。

在社長趙玉老的口中，他一生總是兵馬倥傯的，未到《聯合報》之前，總是把一個又一個的攤子建立起之後，就交給別人。到泰國十六年，他從曼谷、仰光、金邊、胡志明又到雅加達。印尼《世界日報》是他十六年來建立的第六個「攤子」，印世六月八日創刊後，十二日下午舉行社務會報，趙玉老自己說，這可能是我退休前的最後一個吧。

印世從無到有，就連從聽到印尼將可以開放華文報紙起算，一共也不過是六個月之間的事。這個籌備的時間短，短到讓我們在與外人談到有關印世時，都很難出口。國立印尼大學的文學院院長阿哈納博士在我拜會時，一直很有興趣的釘著這個問題不放，「你們事前到底評估了多久」，「你們的籌備很多年了吧」，我總不能說「一共一個月零八天吧」，只有打馬虎眼混將過去。

短歸短，但在趙社長從鍋碗瓢盆開始，以「小米加步槍」的作法，緊釘一切不放，在大

印尼《世界日報》創刊，趙社長與同仁合影。

家都認為「可能嗎」的情況下，硬生生地就是在六月八日創刊印報了。

本來趙玉老是預訂在六月一日出刊的。但無奈機器設備都還在外海的輪船上，連保稅工廠都還沒有進，更不用說提貨了。於是，趙玉老只好退而求其次延到八日出刊。

沒想到八日出刊的當兒，趙玉老一進辦公室，立刻就有同仁獻上殷勤說，「社長好耶，這是一路發」，讓他一愣。原來同仁是認為二〇〇一年的六月八日把最後三個數字一擺，是一六八，果然是好個一路發。在得知這一個巧合之後，樂不可支的趙社長，私下有點靦腆的說，「我是看過黃曆，知道六月

兩個趙玉明，右為上海傳播學院院長趙玉明，在華文報業論壇，喜相逢，並曾在臺灣會面。

八日的日子不錯，但是沒有想到一路發」。

的確，六月八日印世得以出刊，完全是趙玉老「個人主張」「一意孤行」與「強力壓榨」的結果。因為，當時我們一群人總以為最好要延到十五日甚或七月一日再創刊會比較好。

後來慢慢體會得知趙玉老的哲學，也覺得他的決定算不得錯。因為如果一氣呵成，出刊了之後，在以「繼續印報，維持既定運作程序」的情況下，報紙是可以慢慢上軌道的，但如果不是這樣，而是一切都要百分之百的謀而後動，那這個「動」還不知道要拖到什麼時候才動得起來。

所以在差不多完成了百分之六七十準備的時候，玉老就決定「蠻幹」了。萬歲，好一個蠻幹有理，準盲動無罪。

就在出報那天，正式舉行《世界日報》的掛牌儀式，在大家掌聲中，玉老安下第一顆釘，我想他要把《世界日報》的金字招牌，牢牢釘在印尼讀者的心中。

區域辦報・好夢成真

二〇〇一年六月八日印尼《世界日報》順利出版，約定台北支援同仁五月一日從台北一起出發，印尼發生示威大遊行，情況激烈，我決定大伙改五月三日再來，我自己單槍匹馬準五月一日趕往印尼，離世報出刊不過三十八天，說明準備完善周詳，全報一心，是一個好的開始。印尼和泰國情況不同，但卻是無中生有，有些在受限好多年都辦不到的事，在印尼都輕易辦到了，比如進入主流社會，我們開了一個「訪政要談國是」專欄，由採訪主任黃振雄安排，他政大新聞系畢業，是資深記者，由他策劃，一切順利，一年之內副總統、國會主席、部長都上了《世界日報》，中國大使與台北代表，也作了專訪，在氣勢上是好的開始，第二年週年社慶，他們都來了，小小報紙辦成如此大事，是新格局，是大報風格。

至此，東協區域的開拓發展，劃上完美的句號。路是人走出來，前路遙遙，希望無窮，真的，有夢真好。

（二〇一五年六月完稿）

第三輯

以文會友

編者的話

作者到曼谷辦報，特別重視華文教育與華文文藝活動，他熱心支持華文教育，協助推動華文教育的獎助活動，推出「教與學」專版，作為教師的輔助教材。更用心推動文藝活動，舉辦作家聯誼會、文學演講會與泰華文藝營，協助成立文藝協會，與泰華作家維持誠摯友誼，他主張泰華文學大融合，文友出書，多請他寫序，他親切自然提出建言，以文會友，贏得珍貴的友誼與敬重。

隨緣隨意、小有大觀

——賀趙賢明《分享生活》出版

趙賢明先生的大著《分享生活》出版，我有機會說幾句話，十分樂意也備感光榮。多年來我很少有作品發表，承朋友看得起，我這個「沒有作品的作家」，倒有不少機會為朋友出書寫序，為朋友的專欄寫引言，因此也結了不少文字因緣。

台北結識　誤為弟兄

我是先認識賢明的人，好多年以後才讀到他的專欄，其中的情緣，成了珍貴的回憶。我認識賢明，是他由花蓮一家報社，派他擔任台北特派員的那個階段。那時我擔任《民族晚報》總編輯，一個偶然機會認識他。由於地方報特派員在台北採訪，政治、經濟、社會一肩挑，在一些公開聚會的場合，經常有機會見到他。由於我二人的名字看似有些緣份，不少人誤以為我們是兄弟，時間久，他叫我「老大」，交往雖不緊密，彼此留有很深的印象；因為他不菸不酒，形象新清，格外使我留意。不想，後來突然失去他的消息，從朋友口中知他已離開新聞圈，在國外謀發展，而且結婚生子，生意上也有些成就，只是彼此間很少連絡。

後來我由《民族晚報》，轉往《聯合報》工作，由編輯顧問、副總編輯而總編輯，始由同事唐經瀾兄處得知賢明的一些消息，至一九八三年我交卸總編輯，有機會赴美國、日本考察，我和內人、經瀾、譚天、范增福五人赴紐約時，原來行程是由紐約搭機飛華盛頓，在紐約得悉賢明在費城，夫妻經營餐廳，於是決定改租麵包車，專赴費城，與賢明夫婦見面，同時參觀費城自由鐘等名勝，其樂何如，因得悉賢明在國外艱苦奮鬥，已略有成就，既感且佩。後來賢明回到台北，由於他夫人理財有術，他自己也精明，景況轉至佳境，彼此的交往自然增多，此時他薄有資財，已成立「賢志文教基金會」，結合一些朋友開辦文化活動，頗有一番氣象。

後來我到了泰國，代表聯合報系接辦《世界日報》，一天他夫妻突然來到我辦公室，驚喜之餘，得悉他忙於經營商業，而未忘筆耕，承他出示在香港《星島日報》所撰「冷眼旁觀」專欄，細讀後大為感動，不想他在銅錢堆裡打滾，仍然保有純潔的心靈，寫出叫好叫座的專欄。

他的專欄文章，平順自然，每篇文章都是一個醒世小故事，據以引伸，情節感人，可讀性很高，照他自己的說法，他有一個討巧的方法：「大處著眼，小處著墨」，這正是寫小品文的奧秘。更難得的是，在他作品中，洋溢著愛，夫妻間的情愛、兒女間的慈愛、朋友間的友愛，深情款款，著墨最多，是最成功的地方。

曼谷重逢 讀他專欄

看了他的文章，立即興起我職業性的敏感，覺得這些文章應該引進泰國和印尼，我立即提出「邀約」，希望他同意這些文章能在泰國「湄南河」副刊刊出，後來創辦印尼《世界日報》，他的文章也納入「印世」副刊，他也十分樂意。為迎接他的專欄登場，我在副刊寫了短篇推介文章，以「隨緣隨意」，高度評價。專欄刊出，甚獲佳評，不少讀者來信推崇，尤為家庭婦女所喜愛，還有一些朋友誤以為是我寫的，實因我二人姓名僅一字之差；還有人說，我弟弟的文章寫得真好。這次他將專欄文章彙集成書，我用兩天時間，細讀各篇，溫故以知新，過往情節，歷歷在心中翻滾，好文章百讀不厭，我不但讀他的文章，也再一次細讀他這個人。

他有一段時間常來曼谷，好像有些投資，我們見面的機會較多，對他的了解也較深。很多新的感受，從他送我兩本書開始，一本是《台灣三巨人》，一本是《大捨無求——證嚴法師的慈濟世界》；《台灣三巨人》華文版在臺灣發行，又譯成日文，暢銷東瀛；《大捨無求》，記敘證嚴法師創立慈濟的整個過程，三百多頁，是一本大書，由他精印出版，捐給慈濟作為推廣之書，後來他在曼谷看到慈濟人在泰國的活動，深受感動，託我找人將《大捨無求》譯成泰文本，仍由他捐印轉送泰國慈濟分會，分贈信眾；稍後，他人在北京，配合賢志文教基金會在大陸活動，又出版簡體字版，也由我代為編印，轉寄北京。他這種默默行善的行動，使我感動，他為當所為，得到圓融自在，印證他做的每一件事，都緊守自己的座右銘：「做每一件事都認真」，從早年做記者、而後經商、闖天下、寫專欄、著書，甚至為家庭、子女、朋友都本著「認真」二字，而見其真情真性。

借我大錢　幫辦居留

與趙賢明（右）在曼谷街頭合影。

賢明原籍潮州，在臺灣成長，早年在泰國住過一段時間，重遊泰邦，舊識不少，情況各有不同，他在力能所及的情況下，總給予支助鼓勵。他輕財重義，帶幾分豪俠氣，頗使人敬服。他念舊而不忘本，人家對他一分好處，請他一頓小吃，總是念念難忘，他對朋友的付出，從不企盼回報，以我為例，當年我們到費城看他，他當大事緊記，請他一碗魚翅，也常在念中，他為我做過什麼，從不在人前表露，這種美德發乎自然，只有當事者能夠感受。那年他來曼谷，問我在泰居留辦了沒有？我告訴他由報社一年辦一次，他說為什麼不辦永久居留？當時外人到泰國，存款一千萬就可得到永久居留，我個人要辦，報社可以付錢，家眷則不便要報社付大錢，他明白真相，說不用報社麻煩，由他借我兩千萬。我覺得不好，有些猶豫。不想一星期後，他太太從香港匯來兩千萬，而且幫我找好了承辦的人，我夫婦和他夫婦一同辦好永久居留，三年後存款由銀行璧還，但這份情意，十分珍惜，這件事知道的人不多，而我對他的這份珍貴的感情，留下很重的分量。

最近一次見他，他說人近花甲，從此不再為賺錢拚搏，要好好生活。讀了他的新著《分享生活》，猛然省悟，原來他真得「用心」生活了！家居、旅遊、閱讀、寫作、交遊，處處顯現他充實的生活景況。深一層想，作為他的親人、朋友和讀者，都分享了他生活中散發的快樂。想來，一個人必須自己懂得生活，別人才能分享他的生活；一個人必須自己享有快樂，別人才能分享他的快樂。賢明有豐富的人際關係，從學校、從報社、從商場、從社會，從各個不同的角色中，一路走來，一步一腳印，甜酸苦辣，百味盡嘗，終而凝聚成豐美的人生大餐，請人分享，至於五味雜陳的人生，你能分享多少，領受多少，則在每個人自己的心中，自有一把天秤。

智慧的筆　有情人生

我的感覺是：賢明用智慧的筆，給了我們一個感性的「有情世界」。人生可能不一定每個人都美滿，但處處仍有情有愛，受之不盡，享之不竭，就看人們如何去分享。

賢明的精緻小品，提供的就是這樣一個很不同品味的、愛的果盤，豐碩、甜美，受用無窮。

（原載二〇〇六年五月二十九日泰世湄南河副刊）

秋實豐盈八家書

——序《湄南散文八家》選集

五月下旬（二〇〇二），我從雅加達回曼谷，龍人告訴我，泰華文藝作家協會的幾位朋友，想和我見面，他們說好久沒有在一起敘談，約定一天在凱悅酒店五樓的泰廚午餐，因為我是會員，可以半價付費。那天和思維、嶺南人、符徵、龍人在一起無所不談，他們告訴我，協會八位作家要合力出一本散文集《湄南散文八家》，應該是我近半年聽到最興奮的訊息。我笑著說：這是協會主席思維「嫁給耶穌」（當教會義工）以後，辦的一件最重要的大事。他們希望每年能出一本書，相互鼓勵激盪，提升寫作水準，真是太令人興奮了。

散文八家，論年齡是老中青三結合，他們是饒迪華先生、符徵先生、思維女士、嶺南人先生、今石先生、苦覓先生、許呆女士，在泰華作家群中算是一時之選；八位中，饒先生、思維、符徵、嶺南人、龍人，是我到泰國就認識的朋友，今石、苦覓、許呆三位雖然認識，但見面次數不多，他們作品在「湄南河」副刊拜讀過，可以說是泰華文壇的新銳。在餐敘的時刻，思維提出要我寫序，我當然沒有理由推辭，欣然應命。同時也決定將今年的文友聯歡會，改在九月舉行，會中同時舉行新書發表會，屆時我一定趕回曼谷，與文友會見。他們說：「你快忘記我們了！」說來慚愧，在印尼辦一家新報紙，一切從頭做起，不親力親為不行。現在過了一年，一切稍具規模，比較可以分一些時間，與曼谷朋友聚聚；在曼谷十七年，最珍貴的是曼谷的朋友，對我的包容和愛護，使我終生難忘。

饒迪華先生是我的鄉長，是一位老報人，一九五五年泰國《世界日報》創刊時由香港到曼谷，在職四十多年，由主編、總編輯、副社長、社長，將他的一生奉獻給泰國，與文友建立了良好關係，很多作家受過他的鼓勵，開始邁上寫作之路。饒先生早年就讀政治大學，主修經濟，畢業後做過財政官員和會計，中英文根基好，轉行新聞事業，駕輕就熟，《世界日報》創刊時來泰參加工作，一晃四十多年，他在編輯餘暇，常有散文寫作，退休後在美息養，多次有大陸之遊，寫了很多憶舊和記遊的好文章，感情誠摯，文字樸實，細讀收入書中的三篇大作，必會感染他一片真情。我曾多次勸他，有計劃的寫書，或將他的作品蒐集出版，他因謙虛遲未付諸行動，這次參加《散文八家》出書，是一樁喜事，想到他奉獻寶貴的青春，為泰國、為報業、為文友，就會肅然起敬。

思維寫文章，與我有些關係；十七年前我代表聯合報系接辦泰國《世界日報》，委請「聯副」的朋友代編「湄南河」副刊，他們建議找兩位文友寫專欄，我立即想到思維，建議思維用「隨筆」方式，寫自己熟悉的事事物物。她十分用心經營她的專欄，寫出很多好文章；「曼谷隨筆」的信手寫來，到「有情世界」的感情告白，她的作品愈見成熟，文字洗鍊，真情流露，她出過的兩本書，受到讀者的喜愛和朋友的推崇，前台大校長孫震博士為她的第二本書寫序時，對她的讚譽和鼓勵，可作為她寫作成功的豐碑。近幾年她做教會義工，分出了不少時間，我一直希望她在神的指引下，不要在文學的道路上迷失，新書出版，象徵思維的再出發，我是這樣的期待。

詩人嶺南人，帶著詩心寫散文，我直接的感受是他把詩的語言、詩的節奏和詩的意境，帶進了他的散文作品中，多增加幾分美感。

我到曼谷十七年，嶺南人是認識較早的文友之一。記得初見時他送了我一本詩集，我竟然徹夜讀完，而且對好幾首詩一看再看，十分喜愛，也許這是一個誘因，我很想和他敘談，我們有很多文學觀點相近，尤其對泰華文學的期許，都有很深的感受。最近在副刊看到他很多文章，有些屬於文學的社會參與，很有意義。我想問問：「嶺南人，詩是你膜拜的神，散文呢？」

符徵的作品，和他的人一樣，比較嚴肅平實。他的寫作路子比較廣，寫散文、寫專欄，也寫小說。也許由於長年的公職生涯，又兼具教職，作品偏重寫實析理，充滿對本土的關懷，以寫自己熟知的事物為主，用記事與析理的手法，表現自己觀察力，給人以新穎的吸引力。

龍人是我報社的同事，十七年一路走來，我見證了他的成長，在新聞工作上，他自己不斷學習，接受各種考驗，已成為一個成熟的新聞編輯人。在寫作的道路上，長時間的習作磨練，從詩和散文起步，一天天的成熟，檢視最近他發表的作品，可以找到他成長的腳印；他還是一位書法家，一個很自立的年輕人。他也是平實一型的人，頗能領悟「我手寫我心」，他的筆下處處見真情，真實的美感，躍然紙上，感時之作，也十分動人。

今石先生的散文和極短篇，在「湄南河」副刊看了很多，他又以辛華筆名寫詩，作品中常借景抒情，寄情於景，且有寫小說的筆力。他在內地工作，貼近自然，寫作題材多來自日常生活和大自然，給人的感覺親切而真實。作品多產，說明他勤於筆耕。

苦覓先生，是一位畫家，畫畫也教畫，寫詩也寫散文；畫家對景物的觀察，往往比一般人靈敏，對時空也有更鮮明的立體感，他的散文，意象較豐富而飄逸，語言的張力也大，這與他習畫很有關聯，詩畫一體，表現出不俗的境界。〈拜謁巴莫親王故居〉一詩一文，足見功力。

許呆女士，我了解不深，只從她在「湄南河」副刊發表的作品中，感受她的實力，那天小聚時，思維和嶺南人還特別向我介紹了許呆。她是臺灣彰化人，婚後隨夫移居泰國，在工作之餘，把她過去在臺灣工作的趣事，寫成文章在「湄南河」副刊上發表；她幽默的筆調，甚獲讀者的歡迎。

今石、苦覓和許呆，都正當壯盛之年，已有很深厚的潛力，是泰華文壇的生力軍，星光灼灼，放射著希望的光芒，是喜事。

湄南散文八家，各有所長，使本書像豐碩的果盤，精緻呈現。饒老敘事、思維寫情、符徵析理、龍人感時、嶺南人詩意豐盈、今石借景抒情、苦覓掌控時空，以及許呆熱情爽朗，使全書璀璨精緻。本書九月出版，將在文友會中發表。九月豔陽天，是秋實、是收穫季，慶祝泰華散文八大家新著出版，相信這是一個很好的起點，期待他們年年出書的美夢成真，也請泰華文友一起來為他們祝福。

（原載二〇〇二年七月十五日泰世湄南河副刊）

給思維：平實湧現真情

思維：妳的散文集《曼谷隨筆》出書，真是一個喜訊。記得五月初泰華文藝作家協會籌備會成立那天，我向在座的文友傳播這個喜訊的時候，引起熱烈的掌聲，文友多少有些羨慕。在泰華寫作圈寫稿的人不少，出書卻不是一件很容易的事；何況妳的書雖為世界日報叢書，卻委由台北著名的聯經出版公司編印發行。

妳希望我在妳的書出版前說幾句話，我是惶恐而又愉快；妳的作品都發表在《世界日報》「湄南河」副刊，在讀友心中早有一定的地位，前些時泰華散文大家陳先澤先生已有大文評介，中肯平實地為妳的作品作了推介的評述，他對妳的人和文章，表達了由衷的嘉許，對妳寫作過程中的努力和辛苦，作出最高的評價。要我說話，恐怕也卑之無甚高論，原不敢妄置一詞。

但也有一個說話的理由，因為我是這本書的主要「催生者」。記得三年半以前，我代表聯合報系來曼谷執行接辦《世界日報》，綜理社務兼編務，先來泰了解情況，策劃內容，偶然的機會，經饒迪華先生引介，認識很多位泰華作家，妳和陳先澤先生算是最先認識的。我先期在泰工作四十天，回台北研討接辦後篇幅、內容、作法並且試版，自然也對副刊的事有了決定，我與《聯合報》副刊的同仁商量，請他們初期兼編泰世副刊，請了田新彬、馮曼倫；林煥彰和彭碧玉諸位小姐先生幫忙，這就是「湄南河」副刊改版的緣起。在討論內容的時候，馮曼倫小姐問可不可以找一兩位泰華作家寫專欄，於是我立即打長途電話給當時的社長迪華先生，希望他情商陳先澤先生和妳，每人寫一個專欄，講明請妳寫「曼谷隨筆」，陳先生專欄則由他自訂，而且要限期將前兩週的稿件傳到台北，謝謝你們兩位俞允，使專欄如期推出。

我當初選你們兩位：一老一少，一男一女，先澤先生以雋永的散文，寫人生的閱歷，豐富讀者的人生；而妳的「曼谷隨筆」，寫生活的情趣、社會風光、泰華人物和生活片段，以反映讀者切身的生活。我的設想是讓妳的專欄，是妳生活的投影，題材都是熟知的事物，正合著「我手寫我心」，屬於「我見、我思、我感」的現實生活面的浮雕，題材多，寫起來也必能得心應手。那時候我對妳認識不多，僅知道妳泰國出生，到臺灣讀一女中、臺灣大學，後來回泰工作，熱愛寫作；憑這樣的了解，設計這個專欄，經過三年多的事實証明，妳果能將這個專欄經營得有聲有色，而且文字的技巧、題材的選擇、意境的開拓，做得越來越好，我也不時暗暗地欣喜，由衷的敬服。

散文是小品，卻是文學的大端。它不像經營一部小說，需要嚴密結構、突出情節、創造人物，所以小說是大工程；它不像詩創作，那樣重視洗鍊的文字，壓縮的語言，捕捉意象，提升意境，甚至以高深的哲理，去詮釋人生。比起小說和詩，散文更有廣闊的空間，使自我和假借的自我縱橫其間；因其切身，所以展現真實；因其自我，所以表達真情。

散文題材涉及廣泛，表達的方法自然也多，各人的表現手法和取材的角度，可能也不一樣。有人氣勢雄渾，如滾滾江河，如洶湧海濤，文字激情熱烈使人感受一種強勢的壓力；有人婉約靈秀，如清澈溪流，如深林幽境，文字華美秀麗，使人感染一種清新無邪的情緻；有人樸實無華，如蒔花剪草，如平居生活，文字流露真情，使人享有切身的共鳴，妳的作品我想是屬於這一類，寫人是自己熟悉的人，寫事是親身經歷的事，有一種真情在作品中自然流露，我認為這種真情流露，源於一個「愛」字，可以說是愛湧現的真情，也可以說是真情化成的愛，妳的作品正顯現了這種情與愛，對父母、對子女、對朋友、對社會，都能付出真情，表現至愛，這些是妳作品的可貴之處，而且在處理和表達上，也恰如其分。

妳的作品最大的長處是平實，沒有濃妝豔抹，使人有親近性和親切感。孟子說過「充實之謂美」，有內涵而能平實表達內涵，我想也是寫散文的一個要訣，如果抓緊它，妳的散文會越寫越好，越能表現妳作品的特色。我自己只是一個文學的愛好者，對文學一知半解，寫了這許多，主要是要祝賀妳和妳的新書出版。再一次祝福！

（一九八九年七月十日）

依山廬主人和他的隨筆

「依山廬隨筆」千呼萬喚，終於和讀者見面，做為一個催生者，理應略作介紹，向讀者推荐。

作者袁經倫先生，大家都稱他為文化僑領，在我看來，在泰華社會中他是一位詩人，閱歷豐富，涉獵廣泛，是一個真正的讀書人。在泰華社會，他出道很早，早在五十多年前即擔任教職，至今社交中人多以「袁老師」相稱。五十年前他在水門「華僑公學」擔任訓導主任，不料學校被封停辦，與教師同仁一起失業，因而他離開教育界，也離開大曼谷。據說在那鄉間受過不少苦，為謀衣覓食，一步一腳印，一路走來，無異一名隱者，獨立奮鬥，如茲三十年，始再在曼谷社會行走，此時已頗具實力，成為泰華社會的中堅人物，擔任過中華總商會會董、潮洲會館執行委員、袁氏宗親總會理事長，贊助文化教育事業，不遺餘力，後來突然辭出僑社所有職務，傲笑人生，我行我素，凝聚其特有風格，而不失赤子之心。

我認識袁先生，即在此一奇妙階段。一九九一年亞洲華文作家會議在曼谷召開，泰華文藝協會主席饒迪華先生，有一天來告，希望請袁先生做「永遠顧問」，答謝他對泰華文友的關愛，有「徵詢」意味。當時我已與袁先生相識，是台北兩位袁先生的關係，即文友袁睽九與新聞界同行袁希光，他們來泰的一次飲宴中，認識袁經倫先生，以後也偶有接觸，每年農曆年初一，多在周鑑梅先生家相見，彼此賀年，我從眾，也稱他「袁老師」，而成君子之交，彼此多有推崇，而無實質交集，相見亦僅寒暄而已。

至去年某日，袁先生來電，問我是不是和經濟學家高希均教授熟識，他看了高先生著作，讀其書而敬其人，明言他有台北之行，想去「天下」看高教授，我想是上次高教授來泰主持中山講座演講，我曾在會上講了一些「我的朋友」高希均這類話，給他這個印象，我也就樂於介紹他們相見，我先電傳告知高教授，他回電慨然應允，並提前從外地趕回與袁先生見面，據袁先生回泰告訴我，高袁之會，十

依山廬主人袁經倫（右一），在清邁家中，接待高希均教授（左二）一行，趙玉明為專欄催生。

分歡洽，高教授的平易近人，給袁先生印象深刻，我聽了自然十分喜悅。

今年泰國《世界日報》創刊四十五週年，舉辦一系列活動，其中請到高希均教授專程來泰演講，同時請《遠見》雜誌發行人兼總編王力行女士同行，參加演講後的「鼎談會」，消息傳出後，袁先生來電，想邀高教授和王發行人，會後赴清邁度假，由他接待，我和他商量了幾套腹案，由我與高教授聯繫，希均很快有回應，說他沒有去過清邁，如果可能，在演講前去清邁一晝夜，敲定他們提前七月十九日來曼谷，當天轉機北上，約我夫妻「忙裡偷閒」，陪同前往，組成五人清邁觀光團。

清邁這一天一夜，十分愉快，住在袁先生別墅「依山廬」，是一個花團錦簇、寧靜恬適好地方，尤其難得的是品嚐了袁老師親自烹調的魚翅、鮑魚；袁先生以美食家著名，早些年寫過潮州食府，至今仍為人津津樂道。更由於他在高、王二位尚未抵埠前，即已寫兩篇專文，為他們兩位演講作「推廣」，袁先生的文筆流暢，文字洗鍊，高、王二位也極欣賞，這兩天的話題，多以寫文章和吃魚翅為中心，我立時推波助瀾，邀袁先生為《世界日報》「湄南河」副刊寫個專欄，每週一次，希均、力行也大力催生，認為泰華讀者能讀到袁先生的「專欄」，會有意想不到的收穫。袁先生在「盛情難卻」的激勵下，同意一試，要求給他一點思考時間，我和高、王二位也敬表「衷心期待」，這是請袁先生寫專欄的緣起。

高希均教授二十二日為《世界日報》社慶演講，主講「從大格局看兩岸雙贏」之前，是隆、亞速聯誼會「名人講座」，抓住機會，二十一日中午先請高教授主持一場小型演講會，主講「追求優質人生」，這兩場演講都很轟動，一場是大格局，縱談天下事；一場是小而精，詮釋新的人生境界，十分精彩。這兩場演講會，袁先生都全程在場聽講，會後寫了好幾篇文章，其中〈高希均教授演講後記〉與〈也談優質人生〉，平實而有見地，風傳泰華僑界，驚動了泰華教育界元老許善楨先生，特別寫了一篇文章，在《世界日報》發表，頗多讚譽。由於編者在袁先生文章後面作了「編者按」，預告袁先生同意為「湄南河」副刊寫專欄，得到熱烈回應，也有讀者著文，表示歡迎與期待，這是意想不到的事，自然對袁先生也不無激勵。我這個催生者，就順勢緊追，請袁先生早日動筆，希望專欄早日登場，以免讀者過久的期待。

關於專欄的題目，也有很長的孕育過程，我請他寫文章是早幾年的事，認真談專欄，則是在清邁旅次的車上，高教授和王小姐都在，我一提出，他們兩位也打氣，認為應該寫，而且會寫得好，袁先生也未說不，他說專欄要有個名字，他問高教授可否賜名，高教授一直笑著，袁先生說，用「下崗生涯」好不好，意思是他的商務已由子女接手，僑界職務早已辭卸，現在是真正的「下崗」人，我直覺不好，需要再「燒烤」，最好視野寬闊一些，以袁先生豐富人生經驗與閱歷，文章涉及必廣，他同意再想想，往後高、王二位返台，我和袁先生又多次共進午餐，話題也不離他寫專欄的事。

經過這些日子的接觸，袁先生對我的觀察，似乎深了一層認識。有一天，他突然說：「玉老，以前我一直以為你是一個善於管理的人才，不想你不簡單，深藏不露啊……」他原意是我辦《世界日報》，成績不弱，肯定我懂一點經營管理；不想我還能談談文學藝術，也偶有作品發表，加上和很多學人有良好的友誼。因為他對我「不簡單」的評價，談他的專欄自然更順利，約定先寫三幾篇，送我看看，再安排正式刊出，我對他的認真，回報十分誠摯的感謝。

果然，不兩天，他親自送來第一篇大作，就是今天刊出的〈立志〉，我先睹為快，發現袁先生深得寫散文秘訣，絲絲入扣，從細微處著筆，鋪陳開來，立述其「志」，最後話鋒一轉，歸結他「立志」在此專欄：「能夠平平穩穩的寫下去，按期和大家相見」，這才了解袁先生對自己承諾的虔誠，這片心意使我大為感動；一個編輯人，在「求文得文」的喜悅中，忽然感受到有一種「求仁得仁」的豐碩境界，豈有不樂？

更喜的是他的專欄命名為「依山廬隨筆」，親切自然。我因在依山廬有一宿之緣，袁先生的函籤上端，有依山廬後的山巒小影，白雲飄過山峰，如一幅天然國畫，我曾徘徊山下，一再回頭，此情此景，落實為袁先生的專欄，自有一片鄉土真情，頗多感念，我即將原件剪下，在「依山廬」三字下加上袁先生給我的信中的「隨筆」二字，拜電腦之賜，而成為專欄「刊頭」，似乎也是神來之筆，我將此事告訴袁先生，袁先生說，依山廬三字出自潮州大書法家饒宗頤先生手筆，兩人字體不同，怎能得宜，後袁先生察看原稿，一再審視，相顧大笑，說幾可亂真，我說不是亂真，而是兩真合一，饒袁書法同緣，也算一段佳話。

「依山廬隨筆」今天正式登場，我以此文作為祝福的花環，獻給作者袁經倫先生，也將這個好專欄，獻給廣大讀者，請大家珍視。

（原載二〇〇〇年十月五日泰世湄南河副刊）

十五年來三本書

靜靜的湄南河，豐美了泰華文學的大地，多少文友生在這裡，長在這裡，成就了自己的文學生命。歲月如江水，不停憩的流逝，沖激著我們每一個人，我們的作品，是片刻的一兩朵浪花，還是生命永恆的腳注，總不免有些喜悅，有些悲愴，也有些情不自禁的懷想。

對一個居留在泰國只有短短十五年的我，每次觀察湄南河的急流，也不免有些疑惑，有些激盪，我總細細的思念，在這裡的人和事，文友的臉譜，總會一一浮現，每次文藝雅集，文友們的聲音，也會不停地湧來。對他們在「湄南河」的辛勤耕作，不求名利，就會興起無限的敬重與感恩，總會感受到「湄南河」副刊在泰華文學上，揹著很沉重的負擔，應該如何勇敢擔負起來，給大家一些回報，總困惑著我。

泰華文藝營

十五年前初到曼谷，直覺的觀察我們的文壇缺少活力，寫作的人不少，作品也多，深入的分析總覺得有些不夠。我也曾多次參加文友聚會，多屬友情交誼，很少對寫作的探討，偶有文學評述，也不脫吹捧的俗套；我的感受很深，自己既已投入這個社會，自不能無動於衷。

我直覺感到「湄南河」副刊，應該擔負一個新使命，聯繫作家、鼓勵作家，帶動泰華的文藝活動。接辦初期的副刊和小說兩個大版，刊出泰華作家的作品，也推介歐美台港華文作家的文章，促進交流，使現代文學的風潮，湧進泰華文學圈。我認為三十年代有三十年代的文學，各個時代應該有各個時代的文學，九十年代自然應該有九十年代文學的新面貌。時代在進步，文學的風貌也應該如此。

因此，我們擴大舉辦「五四文藝聯誼會」，這個以世報副刊作家為對象的聯歡活動，在我未到曼谷之前，已舉辦多次，都選在「五四文藝節」前後。我決定將聯歡活動向前推一步，增加文學演講會，會後再聚餐，先後邀請臺灣作家瘂弦、田新彬、司馬中原、亮軒、林懷民、林煥彰、余光中、鄧雪峰、羅門、蓉子、蘇偉貞、陳義芝、楊錦郁、楊蔚齡、楚戈、張拓蕪、張默等作家來泰；每年兩、三位，發表文學演講，舉行座談，加強文學交流。每一次文友聯誼，都使人記憶深刻。

五四文友聯誼會，請林懷民先生介紹現代舞，前為文協總幹事黃應良。

至一九九五年，《世界日報》創刊四十週年，將文友聯誼的活動，更向上提升，決定舉辦泰華文藝營，使老、中、青三代作家，濟濟一堂，研究創作，使泰華文學的發展和承傳，得到更多的啟發。

第一屆文藝營與台北青年寫作協會聯合主辦，邀請臺灣作家和詩人八位來泰講學，他們是小說家司馬中原、陳裕盛；散文家丘秀芷；詩人辛鬱、林煥彰；理論家林水福、鄭明娳。這是開風氣之先，會期三天，到會文友約一百二十人，對充實寫作內涵，交換寫作經驗，建立交流網路，都有積極的意義。

一九九七年舉辦第二屆文藝營，邀請到國際著名的小說家陳若曦，詩人向明，評論家、老牌副刊編輯孫如陵，以及新秀女作家郝譽翔；遷就文友的假日，文藝營活動，改為兩天，減少聯誼時間，集中在文學演講、討論和座談。由於孫如陵先生的提示，文友對寫作與投稿，進行了深入的討論；陳若曦也現身說法，加入研討，使文友受益最多。

今年是泰華第三屆文藝營，由於第一屆文藝營來泰演講的詩人王添源，出任「青年作協」理事長，偶在台北與我碰面，他表示對上次文藝營印象深刻，我就面邀「作協」來泰參與第三屆文藝營，經他與國府新聞局研究，得到新聞局的支持，同時決定新聞局委辦的「文學原鄉」徵文，在會中贈獎。這次文藝營來泰作家，有詩人管管、王添源、林煥彰、顏艾琳；小說家吳鈞堯；散文家丘秀芷；評論家孟樊；樂評家符立中；翻譯家彭淑姿；他們九位各擅所長，其中有兩對夫妻檔和一對母子檔，平添不少佳話。

待墾的土地

說起來，我在泰十五年，與文友關係最密切的只有三本書，標示著一個完美的進程，看出文友十五年來的表現，也刻劃出我和泰華文友相識相知的整個過程，我深覺泰華文友都作了很大的貢獻。

第一本書：《待墾的土地》，是我奉命來泰接辦《世界日報》第二年出版。那時候文友出書不是很多，所以決定由報社為作家出一本選集，鼓勵的意味重於一切。當時世報由聯合報系接辦，仍在虧損階段，出這本書也是「勉為其難」，事實上一個副刊為作家免費出書，也是一種開創，我們還將這本書送給每一個訂戶，希望帶動泰華的出版風氣。書一出版，文友無不歡欣鼓舞，自不待言，大家殷望作家選集，繼續的出下去，這是後話。

我在這本書出版的序言中，曾經說：

記得前年（一九八五）十二月，受命來曼谷，執行經營《世界日報》，將自己置身一個陌生環境中，不懂語言，不熟悉環境，不了解泰國的生活方式，我覺得自己瞬刻間變得既聾且啞，甚至可以說舉步維艱，慢慢讀到各位作家的作品，認識了不少朋友，進一步我開始進入陌生的世界、探索新的生活方式，而後為曼谷所接納，受到她微笑的感染，很快成為泰華社會的一員。

以「湄南河」副刊來說，她也和我一樣，她不知道如何裝扮自己，便進入曼谷這個大都會。一個文藝性的副刊，能給讀者一些什麼？有人說她應該是生活的，文學是生活的投影；有人說她要有本土性，文學是現實的寫照；也有人說一個文藝副刊要提升精神生活的境界，追求永恆的價值；有人看得更遠，文學要有世界觀，尤其有現代國際社會觀，可以說天涯若比鄰；這些可能都不錯，在一個多元化現代社會，副刊雖然是多樣性的，但不要苛求一個副刊能辦完大家需求的任何事。「湄南河」的內容能激起大家的討論，說明大家對她關愛，不免愛深責切，也就沒有什麼不對；記得初改版時，她的內容安排，引起了強烈的反應和討論，大家認為港台作家的作品登太多，似乎冷落了泰華作家。去年五四文藝節，我曾經為這個費了不少唇舌，和泰華作家進行討論，我認為優秀作家的作品，應可以給我們一個觀摩的機會，帶給我們一些衝擊，激發我們寫作的意願，未始不是一件好事。一年以後，這些問題已不復存在了，泰華作品刊登的比例，與日俱增，這個集子給了我們最真實的說明。

後來，有多次文藝雅集，和文友接觸多，聽他們的意見的機會更多，所以我在序言中也想到：

我們體認到文學的世界，永遠在追求未知的世界，世界的文學，更是遼闊無邊的。我感受特深的是文學的殿堂，雖然是敞開著大門，要攀登極峰，卻不是憑一時的際遇可以辦到的，所以我要祝望我所尊敬的泰華朋友，要以提升水準，作為我們寫作的追求目標，讓這本集子，做我們大家的見證，希望我們明天要比今天好，明年要比今年好！

《待墾的土地》全書三百十五頁，共選了五十五位作家的作品，包括新詩、散文、小說三大卷，另有附錄，刊出文壇紀事，琳瑯滿目。特別在台北編印，極為精美，深受讀者和文友喜愛。

收穫的季節

第二本書：《收穫的季節》。一九九五年，正值《世界日報》創刊四十週年用這本書作為給讀者的獻禮。離第一本書出版，將近八年。《待墾的土地》出版，用以凝聚感情，鼓勵

聯合副刊幾位作家訪問泰北，並在曼谷主持文藝講座，右起林煥彰、陳義芝、饒迪華、趙玉明、蘇偉貞、楊錦郁。

文友共同開墾這片文學園地；《收穫的季節》，寓意開墾到收穫，有一種成熟的喜悅。

《收穫的季節》的編印，是《世界日報》創刊四十週年的一份獻禮，授權「湄南河」副刊編輯同仁，獨立作業，我十分信任他們的能力和客觀公正的態度，全書分四大卷三百零四頁，包括：新詩卷「玫瑰心情」、散文卷「往事如煙」、小說卷「亂世兒女」和報導文學卷「泰北之行」，全部作品都曾在「湄南河」副刊發表，詩、散文和小說各卷，每位作家限選代表作一篇，唯近年有些作家已少賜稿，可能會有漏列不周之處，至於報導文學卷，特選聯合報系四位作家「泰北之行」的集體創作，這四篇文章在臺灣和泰國都引起激情的反應，台北作家和出版商為泰北捐來了兩萬一千冊書，《聯合報》讀者兩次捐來了新台幣三百五十萬，幫助泰北各學校，這筆錢促成泰北文教基金會的成立，這是文學參與社會活動的成功範例，特列入本文選，有彌足珍惜的紀念意義。

我在《收穫的季節》的序言中對泰華文友的成就表示肯定，也以「迎頭趕上」時代相期勉。

這十年，《世界日報》常被朋友說成「起死回生」，肯定她十年的成長與發展，肯定她不斷改革所帶來的欣榮景象，肯定她已進入泰華社會和家庭受到喜愛；但大家愛深責切，希望她更好一些，更切合泰華社會的需要。「湄南河」副刊也是如此，十年來湧現許多新朋友，出現了更多的好作品；接辦初期有人抱怨臺灣和海外作家的作品，用太多了，相對的泰華作家的作品，成了弱勢。現在可不同了，泰華作家的比重大增，每篇文尾「寫於曼谷」、「寫於清邁」的字樣，說明這個確切的事實。可是現在我仍然要說，當初的作法是正確的，標示著一個副刊的水準，使我們興起「迎頭趕上」的激情，我們不能永遠滯留在三十年代、四十年代或五十年代，現在是九十年代，是我們每個人必須邁向的一個新時代，文學是時代的產物，每一個時代應該有每一個時代的文學，現在如此，將來也如此。

豐碩的果盤

第三本書：《豐碩的果盤》。這本書出版的緣起，是今年泰華第三屆文藝營，我在揭幕典禮致詞時偶然提出的。今年文藝營開幕那天，增加「文學原鄉」徵文贈獎，國府行政院新聞局與「湄南河」副刊主編林煥彰先生承辦，共入選泰華作家作品三十一篇，先後在副刊發表，由副刊發給稿費，再由新聞局製發獎牌和獎金，選在文藝營揭幕那天，新聞局丘秀芷顧問趕來贈獎，同時也對這次來泰演講的台北作家，給予交通、旅遊方面的支持，所以，我覺得將這些作品印出來，格外有意義。

當時，我即興提出印書的建議，可以「文學原鄉」徵文雖有三十一篇，總字數僅三四萬字，我建議全書分三輯，包括文學原鄉徵文作品、這次來泰作家行前在「湄南河」副刊的作品、和第三屆文藝營紀實，約有十二、三萬字，作家朋友也建議，由我寫一篇文章作為導言，將出書的事作一個說明，也算是「代序」。

書名為什麼用《豐碩的果盤》，內文中也有文章，《世界日報》已為作家出過《待墾的土地》和《收穫的季節》，用《豐碩的果盤》作為第三本選集，有承續意味。其實，《豐碩的果盤》是早先商訂為《世界日報》創刊四十五週年要出的另一本書，就是連續在「湄南河」副刊發表的「泰華作家篇」，因為經濟危機影響報業的營業，一時無法印出這本書，只有留待以後再看機緣，我也一直耿耿於懷，所以想到出選集，這個書名就立即在心上浮現，並在會上提了出來。

促成這本書出版，要謝謝丘秀芷女士，在她訪泰期間，在車上我和她商量，希望將「文學原鄉」泰華篇出書，早兩年新聞局已印行了「文學原鄉」臺灣篇，她很贊成，問我新台幣十萬元夠不夠，我說有了十萬，不足之數就好辦了。就這樣說定。後來，熱心的丘女士還一再追問出書的進度；我也一再請煥彰趕快動起來，果然使出書的計劃，得以實現。

「文學原鄉」徵文僅三十一篇，但後來引起大家注意，有文友還想補寫，所以也增加了幾篇，但基本上還是原有三十一篇為主體。這三十一位作者是：陳潔明、李少儒、康逸藍、思維、梅、李朝暉、賀巾、符徵、王宏萍、李經藝、曾心、嶺南人、林文輝、劉舟、遠峰、黃應良、鄭若瑟、楊維琪、黃柏、許明禮、子帆、亮瑞雲、齊立禮、鄧義夫、夢凌、林明儒、劉黎芬、劉放、王蕾、黃章夫、林牧（不分名次）。

真誠的祝福

我在泰國十五年，與文友結緣，承大家關愛和支持，我是十分感恩的。而我念念不能釋懷的，是泰華文友的處境，如果用「無所求」應該是很深刻的表述，文友們也許為了一點文學愛好和興趣，默默耕耘，終此一生，多數文友走過自己的青春歲月、如夢的青少年、多理想的中年，和多少有些認命的風霜老年。每有文友集會，我總會有很深的感受。

在泰華社會，文友們很可能是被遺忘的一群；功利的現實，文學是可有可無的，除了極少數的人的關注，文友的作品很少得到應有的尊敬。報業因為經營不易，稿費低得可憐，作品出版更是難上加難，自己經濟能力稍好的文友，偶然出版一書，可能連印書成本都收不回。近年出書的情況，雖然比以前稍好，當然是賠損；泰華社會沒有文學獎助這回事，偶有徵文比賽，獎金也不過一萬、八千，如果想有職業作家，以寫作為生，更是白日的夢幻。

可是，可敬的文友，仍然屹立在風雨中，守著自己的信仰世界。也許真的不為什麼，回首來時路，多少憂患、多少風霜、多少生命追求的烙印，也許可以說，他們寄情於詩、散文、小說，有了自我完成，滋生一種愴涼的滿足。

我真的對他們真誠的敬佩，每每與他們相會，尤其老文友，我總是有無限的敬意，也一直將這種敬意，化成服務，化成某些實際的行動，至少要讓社會提升對他們的尊敬，他們默默地為社會獻出他們心靈的火花，從不求報酬。

十五年間三本書，僅僅是《世界日報》對文友熱心寫作的一個小小回報，也用它作為泰國《世界日報》創刊四十五週年的一個小小的獻禮。最後我要對入選這三本書的泰華作家真誠的祝福，我相信熱愛文學，就是熱愛生命，讓我們用生命的謳歌，唱醒這沉淪的功利世界！

（原載二〇〇六年九月二十六日泰世湄南河副刊）

人在印尼風雨中

——賀鄺耀章先生新著出版

鄺耀章先生的新著《風雨中的印尼》出版，希望我說幾句話，我覺得榮幸，而且十分樂意推介這位辛勤筆耕記者的書和人。

還有一個最大的原因，鄺先生新書的時空關係，與我來印尼密切關連。二〇〇〇年十一月我在曼谷偶然看到新華社一則短簡的報導，說印尼可能開放華文教學，對華文報出版的管制也可能鬆動，引發我來印尼考察的動機。因為當時泰國《世界日報》發行已擴及緬甸、柬埔泰、越南，除了鄰近的馬來西亞和新加坡限制外人辦報，就只有千島之國的印尼，最受注目。沒想到從動機、考察到《世界日報》二〇〇一年六月八日在雅加達創刊，一路走來平順快速。鄺耀章先生也因此成為我的同事，有了朝夕相處的機會。他的這本書所收集文章，都是近兩年的作品，正好這段時間我來印尼，深切的感到「人在印尼風雨中」的種種。他要我寫序，翻閱了他的大作，立即的反應是：這兩年原來自己身在印尼風雨中。

鄺耀章先生，是一位優秀的作家，也是一位優秀的新聞從業員，更是一位華族的精英子弟，勤勉好學，具有華族子弟的良好氣質。在印尼受了完整中學教育，再到臺灣求學，臺灣大學工學院機械系畢業，回印尼經過多年的歷練，印尼文、中文和英文素養俱佳，寫作勤奮，文字表達能力也強，先後擔任《指南日報》主譯，《印華之聲》雜誌總編輯，參與《世界日報》在印尼創刊，擔任主編，採訪副主任，表現極為傑出，相信讀者看了這本書，都會與我有同感。

《風雨中的印尼》全書，分成五個重要部份，包括時事篇、梅嘉娃蒂篇、瓦希德篇、專訪政要篇以及人物專欄，共五十九篇文章，大部份在《世界日報》發表，我有先睹為快的機會，尤其是專訪政要與側寫人物，在印尼華文報業是一大突破，多少與我有些關連，這些文章多半受了我「記者要走出去」的提議所鼓勵，新聞記者要走在社會的前端，尤其華文報記者，一定要扮演橋樑角色，使華族讀者融入主流社會和促進族群和諧。鄺耀章先生若干年來的努力與成就，正是在這方面作出了卓越的貢獻。

報紙的功能，在於傳播訊息、輿論監督與社會參與，越是民主開放的社會，越可以彰顯這些功能。在多元化社會發展的潮流中，新聞記者表現「當仁不讓」的風貌，當可受到社會的肯定。細讀鄺耀章先生的文章，就會覺得他在善盡報導責任的同時，對自己生存的社會表達關心，對風雨中印尼的各族同胞表示同情。政治人物有起落浮沉，社會變遷也可能發生各種狀況，可是苦難的土地和人民，總在風雨中，應可使政治人物心生警惕，使社會產生期待的共鳴。

鄭先生在本書之前，寫過一本《改革中的印尼》，從蘇哈托下台、哈比比執政到瓦希德上台，短短兩年，印尼政局卻有如此大的變化，想來鄭先生對「改革」的期盼，心中必然充滿對未來的憧憬，可是經濟危機加深，政爭引發動亂，政權一再輪替，「改革」在「風雨」中飄搖，所以，我認為鄭先生新著《風雨中的印尼》，仍然是對國家的未來，對社會的發展，對人民的安身立命，充滿期待，實多啟發作用。從瓦希德執政的反思中，期盼梅嘉娃蒂的新政；再從很多政治人物專訪中，尋求新政的脈絡；梅嘉娃蒂的執政團隊，在印尼歷史上的定位，自然也決定在避過風雨，重回改革的具體施政中，更能體現一位新聞記者對國是充滿期待的心。

我說人在印尼風雨中，因為書中的事事物物，我都經歷過，是參與者，也是觀察者。有一個切身的例子，去年（二〇〇一）四月三十日在雅加達有二十萬人大遊行，涉及政爭，看來局勢很亂，我和台北支援創刊辦《世界日報》的人員，原決定五月一日那天來印尼，由於外電報導印尼充滿凶險，台北同仁問我可不可延後幾天再來，為了安全我自然同意，可是我自己準時五月一日隻身前來，實地觀察，發覺印尼風雨並非外傳之甚，反而激發《世界日報》提前創刊的信心。我也體現到，人在印尼風雨中，需要冷靜觀察，安定沉著，使自己在變亂中，避過凶險，保有平安，相信經過風雨的印尼各族人民，走過來時路，已可處變不驚。

風雨生信心，謹此祝福鄺耀章先生的大著出版，也祝福印尼各族人民在風雨中，尋求寧靜，早日走出風雨的陰霾。

（二〇〇二年四月十日完稿）

追夢人、美夢成真

——女作家晨曦的書和人

旅居印尼的年輕女作家晨曦，電話中告訴我，她想在印尼《世界日報》創刊一週年的時候，出版她的小說集《千紙鶴》，因為這些作品，都是在印尼《世界日報》副刊發表過的，她感性的說：「如果不是《世界日報》在印尼創刊，這些作品不可能這麼順利寫出來。」她認為這本小說集，對《世界日報》、對她個人都有很大的紀念意義。

她還很客氣的問我：「社長，可不可以？」我聽了她的諮詢，十分樂意的告訴她：「當然可以！」隨即向她說明，報社對任何一位作家出版新書，都樂見其成。但目前報社沒有能力為作家出書，作家自費出版，則報社一定給予必要的支援，在推廣發行上也會給予方便。

我也告訴她，在六月八日社慶當天，要舉辦一場「印華文友雅集」，台北小說家蘇偉貞和詩人林煥彰，要來印尼演講，同時舉行文友座談會，我想在座談會上發表她的新書，必可得到印華作家前輩們的祝福，也可以為文友雅集，增加一份喜悅。

來印尼之前，我在泰國辦《世界日報》，居住曼谷十六年，和泰華文友建立了很好的友誼，每年五月四日「文藝節」前後，都舉辦「五四文友聯歡會」和不定期舉辦「文友雅集」，後來又辦了三次「文藝營」，使文友之間凝聚了高貴的情誼；十六年間，泰國《世界日報》也為文友出版三本「泰華作家選輯」，包括《待墾的土地》、《收穫的季節》、《豐碩的果盤》，每本書都近三十萬字，容納四、五十位作家的作品。來印尼之後，我也一直想為印華文友盡些心意，初創時期一切條件都不成熟，一時辦不到，但絕不是空想，如果能得到印華文友的支持和社會的贊助，美夢就能成真。現在晨曦打了頭陣，更增加了我的信心。

本書作者晨曦小姐，本名莊惠月，一九六七年出生於臺灣台北市，淡江大學銀行保險系畢業，愛好文學，高中時代即開始投稿，一九九二年隨夫定居印尼，先後擔任雅加達台商聯誼會、印尼台商聯誼總會、亞洲台商聯誼總會祕書，長達六年，結識台商、華商和他們的夫人，活躍於印尼華人社交圈，人脈極好，她也全心投入和觀察，發掘了很多感人的故事，激發了她寫作的熱情，使她成為一個「追夢人」。

她在印尼居住十餘年，在華文沒有開放的那段日子裡，有如身處「文化沙漠」，但從未忘懷自己的文學夢，也能藉文字抒發自己的感情，偶有作品刊登在台商會刊之中，受到朋友們的鼓勵，堅定她對寫作的信心。九八年五月印尼暴動，她回到臺灣，曾有機會參與一家雜誌社工作，擔任文字及小說編輯，使她接觸到更多的文學作品，欣賞與觀察，對她的寫作無疑地產生很大的啟發作用，所以在她重回印尼時，正值《世界日報》創刊，她寫出大量的散文和小說；一個業餘作家，在工作與家庭兩忙之間，一年寫了超過二十萬字的作品，已經算是大豐收了。

本書收集的是十個短篇小說，照她自己的說法：「總離不開談情、說愛」，藉故事人物的際遇，使讀者也能「人生有夢相隨」。因此，晨曦所立意營造的小說情節，十分真實可愛；她寫的是自己所熟知的故事，不管是看到的、聽到的、自己經歷的，經過她精心的釀造，而成了一杯醇酒，不論味道甜美或苦澀，讀者品嘗之後總會受到真情的感染。從這個角度看，一位職業婦女邁向業餘作家的長遠道路上，她的第一步，應該是成功的第一步。

小說是文學的大端，像一座高不可攀的殿堂，多少人神往而難窺奧秘。一個淺顯的看法，從許多前輩作家的經典作品中略可探知，如果作家潛心營造一部小說，不論長短，都要從結構、情節、人物、語言，多方面去設計和體會，賦予小說的生命價值。過去有法國人說過：「一個男人、一個女人，加上一個故事」就是小說。但給小說人物一個有血有肉有靈性的生命，成了一種美的追求，故事（情節）和語言（對話），都在凸顯這個人物或者多個人物，而一切的場景，都是為人物而存在，藉場景營造氣氛，給小說更多的鋪陳空間。不論是正面人物，或者反面人物，都有鮮活的生命，照一般通俗的說法，好人的善良本性，壞人的醜惡嘴臉，都顯現其間，讀者自然可以心領神會。我雖然是一個文學愛好者，畢竟不是文學評論家，不敢再多說甚麼。

晨曦的小說，純真自然，文字平順流暢，感情真誠流露，她從事小說創作，時間很短，能夠有這樣的成績，實在難得。她的這些文章都在《世界日報》發表，又趕在《世界日報》創刊一週年慶時出版她的小說選集，站在編者與作家之間結緣的情誼上，我十分誠懇地祝福她，在寫作的艱難道路上，攀登小說創作的最高殿堂，用更多更好的作品，驗證她的努力，創造她的成就。

我也建議，在六月八日印華文友雅集的座談會上，希望印華作家前輩，給她熱烈的掌聲，誠摯的祝福她的新書出版。

追夢人，美夢成真，也讓我們一起來，分享她的喜悅。

（原載二〇〇二年七月七日印尼《世界日報》副刊）

川上襪子的幽默世界

——寫在漫畫集《曼谷開門》之前

周紅波（川上襪子）小姐第二本漫畫集《曼谷開門》出版，遠從日本來電叫我寫序，她真幽了我一默，我那裡懂畫，為畫寫序能說些甚麼好。

我在猶疑中，想到一九九一年有一天，一個很有靈性的美麗女子，由女詩人李經藝小姐陪著，到我服務的泰國《世界日報》來看我，我因讀過她一些詩，看過她一些畫，對她也格外留意，她的四格漫畫「曼谷開門」就是那個時候在《世界日報》連載，使我得到先睹為快的樂趣，想來這可能是她要我寫序的理由吧。那些幽默詼諧的畫題，簡潔生動的筆觸，給了我會心微笑、拍案叫絕的快感，自然十分激賞，一九九五年她在曼谷湄南大酒店開個人畫展，我還為她主持了揭幕，那天到了幾百人，展現了這個小女孩繪畫的魅力。

說來，她是藝術科班出身，一九九〇年浙江美術學院畢業，就是現在的中國藝術學院。一九九一年來泰，留居五年，潛心詩畫，參加過多次藝術展覽，除了創作《曼谷開門》，又在《新中原報》連載漫畫「輕鬆族」轟動一時。九六年她去日本留學，九七年在大阪日本語學校畢業，九八年遊學法國巴黎，九九年回日本，考入大阪教育大學研究所，二〇〇一年畢業，獲得碩士學位，她的四格漫畫「茶包物語」、「櫻花三賤客」在東京中文報連載。她的漫畫集日本篇《滿街都是茶髮》，泰國篇《曼谷開門》出版，相信還有續集不斷問世，這名小女子，十多年來鑽進了漫畫世界，成績十分可觀，她更能不斷進修學習與歷練，提升自己的藝術境界，更是可喜。

她一系列的漫畫書，創造的主題人物，是一名叫「茶包」的中國女孩，在世界各國的經歷，她鬼怪精靈，都有出人意料的遭遇，使人神往，所有故事是現代的，也是生活的，這些隨筆寫意小幅四格漫畫，恰似文學中的小品文，用諷刺、變形、比擬、誇大和象徵的手法，以簡潔的筆調，讓「茶包」小姐，躍然紙上。我想在現實生活中，也有作者本身的生活投影，可窺見她自己人生的一個感性世界，她的靈性，她的智慧，她的完美，盡在其中。

祝福她的漫畫集不斷綿綿出版，也祝福讀者有福，從這些漫畫中得到最大的快樂。

（二〇〇三年四月十日曼谷）

文藝雅集：即席說散文

很可能是一個誤會，今天的集會原本是一個聯誼活動，一次文藝雅集，由我在會中說幾句話，而不是一個正式的演講，更談不上是講「散文創作」，我也沒膽子來講散文創作。

早在去年，思維小姐接任會長的時候，我建議她多辦些小型的文藝活動，像文藝小聚，大家一起交換寫作經驗，激勵大家寫作的熱情。思維希望我參加第一次小聚，後來因為大家都忙，一直沒有舉行，直到過年前，黃應良先生問我春節後行不行，就這樣確定了今天這個雅聚，不想「湄南河」副刊發了預告，《世界日報》第二版又登了新聞，我也推不掉，就將錯就錯，錯做一次即興說散文，向各位請教。

散文是什麼？照《辭海》的註釋，散文是一種文體，是不專用對偶，又不用韻的這種文體，都叫散文。中國古時候，有一種文體，相對於散文而言，是駢文，古代作文，頗多偶語，屬辭比事，協音成韻，便於諷誦。早在南北朝時駢文風行，多重形式，華麗至極，重偶語，即四字六字為對偶，如「關山難月，誰悲失路之人，萍水相逢，盡是他鄉之客」；後來韓愈、柳宗元等文起八代之衰，主張以勢行文，不尚辭華。世人稱用偶語、講音韻為駢文，與散文對舉。現在要想給散文一個簡要的定義，尤其涉及西洋文學，可能很難，但散文也是西洋文學重要的一環。

新文學運動以後，散文和詩、小說、戲劇並列為文學類型，可是「文」何以為「散」，使人不解。郁達夫曾提出看法：「當現代而說散文，我們還是把它當作一個外國字proes的譯語，用以與韻文verse對立，較為簡單，較為合適。」於是我查英文大詞典「散文」條，發現一個有趣的問題。散文的英文是prose，prose poen就是散文詩，prose的解釋有三部份：一、名詞，①散文，②平凡無奇的性質，普通的事，③無趣而平凡的談話，可是在「散文」下有舉例，他寫的散文很美（He writes beautiful prose）平凡、無趣、普通、實在和「很美」，差距太大。二、①動詞，以散文說和寫，②平凡無趣地寫作或談話。三、形容詞，①用散文寫的，②缺乏想像力的、平凡的；在「用散文寫的」下面，也有一個例子，他的散文作品風格極美（His prose writings are excellent in style）。在prose這個字變化而成還有很多有關的字，如散文體proseaism，散文家prose man，寫散文者proser，寫散文prosify，查來查去，就是沒有對散文作出簡要的定義，我說這段查英漢辭典經過，還有最重要的一點，主編是梁實秋先生，梁先生是我國著名大散文家，我想不出為什麼他不給散文下一個定義。大家都知道我不懂英文，一生講話，第一次用了幾個英文單字兒，大家不要笑。

泰華文藝協會經常舉辦文藝雅集，其中一次由趙玉明（中）「即席說散文」。

台大外文系名教授，也是散文家顏元叔，將散文列為「次要類型」，包括議論文、小品文、或描寫文，一方面被用來做為表情達意的文學體式，一方面不若詩、小說具有相等的地位，有人將雜文列為散文一類，又出現「散文不散，雜文不雜」的批評，有人想把雜文趕離散文的領域，也有人把散文納入雜文的範圍。更有人將「報導文學」也納入散文範圍，所以散文的世界浩如大海，難以固定範圍，因為散文題材無所不在，大至宇宙乾坤，小到生活瑣細，皆可取來寫入散文之中。

文評家李瑞騰提出：「散文不但可以用來『表情』，亦且可以『寫意』、『論理』，抽象之情可抒，具體事物亦可敘可詠，夾敘夾議，或情理兼而有之，也可能成為一篇極佳的散文名篇。」加上雜文的說理性、諷刺性的雜感散文，大行其道（尤其在臺灣），以及報導文學的敘述性、真實性的散文，為世所重；使散文領域擴大，功能增強，更由於作者驅使文字的功力，行文自然生動的著筆，開創現代散文的廣闊世界。

早在六十年代初期，詩人兼散文家余光中教授（曾來泰在文藝節發表演講）說過，要「剪掉散文的辮子」，希望現代散文能除盡稚氣，走向成熟。他在他的作品《左手的繆思》出版後記中對散文提了很多看法，質疑有沒有現代散文？散文創作有沒有進入現代人的心靈生活？散文家有沒有提煉出至精至純的句法和與眾不同的字彙？散文家有沒有自《背影》、《荷塘月色》的小天地破繭而出，展現更新的風格？他也對時下的散文有一些批評。

詩人兼散文家楊牧（葉珊），在所編《中國近代散文選》前言中，將近七十年的散文歸納品類並溯源，指出一個事實：近三十年來在臺灣脫穎而出的作家，有些人能夠兼容並包，博採眾體，更有一些超越了他們的先驅，足以令近代散文常青不萎的藝術風姿，更具信心。余光中和楊牧都是大詩人、散文家，又是文學教授，兩人的看法雖未盡相同，他們觀察，無疑的可以供大家參考。

一九八九年思維出版《曼谷隨筆》時，我曾寫了一封道賀信給她，信內提到與散文有關的一些話，可以再回述一下：

「散文是小品，卻是文學的大端。它不像經營一部小說，需要嚴密結構、突出情節、創造人物，所以小說是大工程；它不像詩創作，那樣重視洗鍊的文字，壓縮的語言，捕捉意象，甚至以高深的哲理，去詮釋人生。比起小說和詩，散文有更廣闊的空間，使自我或假借的自我，縱橫其間；因其切身，所以展現真實；因其自我，所以表達真情。」

「散文題材涉及廣泛，表達的方法自然也多，各人的表現手法和取材的角度，可能也不一樣。有人氣勢雄渾，如滾滾江河，如洶湧海濤，文字激情熱烈，使人感受一種強勢的壓力；有人婉約靈秀，如清澈溪流，如深林幽境，文字華美秀麗，使人感染一種清新無邪的情致；有人樸實無華，如蒔花剪草，如平居生活，文字流露真情，使人享有切身的共鳴；如果作家的作品，寫人是自己熟悉的人，寫事是親身經歷的事，有一種真情在作品中自然流露，是很感人的。我認為這種真情流露，源於一個「愛」字，可以說是愛湧現的真情，也可以說是真情化成的愛，如果作品正顯現了這種情與愛，對父母、對子女、對朋友、對社會，都能付出真情，表現至愛，這些是作品的可貴之處，而且在處理和表達上，也會恰如其分。」正合著「我手寫手心」，屬於「我見、我思、我感」的現實生活面的浮雕，題材多，寫起來也必能得心應手。那時候我對她認識不多。僅知道她泰國出生，到臺灣讀一女中、臺灣大學，後來回泰工作，熱愛寫作；憑這樣的了解，設計這個專欄，經過三年多的事實證明，她果能將這個專欄經營得聲有色，而且文字的技巧、題材的選擇、意境的開拓，做得越來越好。

從這個例子，我們可以體會寫散文的一些道理，在座的各位，有很多位也是這類型散文作家，寫得真切純情，寫得平實自然，可讀性高，親和力強，使人有親切性和切身感，必會使讀者產生共鳴。孟子講過：「充實之謂美」，有內涵而能平實表達內涵，不必非要濃妝豔抹不可，也不必非要「語不驚人誓不休」，平順自然，也是寫散文的一個要訣，抓緊它，你的散文就會越寫越好，越能表現作品的特色。

（二〇〇四年泰華文藝雅集演講）

風雲盛會

編者的話

一個事業的成功，各方的參與合作，十分重要，這一輯收集了各方面的建言，有指導性的指引，有經驗的傳承，有參與後的感想，還有對作者的讚佩與痛惜，當然也有系統性採訪報導。旁觀者清，旁觀者的發言，與作者的自述，對比觀察，更可真實了解他辦報的過程，從最初的艱苦奮鬥、茁壯發展到完美成功，是願景也是喜悅，有眾多的參與，就有集體的成功光輝。

聯合報系接辦曼谷《世界日報》

沈克勤

一九七八年三月之後，泰國政府為求和緩越共對泰國邊境武力威脅，盡量拉攏中共以抗越共。為對中共示好，特許前被停刊的華文報全部復刊，泰華僑報又呈現百家爭鳴自由競爭的局面。

中共駐泰大使館利用此一時機，不斷就《世界日報》的言論內容，向泰國外交部提出交涉：一、指《世界日報》使用中華民國年號，係故意製造「兩個中國」之印象，破壞一九七五年七月中共與泰國建交公報中所宣佈的只承認「一個中國」的政策。二、指《世界日報》之言論內容，一向反對中共，歌頌自由祖國，對泰國與中共之友好關係有嚴重不利之影響。

中共使館干預華報言論

一九七八年六月二十日，《世界日報》刊出黃埔旅泰校友會慶祝五十四週年校慶消息後，中共大使館因見《世界日報》刊有會場上中華民國與泰國國旗並列圖片，遂向泰國政府提出嚴重抗議，誣稱「該報強拉部份泰國警官，擬組反華集團」。泰國政府為敷衍中共，乃將《世界日報》兼總編輯饒迪華的總編輯執照吊銷。為維護《世界日報》得以繼續出版，允許更換一位新總編輯名義，重新註冊，並於週日假期加班，趕於當天辦完全部手續。泰國主管官員對《世界日報》如此困難的處境深表同情，認為中共對《世界日報》不會就此罷手，將會續施壓力，以達到它消滅《世界日報》的目的。

沈克勤（右）代表對趙社長辦報成功，至表道賀。

中共首任駐泰大使柴澤民一再公開指示泰華僑社，勿看《世界日報》，勿在《世界日報》刊登廣告，甚至連僑團活動的新聞稿件亦不許發給《世界日報》，因此對《世界日報》的發行及廣告業務發生嚴重影響。《世界日報》在此政治及經濟雙重打壓下，業務開始虧損，而且日積月累一年多過一年。

一般公司企業財務發生問題，原應向董事會謀求解決，但在當時情況下，董事們對《世界日報》所遭遇的困難，均不願過問。甚至有些董事認為，《世界日報》不是依商業常規在做生意，誤以為是黨國在海外辦宣傳，有何困難，應由黨國支持。

有許多熱心僑胞，認為一向堅持維護自由反對共黨的《世界日報》，不能在中共的打壓下關門。他們奔走呼籲，要求政府予以支持，一九六七年十一月中，我政府曾支助《世界日報》換用柯氏新印刷機，使報紙面目一新，但對歷年虧損所累積的沉重債務，仍須《世界日報》自行設法解決。

我因職責所在，每次回國述職，都須向有關方面報告《世界日報》面臨的困難，請求多予支援。向私人要錢，固屬困難，向公家要錢，更難上加難。因為政府機關公費都受預算限制，凡未列入預算的開支，都須要經特別核准，因而有關機關，遇到要錢的事，能推則推。有一天，我到行政院面見政務委員周書楷先生，他聽完我報告之後，問：「倘若今年政府給予補助，明年是否還要繼續予以補助？」我實在無法回答說不要了。

每年政府給予的一點補助，杯水車薪，無濟於事。補助款匯到之後，還不夠還舊債，不

一直想關掉世報的柴澤民，多年後再次訪泰，手拿新版《世界日報》，不知作何感想。

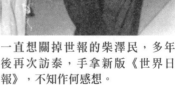

過幾日，新債又積壓得《世界日報》透不過氣來。所幸董事長林來榮不顧各方的壓力，不計個人的得失，報社無錢過日子，遂向他私人借支，到了一九八五年，一天，他拿出他私人在盤谷銀行的存摺給我看，表示他已無力再為《世界日報》墊款了。

《世界日報》發生經營危機

幸好那時候，報社工作人員，在饒迪華社長苦撐領導之下，大家都能體諒報社的艱難，奮鬥不懈，堅忍工作。薪水發不出了，大家商定延期及分期發薪的辦法，有時紙行拒收報社期票，也須要大家湊錢，否則就要停刊，甚至電火費，有時也由大家墊付，才免於割線停電的難關。

在此艱困時期，饒社長不僅主持社務，他還兼任總編輯多年，日夜辛勞，不眠不休。力求報紙版面及內容不斷改善。文藝版編輯馮淑惠女士（筆名摩南）於一九七五年退休後，饒社長又出馬兼編文藝版十年。每年五月四日還舉辦文友聯誼會，泰華老、中、青文友齊聚一堂，氣氛親切熱烈，我也樂予參加，得識名作家陳先澤先生、梅影女士、李耐冬先生等多人。《世界日報》的經濟版，由副總編輯林命光主編，報導國際經濟新聞，消息迅速詳盡，是泰華工商界資訊的重要來源。潘法仁（筆名二伯）的短評，也膾炙人口，名噪一時。唯受大環境影響，業務始終沒有多大起色。

一九八一年，總經理李唯行離職返台後，曾請曾雄先生代理一段時期，他力求開源節流，企圖打開報社困境。他看到工作人員日夜揮汗工作，辛苦萬分，特為辦公室裝上冷氣，給大家打氣。同年十一月十九日晚間，我請林來榮董事長與饒迪華總編輯及曾雄總經理在我家中商討如何改善《世界日報》問題，談至深夜，林董事長因年事已高，竟致暈倒。我甚感驚慌，連忙駕車將他送到我家附近的Sumitive醫院調治，所幸無事。他因身體不好，不再兼任《世界日報》社長職務，改請潘子明先生擔任，借重他與泰國警方的良好關係，以抗外來的壓力。一九八二年十一月，商請馬化澤先生出任主管經理業務的副社長，許伯侯先生擔任總經理，大家同心協力，維持《世界日報》於不墜。

到了一九八五年，《世界日報》的營運狀況日見萎縮，可說已經到達山窮水盡無計可施的地步。我想起鄭午樓先生於一九八二年五月訪台回來講了一句話，他說：「臺灣百業發展，為甚麼在泰國辦一份《世界日報》都辦不好？」給我兩點啟示：第一、泰華僑社都視《世界日報》是「臺灣報」，或是「國民黨報」，因此我認為這座象徵著中華民國的自由燈塔，不能熄滅；第二、臺灣報業非常發達，何不請臺灣一家大報，來泰接辦《世界日報》。

面見惕老　向《聯合報》求援

因而國內有關單位轉而商請《聯合報》前去接辦。董事長王惕吾先生鑒於是中央黨部他提出的請求，不便推辭，遂派經理簡武雄先生前來進行調查。簡總經理是週末飛抵曼谷，他來看我，我請他先休息兩天，到週一上班，再去《世界日報》查詢。後來我才知道，他當夜就去《世界日報》察看報紙編排印刷作業情況，等到午夜之後，他們又去街頭察看發報送報的實際情形，兩三天下來，他不但把《世界日報》營運狀況查得一清二楚，而且把泰國華文報的整個銷售市場調查清楚，全部銷售額約六萬份。他這樣夜以繼日的辦事精神，令我欽佩。

一九八五年十一月二十五日，我三度回國，就《聯合報》接辦《世界日報》問題，分別拜會有關單位，獲得各方贊同。三十日，王惕吾董事長邀我午宴，席間我對《聯合報》人員努力不懈奮戰拚鬥的企業精神，表示讚佩。我說：「董事長，你只要派像簡武雄這樣努力的人去接辦《世界日報》，就會成功。」王董事長聽了，甚為高興。同席有《聯合報》副董事長劉昌平兄及《經濟日報》社長劉國瑞兄，他們兩人都是我的好友，請他們從旁打打邊鼓，早日促成此事。

十二月二日下午四時，由中央黨部祕書長馬樹禮先生出面，邀請王惕吾董事長商談接辦《世界日報》問題，有關單位首長均參加，我隨外交部次長丁懋時出席，大家一致請求王董事長為黨國盡力，把《世界日報》接辦下去。在此眾望所歸的情況下，王董事長表示義不容辭，願意接辦，唯對《世界日報》歷年所積欠的泰幣六百萬銖債務不能負責。經研商決定，由政府貸款美金三十萬元，以當時匯價一比二十六泰幣計算，約合泰幣七百八十萬銖，用來

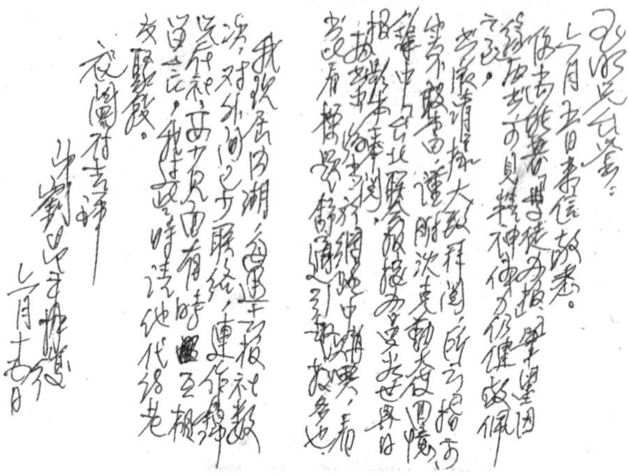

聯合報系副董事長劉昌平先生致趙玉明函，關心新著出版。

清還舊債，尚餘一百八十萬銖，可用來作為資遣部份員工費用。王董事長當場表示，他將自籌泰幣一千萬銖，用來接辦《世界日報》。

簽約委辦順利完成交接

會後，王董事長約我至聯合報社商談接辦人手問題，王董事長說：「《聯合報》派人沒有問題，但去泰之後，如何解決居留問題。」我沉思良久，認為祇有借用我駐泰辦事處的名額，始可長期在泰居留。王董事長當即拿起電話，和丁次長商量。丁次長知道後，不敢擅自作主，隨即令我回部，詢問是怎麼一回事。在座王必成兄，看我著急，他自告奮勇，開車送我去外交部，見到丁次長，我以為會受責備。他說：「朱部長已經同意了，認為要《聯合報》去接辦《世界日報》，自然需要派人去泰國接辦，不借名額，他如何派人去。」最後決定用海外工作會的名義，派人去泰從事文化工作。

一切商定之後，由林董事長代表《世界日報》，與內定世報副董事長王必立簽約，將《世界日報》無條件委託《聯合報》接辦經營，並商定於一九八六年一月三十一日為交接日期。

王惕吾董事長經過短時間籌商，決定在《世界日報》原有的基礎上，予以改革。人事方面，仍請林來榮先生擔任董事長，王必立任副董事長，饒迪華先生出任社長兼總主筆，派《聯合報》總編輯趙玉明任執行副社長兼總編輯。王董事長此一人事安排，非常明智。報社編輯採訪人員多數留用，唯有排字員工，因報紙已決定改採打字排印，此部份員工只得全部裁掉。對於被裁的員工，凡任職未滿一年者，補助一個月薪，任職未滿三年者，補助三個月薪，任職三年以上者，補助六個月薪，因而也未引起被裁員工的不滿，順利完成交接。

一九八六年二月八日是中國新年除夕，《世界日報》宣告：自初一起停刊準備全面增張改版，經十天試版，一切安排妥當，乃於二月十八日復刊，增出七大張，內容充實，版面悅目，新聞快捷，一新形象。昔日被視為黨辦的報紙，而今成為盈虧自負為全泰華僑服務的純民營報紙，很快獲得廣大讀者的喜愛與好評。發行才三個月，《世界日報》銷售的報數已增加到一萬五千份，廣告收入增至每月一百萬銖以上。以後陸續增加，最高達到每月六、七百萬銖。

新報氣勢不凡震撼泰國

泰國《世界日報》在聯合報系龐大的文化事業撐持之下，一露面就顯得氣勢不凡，震撼了泰國其他華文報。《星暹日報》社長李益森對我說：「今後泰華社會恐怕只會留存星暹和世界兩日報了。」

一九八六年三月二十七日，我返國參加使節會議。四月四日下午三時，我到聯合報社拜會王惕老，向他祝賀《聯合報》接辦《世界日報》的成功。惕老說：「我到海外去辦報，是要發揚中華文化，服務僑胞。不獨要辦好泰國《世界日報》，更要影響泰華各友報，共同向新聞正途發展，共創榮景。」

（劉昌平先生複印提供，錄自沈代表著作《使泰二十年》，二〇〇二年十一月臺灣學生書局出版）

一年比一年更好

王必立

王副董事長必立。

趙社長、饒顧問、各位同仁：一年零一個月未到泰國來看大家，今天看到大家的氣色，人人都比去年更好，很是欣慰。剛才聽到趙社長報告，表示承蒙各位的大力支持，辛勤地在工作崗位上奉獻，使泰國《世界日報》經由聯合報系接辦三年以來，已小有成就。但是，我卻覺得這三年來，我們無論在發行或廣告業務上，均能迅速的開展，使《世界日報》從一份原本並不受注意的報紙，變成受到重視；從發行量少的報紙，成為擁有廣大讀者群的報紙。雖然目前我們仍然每年略有虧損，但是《世界日報》業務的成長卻

王副董事長必立（右），是接辦世報的總指揮，與趙社長和同仁乾杯。

是非凡的。

三年努力・成就非凡

尤其值得高興的是報譽的增長，使《世界日報》受到各方的重視，這都是非凡的成就，在此要由衷地感謝大家為報社貢獻智慧、能力和辛勞。

今天早晨我從英文報中讀知，泰國經濟正欣欣向榮，無論出口或進口貿易均大幅成長，實有助於泰國經濟的起飛。而這些正是報社發展的有利條件。因此，我們應該如何有效掌握這大好時機，使《世界日報》一年比一年更好，這是我們努力的目標。

剛才，我聽到趙社長談到對同仁們福利事項。我要大膽地要求趙社長，是否在薪資上可以做適當的調整，以表示報社對同仁們辛勞的一種回饋。

辦報原則・壯大發展

照我們聯合報系的辦報原則，凡是有了盈餘，首先要壯大報紙，加強軟體與硬體的投資，使設備更現代化，報紙更權威性。其次便是優先考慮改善同仁們的待遇，增加員工福利；第三才是董事股東的分享；第四將盈餘回饋社會。

泰國《世界日報》發展的主觀條件很好，加之，我看到泰國同仁們負責的精神，使原定任務指標部分已達成，這都是令人欣慰的。《聯合報》到泰國接辦《世界日報》，目的原在培養泰國新一代的報業人才。剛才聽趙社長提到很多工作，要求在泰的同仁實際負責，我非常高興，今後更希望由在泰國有居留者，肩負起更重要的工作，相信這對泰國《世界日報》的遠景會更好。

最後，我要特別感謝老一輩同仁，像二伯（老報人、《泰京新聞》主編潘法仁先生）等的敬業樂業的精神，全心全力為報社貢獻力量，心裡實在充滿了感謝。

（王必立先生：《經濟日報》發行人，泰世副董事長，一九八九年泰世社務擴大會報致詞）

《聯合報》未來五十年的願景

王文杉

今天是我個人第一次到泰國《世界日報》來，在我的記憶當中，大概是十六、七年以來第一次到曼谷，昨天到的，才剛剛過了一天，整體來講對此地的印象良好，覺得泰國的人也都非常的和善，整個曼谷城市的發展，比我想像中要好一些。鄉村的地方，有一些觀光的景點我也去過，與曼谷的差距就比較大。不過十幾年沒有到曼谷，而且第一次到泰國《世界日報》，我心裡面有一種特殊的感覺，剛剛到報社的時候，我跟黃總經理聊天，我說每一次出走台北，到聯合報系全世界的機構，讓我有特別深的感受，就是聯合報系的精神其實都在海外延續下去，有的時候延續的比台北來得更好。在許多海外辦事處和辦公大樓裡面看到的設備，大樓的格局，同仁工作的方式，都實實在在的在這些小地方顯露出來很多聯合報系的精神。

泰國《世界日報》是一份在泰國有悠久歷史的僑報。但是聯合報系接辦了十五年的時

王文杉董事長（左），任總管理處總經理時訪泰，主持趙社長退休，留任總主筆。

王文杉董事長（左一）與趙社長、林總編輯夫婦（右）合影。

間，今天在座各位，我們看到了有年長的，有年輕的；可能有年資很深的，也有年資可能少過十年或更少的，這也是《聯合報》的精神之一，不管你來自何方，不管你的工作年資長還是短，大家能夠像一家人一樣和睦地工作，我想這個就是我們《聯合報》人所常講求的《聯合報》精神最基本的一點，從這些小小的地方，在世界各地的聯合報系機構都有這樣的感覺，今天到曼谷來，也感覺到這樣子。

剛才，社長提到金牌的大小有規格，其實也不是如他講的這麼硬，這其實是很有人情味的事情。在一個機構裡面能夠工作到四十幾年的時間，是一個了不起的事情，這是一輩子的精力和奉獻，統統在這個機構裡面，我想，這是非常值得尊敬和肯定的。從這個觀點來看，做個金牌大一點是很應該的事情。

代表總社嘉勉致謝

這十五年以來，在社長玉老的領導之下，在很短的時間之內，把泰國《世界日報》轉虧為盈，漸漸穩定，進入佳境，也慢慢地給泰國《世界日報》賺了一些錢，也都投資在本地報館——生產設備或人事的投資，都做了一些改善的措施。三年以前，亞洲金融風暴泰國首當其衝，在這樣的情況之下，在全體同仁的合作努力下，能夠讓泰國《世界日報》安安穩穩地度過，是很不容易的事情。火警也安穩度過，在這幾年裡，泰國《世界日報》還展現了旺盛企圖心，要向外走出去，成為一份區域性的而不是只是在泰國的一份僑報，我想這樣的一個定位是一個大的突破，這是台北總管理處會非常支持的一個作法。

聯合報系辦報總辦了半個世紀，一向的宗旨是服務所有的華人。只要有新聞的地方就有聯合報系的記者；只要有中國人的地方，就有聯合報系的報紙，這樣的一個使命，在過去半個世紀裡面，我們都非常的努力，在朝向這個方向打拚。邁入第二個半世紀的時候，在這邊我要向大家做個特別的報告。也就是我們把前面的半個世紀，歸類為一個中心思想的領導經營的一個模式，是發展為全世界最大的華文報系；在未來的五十年因為客觀環境的改變，因為科技的進步，因為所有人對一些需求的改變，我們希望把上面這句話在精神上延續，但是技巧方面做一些調整，我們希望在下個的半個世紀能夠做到全球最大、最有信譽的華文資訊提供者。這是什麼意思，這跟報系有什麼不同？我們希望以後是有新聞的地方，就有聯合報系的記者，有中國人的地方，我們就有機會為這些華人做資訊提供的服務。不管是什麼管道，不管是什麼形式。

未來五十年的願景

我在台北經常跟同事聊天，我說我們自己千萬不要陷入一個迷思，我們做的大眾傳播業是新聞業，我們做的不叫「印報業」。在舊有的環境裡面，不管是什麼樣的因素，電視就是電視，廣播就是廣播，報紙就是報紙，早年廣播剛剛出來的時候，有人說報紙要完蛋了，報紙沒有完蛋；電視出來的時候，有人說報紙要沒落了，報紙也沒有沒落；彩色電視出來了，又說對報紙的影響很大，報紙也沒有沒落，不但沒有沒落，還有所成長。那我剛剛講的話是什麼意思？無論如何在一些譬如說歐美先進的國家，即使像臺灣這樣的地方，甚至在美國，您會發現科技對人類的影響越來越大，新聞取得的管道，不再僅只傳統的媒體。許多專家分析，未來是一個所謂多媒體整合的時代，消息取得的管道可能是來自多方面的媒體。這意思是在未來數十年之內，報業依然會存在，但是經營的形態，可能會有所改變，譬如說，我們最近在台北《聯合報》的一些經驗，可以給大家做一個參考。第一，我們把報紙的定位不再僅限於提供新聞。因為我個人每天早上起來打開報紙看，新聞的部分，我相信七成以上我已經知道了，因為我昨天看了電視晚間新聞，我聽了廣播，我上了網路，我做了這些動作，我大約已知道了七成以上的新聞。所以台北《聯合報》做什麼事情？做跟區域結合深度的報導，譬如說我們這位總編輯來自台北的地方新聞中心，地方跟社區要做什麼樣的結合，什麼樣的合作，做什麼樣的深度報導，讓這個報紙可以深入再深化，能夠跟讀者和民眾產生生活上的關連，這是一種；又或者說在增進讀者知識的情況之下，做一些趨勢的分析、判斷，做一些增進知識的專題報導，《聯合報》的版面有越來越多這種類似的文章出現。不只是對單一新聞事件的分析，對一些系列的報導，大的專題，都有越來越多的專題。還有一些軟性的新聞、知識性的報導，跟衣、食、住、行都有關的事情，這種類似的報導會越來越多，這就是報紙有一種趨向雜誌化的傾向，因為報紙不能再把自己定位為「新聞報導」。以新聞報導來講，我們了解報紙的確並不是最佳的管道，要怎樣發展一個平面紙張的優勢？在這麼一個前提下，我想這第一個步驟非常重要。

第二，剛才聽到總經理在報告，有關報社內部的電腦化，我想為電腦化而電腦化是不具實際效益的，那為什麼要電腦化，總要有點理由吧。我想行政管理可以提升效率、降低成本，這是必然的，但是更重要的是剛才我講的是一個趨勢發展，我們所有的人因為科技關係，而要在網路或其他管道上面做我們新聞提供者角色扮演前提，使所有的作業流程必須電腦化。譬如說，現在UDNNEWS想要用泰國《世界日報》的資訊就會有些困難，因為它不是自動化，我們不能自動把這些新聞轉載。《聯合報》所有的每一個字經過處理，見報的每一個字都可以經過自動的轉檔，進入網路呈現網路的模式，中間不需要人工，如果全部都要人做的話，這成本是太高了。第二未來的新聞報導模式，不管是來自於那一種新聞的背景，新聞的報導是要快，在未來的數十年裡面，可能已沒有人再能忍受今天早上看到昨天的東西還叫「新聞」。所以沒有電腦化速度就會降低，即時性就會比較差，所以這些準備動作都要做好。

同仁加發半月薪資

今天我第一次到泰國《世界日報》來，講了很多好像與大家現在工作沒有直接相關的事情，我講的事情可能與大家的生活關係也沒有很強的共鳴，我之所以要提出這些事情，是因為我覺得一個事業的發展應該要向前看。過去我們做得很好，我要給所有有貢獻的工作伙伴肯定與尊敬；現在工作同仁的努力，我們也要感激大家一同努力。但是總之我們要往前看這個發展，要來研判未來可能的發展，未必我們現在做的每一件事都是對的；未必我剛剛講的事情未來都會發生，但是總要能應變未來可能的改變。所以我特別提出未來五十年《聯合報》的一個新的願景。既然要做全世界最大的華文資訊提供者，台北總管理處在未來的五十年會更加強對我們海外據點、海外報社的關心和注意。因為過去這五十年扎下的根基，可能是我們未來五十年開花結果很重要的一環。剛剛趙玉老說帶給大家禮物——每位同仁加發半個月薪資，我想不敢當也不是一個禮物，這只是要謝謝大家。我反而覺得，大家如果認同的話，把剛才我提出的聯合報系第二個五十年發展的願景的方向，把這樣的東西當成是一個禮物，如果大家能夠接受的話，我會非常的高興。剛才在各部主管的報告中細節的事情，我想社長、總編輯、總經理比我還要清楚，有什麼需要解決的事情，相信都會討論出一些方法。如果需要台北總管理處提供的地方，就像趙社長講的，不要客氣，只要能夠精確的提出來，我想台北都非常樂意來幫泰國《世界日報》去解決當地的問題，今天我簡單的講話就到這裡，謝謝大家。

（王文杉先生，聯合報系董事長，時任報系執行副總經理，二〇〇一年十月泰世社務會報致詞）

沈月

趙玉明曼谷辦報十五年

泰國《世界日報》在泰國華文報社中屬於發行量最大的報紙，廣告經營不錯，每天會有許多廣告自動送上門來。這是什麼原因？翻開《世界日報》的版面就可以知道。《世界日報》的內容和編採方法與眾不同。照我個人的觀察，它力求新、精、異、奇，老中創新，繁中有精；同中見異，平凡中出奇。記得我曾剪輯過《世界日報》副刊一位中學生談「真理」的文章，雖是中學生，卻能很深刻的論述真理的原由。

他說：「真理是在大家已經知道，但沒認同的時候出現的超前一種思維，然後被實踐所證實是正確的，這就是真理」。

雖然，這是一個商業社會，更是一個每人都力求在短時間裡追求文化知識的新時代，信息是日新月異，在信息頻繁變化中，是肯定或否定？是變化或認同？與每個人的發展步調的快與慢，關係密切；和社會同步前進，和商業社會要求一致，乃至在世界大潮流中也能奮力

趙社長（左）接受大陸媒體採訪。

向前，這是每個人的希望。

世報十五年不斷成長

泰國《世界日報》的成績如此之可觀，作為《世界日報》的社長趙玉明先生又是怎樣看待過去，現在和未來呢？大家也更想知道趙社長在曼谷辦報的生涯吧？下面是採訪趙社長的訪談實錄：

記者：趙社長，請問《世界日報》的總部是設在美國是嗎？您們《世界日報》辦報有幾年時間了呢？

趙：《世界日報》的總部不是設在美國，在美國有一家《世界日報》，也是我們聯合報系的。我是從台北《聯合報》派來接辦泰國《世界日報》的。以前在《聯合報》擔任總編輯，一九八五年冬天來泰國辦報至今已有十五年了。

《世界日報》是一家老報紙，創辦四十五週年了。我是創刊三十年後那年來的。

記者：哦，趙社長，您來曼谷已有十五年時間了，時間不短了。十五年的努力，《世界日報》在泰國發行量最大，您能談談是什麼原因嗎？

重視讀者的興趣與需要

趙：《世界日報》發行量大，是這十五年以來不斷成長的結果。在泰國七家報紙中原來排名不高。現在變成發行量最大、廣告最好，原因是：一、新聞詳實、最快，在全世界各大城市都有特派員，有記者。二、電腦編排，加強彩色，租用衛星專線，運用科技。三、重視讀者的興趣，讀者的需要。我們對北京、臺灣採取平實的態度，平衡地安排版面。副刊陣容很強，尤其重視生活化現代化的知識傳播，所以很受讀者的喜愛；當然，報社同仁大家全心投入，也是主要原因。

記者：趙社長，您們報社科技設施頂強的嘛，這種優勢是獨家擁有。而且世界各大都會有特派員和記者也是您們的優勢。趙社長，您認為泰國華文日報社是不是可以聯合辦報呢？

趙：這是一個很好的構想，但目前可能不容易辦到，很難取得共識。過去在臺灣有過先例，《聯合報》就是由三家報紙「聯合」的。

早年台北的《民族報》、《全民日報》、《經濟時報》三家報合出「聯合版」，後來發展成為今天的《聯合報》。在泰國有一些報紙是人情報，幾千份、一萬份都可以維持，而且恐怕沒有人去想太長遠的問題。

聯合辦報構想好，辦不到

記者：其實辦報也是一種文人的事業，這個問題是現實問題，想迴避也迴避不了的。應該是面對現實。趙社長，您認為華文日報在泰國有前途嗎？

趙：在泰國辦華文報雖然很辛苦，但還是有發展的空間和前景。因為現在華文讀者增加了，中國大陸、臺灣、香港、新加坡的大企業都來泰國投資，旅遊的人也增多了，這些情況表明都需要閱讀華文報。前面你問我報社怎樣發展的，像這個情況對《世界日報》的發展是很有幫助的。而且更重要的是泰國政府已同意開放華文教育，現在華文的補習學校、語文中心不斷增加，許多家庭也鼓勵子女學習中文。當然華文報自己一定要有進步，求發展，才能配合這個形勢同步進行。

記者：這樣說來，華文報社，還是有前景的，就看報人自己如何抓住機會，發展華文報業。趙社長，您認為華文報現在最大的缺憾是什麼？怎麼辦？

新聞品質不好要大家努力

趙：我相信這是你關心的問題，我也關心。冷靜的說，日前各報新聞品質不好，缺乏競爭，而且報費太低，廣告費用價目也低，造成了營運困難。你問我怎麼辦，我認為要從觀念著手，報紙是社會公眾的，需要得到大家的支持，大家也要站在一個支持、贊助的立場促成報紙正常經營發展，有什麼土壤開什麼花嘛！另外，報人本身也需要求進步，改善工作態度，吸收人才，待遇也要比現在好一點，這樣報紙的缺點就會慢慢的改善。

記者：趙社長您說得很對，大家要有一個共同認識，同心協力，事情會好辦得多。也會很快進入良性循環。趙社長，談了報社的過去，現在和將來的情況，下面請您談談您的個人奮鬥史好嗎？談談您是怎樣自學成功的？談談您的傳奇生活。

趙：你讓我談自己，你把我的生涯看作傳奇？也許可以這麼說吧！我十九歲高中沒畢業就到了臺灣，參加軍隊，在軍中待了二十多年。我在軍中自修、自我磨練，參加各種訓練，學習寫作，後來在軍中作新聞和廣播工作，做過新聞官和廣播電台台長，與新聞文化結了緣。我四十多歲退伍轉入新聞界，先後擔任台北《民族晚報》、《聯合報》總編輯，到泰國初期，擔任副社長兼總編輯。計算起來，我先後擔任了多家報紙總編輯十九年。所以我覺得很多際遇也頗為傳奇。我得過很多獎，詩、小說、報告文學等都得過獎，新聞編輯，專欄撰述也得過獎，這些獎包括軍中新文藝獎、中華民國的國家文藝獎、行政院金鼎獎等等，所以，我說這些都是歷練、也是機緣。

任何好計劃要靠好的執行

記者：趙社長，您說的機緣是一個因素，更主要的是您個人的主觀努力加勤奮，否則，人人都有機緣，但不努力，一切等於零。其實軍人和文人是兩種不同氣質的人，然而您卻將軍人和文人合二為一了，於是就產生了傳奇人物，您，趙玉明社長。文人的優柔寡斷，心思細緻；軍人的剛毅果斷，辦事實在，同時出現在您一人身上人，可謂是文武雙全了。趙社長，您做什麼事情，是不是喜歡有詳細的計劃，但，有人說，變化比計劃快，您能給我們作解釋嗎？您是怎樣在變化之中再計劃的呢？

趙：凡事都要有計劃，可是任何好的計劃都要有好的人來執行，也就是想的那一套要能做出來。凡事有計劃總是好的，可是也有情況外的，突然變了，怎麼去把握，怎麼去扭轉，這就是需要智慧的。人生規劃，很重要，可是也有意料之外的事。比如：我來泰國十五年，我從來沒想到。原來派我來的時候說好是半年和一年的。所以計劃也有意想不到的機緣，也許是我與泰國有緣吧。

記者：趙社長您說得對，在計劃變化了後，人就要有智慧來把握事態的發展和變化，正確的扭轉局面，至關重要。趙社長請談談，您在泰國十多年的報社生涯，您的最大體會是什麼？最大收穫是什麼？

趙：我最大的體會是投入泰華報業，讓一家排名最後的報業起死回生。我最大的收穫是建立了高度的自信，同時，得到各方的友誼，泰華僑領、作家朋友很多都變成了我的好朋友，也包括最新認識的你。

向區域性發展是必然趨勢

記者：謝謝您，我很榮幸的能和您結交為朋友，應該說您是我的老師吧。趙社長，請談談《世界日報》，今後發展的計劃好嗎？

趙：我們現在全心投入使《世界日報》變成區域性的報紙，我們已經在緬甸、柬埔寨、越南建立了發行網。並和老撾新聞部已簽了合約。馬來西亞邊境也有一些報亭賣《世界日報》的。我們要將《世界日報》辦成東協國家區域性的華文報紙，同時，我們成立了採訪中心，網羅好的記者，希望加強新聞服務，提高品質。

記者：您們的計劃很偉大，也很現實，事實上就是做任何事業，都是「逆水行舟，不進則退」。趙社長，作為報業前輩，您認為，記者的路，應該怎樣走才會更寬廣一些？為什麼有人總說文人是窮文人，應該怎麼樣讓記者們富起來呢？

趙：其實記者是一種神聖的事業，因為環境和地區的不同，待遇有差別，在臺灣、香港、新加坡，記者的待遇都很好。一般記者的工資以泰銖計算每個月有四萬至十萬銖收入，算是很高的了。可是泰國中文報因為經營不善，總收入不好，待遇就差，大概《世界日報》平均起來算好的。所以記者和編輯的路會不會寬，要看未來的發展，和記者本身的能力。至於你說文人窮，是自古以來就有的。比如說：「文窮而後工」，指在困境中的文人會生產好作品。文人一般在其他地區的收入是高收入，泰國報業因為稿費低，出版機會少，要想寫文章致富，機會是少而又少。其實，泰華的作家可以向外發展，向香港、臺灣、中國投稿，這當然也考驗作家的能力和寫作水準了。

記者編輯要不斷提高水平

記者：是的。作為記者也要提高的水平，向外發展，因為人總是不能攀在一棵樹上的。

趙社長：您認為，記者除了做好本職工作，再要提高自己的技能，更好地發展自己，多讀書，多看報，參加社會活動，還有其他什麼捷徑嗎？

趙：不能取巧，當然是要不斷的進修，多看報看書，充實自己的寫作能力，也可以參加一些有水準的社會活動，提升視野，技巧靠歷練和思考，多看看別人的，吸取經驗。現在是一個知識自動化時代，從電腦網際網路中都可以得到知識。

記者：是的，多看、多寫、多拓展自己的視野，多思考，也就是多多自我訓練，多多加強自身修養，學無止境。趙社長，您認為，一個記者的大學文憑，對他來說重要不重要？對報社重不重要？

趙：大學文憑表示一個人的基本知識水平，每個人學的科系表示個人的專業知識，當然重要。報社也希望學有專長的人參加。在臺灣，我做總編輯的時候，編輯部有六五〇人，百分之五是博士，百分之三十五是碩士；百分之五十五大學專科，百分之五是沒有學歷的。我自己沒有進過大學，完全是自修，能夠走出來，是機緣。可是在泰國華文報人員大學畢業的人少，他們完全是靠經驗，靠後天的培養，所以，有些時候，一定感覺到不夠用，會有「書到用時方恨少」的情況，如果有可能，應鼓勵報社與大學辦建教合作，更要鼓勵員工在職進修，提升報業水平。

在職進修比文憑更重要

記者：沒有進過大學學習的人，憑著自學成才這一條道路走出來的專家，需要很有堅強、超人的毅力的，因為自學成功，說來容易，真正堅持不懈是要有毅力和目標、信念的。所謂「活到老，學到老」，終身學習也就是這個道理，特別是對從事新聞文化事業的人士來說，尤為重要。有文憑，沒有文憑一樣都要終身學習。趙社長，您們報社常常組織記者聚會，增加團結和睦嗎？

趙：經常會有不定期的小型記者聚會。有時幾個人，十幾個人。我們有時舉辦寫作訓練，編輯技術研討會，也鼓勵同仁們學習電腦；每年會辦一至二次大型的聚會和郊遊活動。最近，編輯部同仁還有了一個歌唱組。

記者：趙社長，問您一個題外話，有不少人說臺灣男人在感情方面是一個「無心人」，您說是不是呢？

趙：您為什麼問我這個問題，是不是因為我是一個臺灣來的人？其實，所有的人不論臺灣人或哪裡人，都有一些感情的問題。在泰國，也許某些台商朋友，經濟能力不錯，在海外也很寂寞，不免有些男女感情的事發生。是不是「無心人」，要看情況而定。可是，我認為：人與人的關係靠的是「真誠」、「關懷」和「互信」，懂得這一點，自己豐富一生。是不是「無心人」，就看個別情況，不能一竿子打翻一條船。你問我是不是很了解，我並不太了解，因為，我自己是很少碰到這樣的事。可是我也是有感情的人，有些事不可能完全排除。

真誠、關懷、互信，豐富一生

記者：趙社長，您說得很對，人與人之間的確是要靠真誠，關懷和互信，而且也只有這樣，男女雙方才會擁有和維持美好的感情。

趙社長今天為我們講了許多泰國報業界的情況，令人醒悟，介紹了《世界日報》的發展概況和未來的計劃設想，令人震驚和為之歡欣；也談了他個人的奮鬥史，令人感動和敬佩；講到了對報業記者的希望，令人將為之感嘆，要不斷努力啊！

趙社長講的許多話，都是真知灼見，無疑是為泰國新聞報業界和我上了一堂生動的社會人生和新聞教育課，我們新聞界同仁都必須從中汲取精華，來幫助、指導我們每天永不停頓的工作，也是為我們的工作做一次難得的充電。謝謝趙社長的支持和接受我的訪談！

（作者沈月女士，深圳《特區科技》副總編輯，

本文刊載二〇〇一《海外華人企業家名人傳》第二輯）

《世界日報》未來的發展

黃根和

辦好一份泰國的中文報

我進入新聞界，是一個很偶然的機緣。三十年前，《世界日報》因經營未臻理想，報社當局求助當時的遠東商務處沈克勤代表，洽請台北聯合報系接辦。《聯合報》派來調查組，我因為和報系幾位朋友相識，報系來的人就和我有了聯繫。我個人對「《聯合報》要來」，持十分肯定的態度，自然樂觀其成。在某些方面只要能力所及，也做了必要配合，以至後來報社新董事會成立，受邀加入董事會。接辦三年以後，署名總編輯林文隱先生退休。因為當時法令規定，註冊總編輯須具有泰國籍，王副董事長和趙社長力邀，由我具名接任總編輯，實際編務，由趙社長一人兼理。我因為自己有點小事業，僑團方面有一些工作，事實上也忙。所以除了開董事會，我很少過問報社的事，算是志工團，但自認是《世界日報》的一員。

至一九九七年，總經理袁守盈兄回調臺灣任新職，報系不再派人來泰。副董事長希望我擔任總經理，言明仍以自己事業為主，每天下午到報社即可。我雖一再推卸，自以為不堪勝任，最後終在盛情難卻的心情下，勉力承擔。從此實際參與《世界日報》的業務，接手之後始知掌理全般業務，壓力大，費時更多。內外事務，實非當初設計，每天應卯即可，所幸在社會各方大力持助下，工作尚稱平順。

趙玉明（左三）與新任黃根和社長（中）一家合影，右起為副總經理孫國楠、總編輯林信雄。

至二〇〇九年九月，趙社長堅持退休，報系可能有「一客不煩二主」的想法，由我接任社長，仍兼總經理及總編輯。編務工作由執行總編輯負責，先後共事的三位執總韋蜀遊、林信雄、姚文鑫三兄的認真負責，編務得以正常發展；十年來戒慎恐懼，蕭規曹隨，大致算不辱使命。

真是事非經過不知難，親自參與報業經營管理，始知辦報難，在泰國辦華文報尤其難。在歡度六十週年社慶之日，面對未來，面對第二個六十年的起步，真是思潮起伏。從過去看未來，更覺惶恐。談華文報未來的發展，似已非《世界日報》個別的問題，而是泰華報業整體的問題。華文報在泰國出現已一百多年，發展到今天，已面臨無法突破的瓶頸，是奮力再生的時候；也是理性反省的時候，謹提出以下的想法。

進入主流社會

第一，省思是泰國華文報業經歷一百多年的發展，為什麼沒有出現一家大規模、大格局的大報？為什麼一百多年來由九十多家華報，減存到六家，業務有好壞，報份有多寡，營運景況都不很好。《世界日報》有聯合報系人力、財力的支援，景況也不過小康，說明今天華報的處境艱難，也就是說在泰國辦華文的條件差。

最重要的因素，華文報不能打入泰國主流社會，泰華社會忽視，報業自已長年以來沒有致力發展，致華文報產生邊緣化的危機。從報業應有的職守而言，提供資訊、監督功能、社會參與，都不能充分發揮。近年因民主選舉，偶有政黨領袖率同候選人，訪問華人社區，也會到華文報拉票之外，政界人士與華文報互動不多，長久以來華文報漸而成為華族人士的應酬園地或通告。眾多在泰華人的心聲，對社會興革的諍言，無所表達，這就是華報發展的危機。所以強化中文報的社會功能，走出邊緣化的危機，必須向主流社會靠攏。當然也期待泰華社會給中文報業發展，提供滋養與關愛，使華文報堅實起來，有更多的發言權。目前報業經營的兩大難關，一是發行不夠普及，報份增長率不夠快速；一是廣告刊價過低，華文報和泰英報同等版位，收費低至二十分之一。應酬廣告或更低，在印製成本愈高，科技設備昂貴的條件下，華文報生存發展，受到嚴峻的挑戰。有甚麼土壤開什麼花，華文報今後對社會滋養的期待，會更加殷切。

第二，從閱報人口的角度看，泰國號稱世界華族人口最多的國家。早有傳說，在六千多萬總人口中有約一千多萬人有華族血統。假若看懂中文的人口佔十之一，加以從中國來的約二十多萬人，臺灣來的約十五萬人，再有港澳新加坡來的，看懂中文的人口至少有兩百萬人，與現有華文報發行數，實在不成比例，這也是值得經營華文報人士，要切深檢討的。再深入探究，目前華文教育熱絡，語言中心、語文學院、華文民校等已蔚成華文教育熱。華文報業也要把握機會，協助推廣華文教學，等於直接培養華文讀者群。今天學生就是明天的讀者，更是華文報生存發展的命脈，展現了華文報業的新希望。以近鄰馬來西亞為例，由於中文教育十分普及華文讀者眾多，華報銷售四十、五十萬的報紙就有好幾家，可謂得天獨厚，見賢思齊令人嚮往。

報業人才培養

第三，是報業人才的培養，不容諱言，泰華報人面臨老成凋謝，青黃不接的瓶頸。編採人才嚴重老化，青年子弟對進入華文報意願甚低，現有報人子女多不願再走父輩艱苦的老路。目前各報偶有新秀，多自中國或臺灣引進，對本土的認同和親和力不夠，這是泰華報業的根本危機。因應新時代的發展，培養和引進人才，實為華文報業的頭等大事。較早泰華報人公益基金會，有開班招訓編採人員之議，最近華僑崇聖大學表示將開設新聞系，都是大喜訊。華文報業應該積極參與新聞人才培養的希望工程，與學校協議建教合作，提供獎學金，提供實習機會，甚至開設課外中文寫作班，事半功倍，有效快速培養新聞人才為接班梯隊。資深報人更應該主動參與教學工作，傳授經驗。當然報業也要提供新聞人才施展抱負的機會和條件。

第四，設備的汰舊更新，也是報業未來發展的重要課題。科學的發明，提升了報業的技術水準，電子科技使報業現代化，進入了一個新階段。報業從傳統的製作過程，進入電腦化以後，所起的變化也很大。《世界日報》在過去三十年，對設備的汰舊更新可謂不遺餘力，從傳統的檢排到打字植字，再進入全面電腦編排、電腦組版。在印製作業上，租用衛星網路，整版衛星傳真，達到與聯合報系同步作業，提供最快的新聞服務。同時增加設備，使全面彩色印刷，一貫完成，對報業自動化的投資，已獲致良好的效果。近年又致力行政系統自動化，發行作業自動化，記者用電腦寫稿，編輯用電腦編報組版，多方面的變革。報業向現代化邁進的步子，也許還太慢，科技一日千里，E時代的程式發展，一日千里。從整體看來，設備的汰舊更新，與報業求新求變，是一貫的發展方向，也牽動報業的投資發展，在成長與負債上，要有長遠的考量。

啟動網站服務

第五，開創網路服務的新目標。今天是一個網路的資訊時代，報業開發新聞網站加強為讀者服務，更是必須面對的現實。以臺灣為例，臺灣有二千三百萬人口，約有一千四百萬人上網，超過人口的一半，其中有百分之七十多是寬頻（寬帶）。十二歲以上民眾，上網率約為百分之六十四，平均每天有兩個小時用在電腦上。目前臺灣的國際網路，從開始就全面開放，任何人都可以在電腦上，與世界上任何一個電腦連線，這是必然趨勢。

《世界日報》從今年七月二十六日起，配合創刊六十週年大慶，開創「世界日報新聞網」（www.udnbkk.com）。它可連接聯合報系的「聯合新聞網」（udn.com）讀者可以同時查閱聯合報系各報的圖片、文字及各項資訊。聯合報系在聯合新聞網創立以後，又成立「聯合線上」公司，有專門介紹職場資訊人事線上網站；有《聯合報》半世紀新聞內容的聯合知識庫；還有理財網、追星網和網上即時影音新聞服務。「世界日報新聞網」雖起步較遲，但有聯合報系新聞網路的領先經驗，我們一定會將網站做得使讀者滿意。

第六，繼續強化內容，聯合報系接辦三十年來，先後多次改版，增強內容。新聞全面進入電腦編排，配合整版衛星傳真的優勢，新聞內容與聯合報系各報，同步報導。更使本土新聞，臺灣新聞，中國新聞與國際新聞，均衡選材，提供新聞全貌。更從經濟專業著眼，詳實

英氣風發的黃根和（中），接下泰國《世界日報》新一棒。

報導國際經濟，中國經濟，臺灣經濟，泰國經貿及股市行情，強化綜合性報業功能。同時以副專刊形式，從文學、藝術、生活、婦女、教與學多角度，提供精神生活糧食，引進科技、時尚與新知，為學校與家庭提供多功能的服務。如前所述，華文報業要在主流社會發揮一定的功能，擺脫邊緣化的危機，也要從不斷更新內容做起。從讀者人口的角度，探究報業的發展，也必從內容檢討，讀者要什麼，社會要什麼。更從報業良知上，也要認真檢討，我們該給讀者和社會什麼，應是一大方向，是須要檢討的依據。

堅守辦報宗旨

第七，貫徹辦報宗旨。《世界日報》

近三十年一直在傳統與創新中，不斷尋求突破；聯合報系接辦時即提出我們信守的原則：

・不變的原則：秉持創刊時期的理想，擁戴皇室，支持政府，遵守法律，服務社會的宗旨，對民主，自由，正義的維護，對社會進步和諧的推進和更美生活水準的追求。

・誠摯的服務：本著四海之內皆兄弟的恢宏胸襟，加強華僑社會的報導和服務，共同致力僑界的和諧與興旺；也希望為台海兩岸的交流與和平發展，多盡心力。

・迅速的新聞：引進專業的人才，科技設備，租用衛星線路，與《聯合報》同步作業，掌控全球資訊網路的靈活運用，提供讀者最迅速、最正確、最有價值的新聞。

・公正的評論：基於報紙是「社會公器」的原則，以公正客觀的超然立場，評論時事。本著良知和龐然大公的胸懷，善盡言責，以實踐聯合報系創辦人王惕吾先生「正派辦報」的理想。

回顧過去，展望未來，王惕吾先生兩次來泰考察時曾經提示：「在泰辦報無報系盈利考慮，應以服務華僑為目標，辦好一份泰國的中文報」。情真意切，標示《世界日報》發展的遠程目標，過去如此，今天如此，未來也是如此。

（作者參與泰國《世界日報》工作三十年，為現任社長，

原載二〇〇五年十二月《泰華之光——泰國世界日報創刊五〇週年特輯》）

聯合報系 泰世茁壯的支柱

林信雄

泰國《世界日報》是一份歷史悠久的華文報紙，創刊於一九五五年七月二十六日，迄今六十週年。前三十年歷經慘澹經營，後三十年由台北聯合報系於一九八六年二月十八日接辦，當即投入巨額資金，更新設備，派出精幹人員，改革內容，擴充篇幅，全面電腦編排、租用衛星專線，採用整版衛星傳真。近年全面彩色印刷，改行橫式編排，使新聞報導與台北聯合報系同步完成作業，造就《世界日報》經營日新月異，編務、發行、廣告長足進步。如今已執泰國六家華文報牛耳，成為泰國最大、最受歡迎的一份華文報。多年來已朝東南亞區域性報紙目標發展，推廣到緬甸、柬埔寨、寮國、越南等鄰近地區。並於二〇〇一年六月八日協力在印尼創辦《世界日報》，發行由泰國擴及六個國家，並在臺灣、香港、新加坡、日本、加拿大等亦有零星訂戶。《世界日報》能有今日的成就，應完全歸功幕後的推手聯合報系。

台北聯合報系忠孝東路大廈一景，現正改建中。

擁有海內外九家報紙

聯合報系是臺灣規模最大的報業，也是全球發行最廣的中文報紙。《聯合報》是報系的第一份報紙，創刊於一九五〇年九月十六日，在王惕吾先生的倡導下，當時經營艱苦的《民族報》、《全民日報》和《經濟時報》等三家民營報紙合併出刊「聯合版」。這也是《聯合報》名稱的由來。

隨著政治經濟的發展，《聯合報》不斷擴充壯大。一九八〇年，《聯合報》發行量已突破一百萬份，創下中文民營報業的發行紀錄。聯合報系也將經營觸角伸展到新聞相關事業的各個領域，目前已擁有海內外多家報紙。其中臺灣的三家除了綜合性日報《聯合報》外，還包括經濟專業報紙——《經濟日報》，綜合性晚報——《聯合晚報》；海外的報紙有：北美的《世界日報》在美加多個城市發行、歐洲的《歐洲日報》、和東南亞泰國《世界日報》，伸展東協區域各國。海內外各家報紙環繞地球，每天二十四小時為臺灣及海外華人提供快速而準確的新聞服務。

聯合報系的經營態度嚴謹，創刊以來一直以「正派辦報」自許。不論編輯政策、業務發行，都要求符合社會公義和價值，絕不嘩眾取寵，不迎合流俗，極力扮演守望社會及監督政府的角色，因此受到讀者的歡迎與肯定。在這樣的原則下，聯合報系在編輯及經營上不斷追求發展及創新，版面新穎，內容豐富，不僅滿足讀者的多元需要，也使得報紙能充份發揮社會觸媒及催化的作用。

作為一個資訊的提供者，聯合報系對新聞的要求是精確，快速深入；因此不僅在人力上作最充沛的部署，也透過精密的編輯流程，來維持新聞的可讀性及可信度。聯合報系的採訪陣容，除了台北總社的記者外，在全省各縣市各鄉鎮都派有專屬記者，對重大事件或社區動態，都能提供詳實有效的報導。

除了國內的四百名記者之外，聯合報系在全球各主要國家諸如美國、日本、英國、德國、法國、南韓、泰國、馬來西亞、新加坡、香港、紐西蘭等派有二十餘位特派員，能將世界脈動迅速傳回給台北。透過海內外各家報紙的彼此支援，再加上《聯合報》海外航空版的發行無遠弗屆，達到世界一百二十多個國家。

聯合報系對印刷媒體技術更新的追求也不遺餘力。在早年國家外匯短缺的年代，《聯合報》即曾與國內機械廠合作研究改良自動輪轉印刷機，以便中文同業有價廉的印報機使用。在中文檢字及排版自動化及電腦化技術尚未成熟之前，《聯合報》也曾投入大量人力物力自行研發，設計出自動鑄排機、電腦檢排及編務自動化系統，使中文報紙印刷擺脫繁複、耗時的鉛字檢排作業。一九八八年報禁解除時，《聯合報》立即在林口、台中及高雄成立三個印刷廠，首創以光纖數據線路傳新聞版面，使全島印刷機可以同時開印，縮短南北報紙發行的時間落差。這些，都是中文報業走向自動化的紀錄。

趙社長與林總編輯信雄（左）合影，林大學畢業時到晚報實習，趙即任《民族晚報》總編輯。

目前，聯合報系在世界各地共有十四處印刷點，即在臺灣則有台北、林口、台中、高雄四個印刷廠；海外在美加的紐約、洛杉磯、舊金山、芝加哥、休士頓、溫哥華、多倫多七地，東南亞的泰國、以及歐洲共十個廠。均利用衛星或光纖網路傳版及自動化高速印刷，可在半小時內印完五十萬份晚報，三至五小時內印完二百多萬份日、晚報。

觸角伸展多元化經營

在多元化及多角度的發展，《聯合報》旗下還有不少出版發行相關的事業單位。包括在出版界歷史悠久的聯經出版公司，文學性刊物——《聯合文學》，專業和通俗兼顧的歷史性刊物——《歷史月刊》。此外，還有中國經濟通訊社、聯經資訊公司、國學文獻館、雷射彩色印刷公司等。為了跨越新聞事業服務功能與角色的限制，聯合報系並於一九八一年成立聯合報文化基金會，以回饋社會的理念，從事長期性的文化植根工作。值得一提的是，聯合報系雖然不斷擴大規模並進行多元化經營，但始終沒有離開新聞事業的核心，所有的心力都放在新聞事業品質的提升與內容的充實，與時俱進。

面對網路時代的興起，聯合報系經過深入的評估，決定採納創新的觀念，延伸優勢迎接挑戰。一九九九年九月十四日，聯合報系旗下的聯合新聞網正式上線。二十四小時全天候向全球華人提供即時新聞和各種資訊；在緊接著的一年，聯合報線上公司宣告成立，擁有專門介紹職業、幫助年輕人找工作的人事線上網站；有《聯合報》見證大半個世紀所有新聞內容的聯合知識庫；有專供投資人發財參考的理財網；還有專門提供影視娛樂新聞的追星網；為了方便海外華人觀看臺灣的電視新聞，二〇〇五年更進一步提供網上即時影音新聞服務。

創辦人王惕吾先生於一九九二年宣布退休交棒。當時，他曾總括聯合報系的角色說，聯合報系海內外九報對社會的貢獻有目共睹。王惕吾先生於一九九六年三月十一日逝世，他的長子王必成接任董事長，女兒王效蘭擔任《聯合報》及《民生報》發行人，次子王必立擔任《經濟日報》發行人兼聯合報系總管理處總經理，董事會再經改組，由長孫王文杉繼任董事長，並為泰世董事會領導。現今聯合報系已經有了許多嶄新的面貌，從外表看，台北忠孝東路原先老舊的大樓已經過重新設計，正在改建，汐止辦公室已經全面E化，行政和編輯作業全部在電腦網路上完成，實現了編務和行政流程的全面自動化。聯合報系整合出來的系統，可能是目前華文報業電腦化最徹底的系統之一，所做的一切努力，完全不是要去改變正派辦報的信念；相反的，是要鞏固聯合報系的核心價值，並且因應現狀的變化，與時俱進。聯合報系的龐大資訊體系仍一本初衷，繼續為海內外華人服務，把中國人的聲音，特別是臺灣的聲音，傳輸到世界各角落。

一九八六年聯合報系接辦泰國《世界日報》，王惕吾先生宣示：「不接受任何津貼，《聯合報》獨立經營，自負盈虧。」稍後，他來泰巡視《世界日報》，再度宣示：「在泰辦報無盈利目的，以服務僑胞為主。」《世界日報》今天的茁壯成長，實得力於接辦當初王惕吾先生的高瞻遠矚，有以致之。

（作者曾任泰世執行總編輯十年，

原載二〇〇五年十二月《泰華之光——泰國世界日報創刊五〇週年特輯》）

曼谷產期

查仞千

丙寅（一九八六）年正月初三，在報社大門口於王董事長等人相送之下，乘報社專車赴桃園中正機場，登上國泰七四七客機，這種外面看來的龐然大物，裡面卻擠擠一艙，一橫排十個座位，分成三、四、三，三個小段，迴旋的餘地有限，我這個第一次出國的老土，好在兩旁有「貴人」指點照顧。

台北到香港過境換飛機，過境室有一個多小時的停留，免稅攤位琳琅滿目，大家分頭瀏覽，我買了一瓶「古龍水」港幣標價折合美金十五元不到一點，向身邊的寇小子借了廿元使用，轉到賣麻將的攤位，看中一付價值廿二美元的貨色，「小開」搶著付錢。——「小開」這個稱呼，是同仁等私下對必立發行人的暱稱，大概是因為在私底下相互提起來，如果「必立」如何如何，不免有些老三老四地自抬身價，而「發行人」如何如何，則又有點官式肉麻兮兮也！香港換機飛曼谷，半途中空姐分發兩張密密麻麻全是洋文的表格，不知何從下手，我「左鄰」的「小開」告訴我等下教我，這時他正在用日語指點他的左鄰——與我有同樣困難的東洋人士。我的「右舍」——玉老卻已駕輕就熟地填好了他自己的一套，伸手拿去我的表格，大吼一聲：「我來！」捲起袖子就幹——當時好像他穿的短袖襯衫，只是形容他的一向作風——結果我反而置身事外，淺啜免費供應的紅酒。

來曼谷襄助的查仞千，時任聯合報執行副總編輯。

曼世之友見面熟

傍晚降落浪漫（廊曼）機場，接機人群中，被引見一位見面就熟的黃根和先生——曼谷《世界日報》之友。

我：「我是于靜波的老朋友。」

他：「我是必立的好朋友。」

想起離開台北前于靜波給我一張名片，介紹一位沒寫地址的黃根和，當時問到那裡去找此君。于說：「到時候自然會冒出人來。」此說果然不錯，可見交遊廣闊。

從浪漫機場一車開到玉老「官邸」，地名令人印象深刻——「沙拉蛋」。

萬家燈火時分，大夥到一家潮州餐館——「黃炎泉」會合，菜色果然鮮美，「紅蟳焗粉絲」，「生烤活泰蝦」，真會饞煞遠在幾千里外的鄙人家小和偏嗜這兩種美食的涂明君和高惠宇！可能是因為太過豐盛或許是遠適異地，許多佳餚都賸餘過半，很是感到心疼可惜。飯後已近午夜，黃先生一車三載觀「光」曼谷夜市風光！雖然非常疲倦，實在盛情難卻。走馬看「花」，場面實在壯「觀」！正是：「千百佳麗排排坐，各方洋客恣意瞧！」

忽忽轉到一家「阿哥哥」舞廳，聲勢驚人，樂聲震耳欲聾，儘管啤酒不貴（台幣六七十元）實在消受不起！回到「沙拉蛋」，趙老大正在「官邸」拷問楊宏志怎麼會把又聾又啞的查某人頭一晚就弄丟了去？

事後小開「告誡」：今夜免費觀「光」，明天開始替趙老虎賣命。回到台北，總算不虛曼谷之行了也！

初五上午，趙玉老和寇小子外出拜年，「沙拉蛋」由我獨守老營，忽然電話鈴響，好怕不通語言，硬著頭皮接聽。

紐約也談清邁女

「喂！玉老嗎？我是厚維！」

趙玉明（左）與查府三代合影，中為查少翔博士。

「我是查仞千！」

「哇！」停了半秒鐘，可以想像厚厚道道的李厚維在紐約那一端O型的笑嘴。——「好呀！美國請不到你來！曼谷有清邁少女你就來啦！」

「請你轉告玉老，美國的劉長官——劉宗周，今天晚上十點卅分，從東京到曼谷來！」

這回輪到我張大嘴巴喊「哇」了！

晚上十一時半，小開、武雄和我在「浪漫」盼到全身寒帶裝備，紐約——東京——曼谷長飛二十一小時的花甲初度丰采依舊，還被剛出大學大門的大姑娘喚作劉大哥的劉長官。草草寒暄，這位三十年來的老戰友，居然迸出一句：「我！劉宗周！最近博覽群書，不再喜歡玩麻將了！」

提起麻將，看樣子在曼谷，我是玩不成了！因為：

——沒有時間：以我為例，每天是從第一天中午兩點多出門到第二天凌晨三點回宿舍，玉老小寇甚至超過十三個小時，張總（朝棟）楊宏志夫婦忙於行政、工商，楊公文璞、邱海嶽、張耀民上班時間參商，住的地方天南地北，宿舍到報社，車程正常二、三十分鐘，碰到塞車會搞到一個多小時。

——有工具沒有戰場，買不到麻將桌子也沒有那麼大興趣去找。

——雲伯老（三四十年前的老土著）說：這裡警察會抓，出不了報怎辦？所以：今天（二月廿一）中午，寇小子「情商」小開乾脆把那副原封未動的工具，明天帶回台北，小開俯允所請，答應把工具再送到查府等我回去再啟用也罷！

裁縫師傅用針幹

初六開始，進入倒數計時，上下午分別由小開和玉老主持兩場會議，簡報大大小小各種遊戲規則，晚上模擬作業。

初七初八正式試版——裁縫師傅打架——針（真）幹！玉老綜綰全局搞得臉紅脖粗，大家各就各位，小開巡迴督陣，盯緊每個環節，武雄權充「工頭」，熱線電話不停猛轟我這個技術傳達員。「發稿啦！」「斷稿啦！」「規格不對啦！」「版次不對啦！」真槍實彈，熱烈得很像這裡的氣溫！

熱騰騰哇哇墜地

初九（佛曆二千五百二十九年二月十七日）D日——攻擊發起，好歹要見個真章了！下午三點第一波開始正式發稿，由我過目的是工商組的四個版子，提供技術上的諮詢服務。

曼谷相約，回台北一敍，真的開心的喝了一頓，左起作家何凡、查仞千、趙玉明。

晚飯後轉台子與美國來的劉長官對座，伺候要聞組寇主任，這個範圍是三個版子，陪著此地的一位年輕朋友黃應良兩個人一起下手，先發第九版（世界華人活動），再發第四版（國際新聞），最後發第一版，由於技術觀點的差距，必須又說又練，四版九版的每一條稿子都經過切磋斟酌，好在黃老弟不恥下問，在下自然言無不盡，加上小開從旁加油：「查公是輕易不收徒弟的噢！你要抓住機會學噢！」氣氛搞得親切而又熱情！

午夜十二點，在下的第一版最後截稿。在玉老樓上樓下奔走呼號，大夥埋頭蠻幹之下，各版逐步成型。

初十凌晨三點，硬是開機印報！唧唧復唧唧，慢轉到快動，擴版的曼谷《世界日報》哇哇墜地！一伙十來個人在王發行人必立（此時是嚴肅時刻，此地應該用官式稱呼）的領導下，捧著熱騰騰剛出爐的產品，不由得喘了一口大氣，算一算大家至少在報社裡蠻幹了十五個小時以上，連到另一伙夥伴們旅社去消夜慶祝的力氣都沒有了。回程的車子上，有人提議小開給在紐約的惕老打個電話，報告母子均安，兒子生下來了！有人說：應該是添了一個孫子！

老戰友相對無言

回到「沙拉蛋」，又熱又餓，在下鑽進廚房，沒有臢菜有臢飯，找到幾個雞蛋，半瓶腐乳，拆開一盒無主的牛肉乾，大開大闔，七拼八湊端上桌來！開一瓶熱辣辣的燒刀子！「乾！」兩個三十四、五年前的「碉堡同居人」，半晌相對無言！

晨曦初露，我躺在床上久久不能成眠，想著：「老虎：我很快就要會回去了！你呢？」

（作者時任《聯合報》執行副總編輯，請來曼谷助拳，

一九八六年二月原載《聯合報系月刊》發表）

泰國去來

秦慧珠

據說，泰國今年有個最寒冷的冬天，然而對我們這些亞熱帶地區飛來的台北客而言，它仍然是個薄薄的夏季。於是，曼谷《世界日報》那棟上了年紀的大樓中，常有著這樣的情景：老舊的冷氣機呼嚕呼嚕地喘息著，台北客們輕衫隨意，老泰國則早已毛衣加身。

方才穿透台北寒流飛抵曼谷的小劉（《聯合報》開發中心劉成宇）剝下一身重裘後感喟著：「台北冷得要命，想不到這裡竟是這樣的天氣！」我問：「你是第一次出國吧？！」

海外的星空

待慣了台北，長久以來只仰望一種天空，感受一種氣候，連想像力或許都要萎縮幾分。所以，經過了一年半的懷孕、生產、煩勞、困頓之後，我決意給自己一段假期，看看不同的花草星空，那怕是再沒有時間，再缺乏盤纏，也要力克困難。於是選定了耶誕、元旦這段假期甚多的時日，到最為經濟的東南亞走走。

一個人旅行未免寂寞，縱使參加旅行團，在全無知己之下，也要難掩獨向異國山水的寥落；四處招兵買馬，卻無甚結果，朋友中已經去過的人無意再去，未曾出過國的人也無意從那兒開始。一晚，和玉老、寇維勇等人吃飯，我忍不住又問：「你們誰沒去過東南亞？」一桌子的人左顧右盼竟然全都去過，我只有自加注腳：「真可惜，我辦了手續要去旅行。」一旁的玉老接腔：「巧了，我也辦好手續要去東南亞！」

那時，報系內還沒有接辦曼谷《世界日報》之事。

隨著旅行團由馬尼拉、新加坡再到泰國；然後，旅行團飛赴香港，我則留下來向《世界日報》報到。

六人特攻隊

人口五百萬的曼谷市，沒有唐人街之名卻有華埠之實，耀華力路與石龍軍路一帶，林立著華人商店，幾家華文報紙也以那一帶為據點，已有三十年歷史的《世界日報》，即坐落在十字交叉路口。灰暗古舊樸拙的三層建築，與華埠的景觀和它的歷史交疊，默默地吐露著一種衰老與沉重。

報系內早來的六人迷你特攻隊（趙玉明、張朝棟、楊宏志、鄭正和、寇維勇、楊書傑）佔據在二樓只有六張桌子的迷你辦公室內，試圖颳起一陣台北旋風。

我初到的幾天，大夥兒還以旅店棲身，過的是團體生活。每天一早，各自由房間下到一樓餐廳一同吃早飯，然後步行上班。同屬「華埠風格」的美拉瑪大飯店，與《世界日報》有著相似的特色：樸拙而簡陋，選定它棲身的原因一來經濟，二來距離報館只有十分鐘腳程。

於是，曼谷的街頭每天清晨和夜晚出現了這樣一種風景：幾名西裝筆挺、年齡不一的異國上班族，三五成群迤邐而行，切切而談，永遠是匆匆的腳步，嚴肅的面容。寇維勇玩笑的說：「妳來了玉老大概會有點笑容，要不然他一天到晚扳起臉來『壓榨』我們！」說這話時玉老也在旁邊，仍是「嚴肅的面容」。

創業維艱古人早有所云，然而依舊是事非經過不知難。六人特攻隊發揮了最大能量和功能，要在情況未明、千頭萬緒中摸出秩序、送上軌道，個中辛勞非可言喻。玉老帶我看看報館內部，幽默地說他在此地的另一項頭銜是「監工」，負責督

秦慧珠（右二）與王惕吾董事長留影，右為趙玉明，左為查仞千。

導整修房舍，從設計到施工全得管著。我傻傻地笑著，偷眼瞥見他鬢邊悄然冒出的華髮，在異國待耕的土地上迅速叢生。

每層約莫百把坪大的古樓，也算是「麻雀雖小，五臟俱全」，業務發行部、印務部、排字房、編輯部依樓排昇，一樓走道上放了架打卡機，數數上面的卡片，竟有一百四十餘人，卡片上的名字，中、泰文皆有，泰文中譯之後，女生似乎以「娘」字開頭的特別多，諸如「娘都他弄」。泰國政府並不排華，但對非泰籍人士仍有許多限制，如不能買房子、置產等，所以多數的第二代、第三代華人都已歸入泰籍，至今在泰國五六千萬人口當中，華人究竟占有多少百分比，沒有準確數字？

歷史性的使命

泰國共有六家華文報紙，《世界日報》立場堅定，每日出版四大張（泰國報紙不限張），規模與國內的報紙相較，自然屬於小巫，但在使用泰文泰語、華文教育備受限制的異國，仍有它的意義和影響力。而聯合報系人力、財力飄洋過海的介入，所肩負的使命乃是：光大這份立場忠貞歷史悠久的僑報，並提升整個泰國乃至東南亞中文報業的水準。

整修大樓、整頓人事、添購機器、招考新血、改革版面、協調各處……大大小小的事務全由六人小組挑起，這般的鉅任放在國內推展也要煞費周章，更何況是在語言、法令、生活、規矩全然不知的泰國！

玉老是個急性子，凡事領頭往前衝，雖然不諳英語也不諳泰語，卻是接洽、交涉毫無滯礙，原來他懷有法寶：身上帶著報館、旅館、餐廳、駐泰遠東商務辦事處……等地的地址，一人行動時只要掏出一張交給計程車司機，問聲：「How much?」再討價還價一番（泰國絕無「不二價運動」，連計程車都採開價殺價不跳錶的方式），可以說一點英語的司機，彼此就以英語叫價，不然則比手畫腳。談成一個雙方同意的價錢後跳上車，餐館、辦事處，管他天南地北照樣去得。倒是小寇子他們非常擔心玉老會被老泰「放鴿子」。曼谷一般小市民的英語也不甚高明，玉老常自嘲自己的洋涇濱Yes，No對上暹羅英語，反而比標準英語容易溝通。

考察婦女生活

我的任務是：考察當地華僑婦女的生活、喜好、就業情況、教育程度、閱報習慣等等概況，並訪問傑出華僑婦女，以供規劃婦女版面參考之用。六天之內訪問了僑選立法委員雲昌任夫人郭麗娟女士、臺灣會館副主席夫人余劉素卿女士、光華學院副院長許景怡女士、《世界日報》現任婦女版主編莫藍玉小姐，以及兩位當地的女作家梅影、北燕等人。

泰國平均國民所得只有七百五十塊美元，社會上貧富極為懸殊，相當於台幣一千一百元即可請到一名全天候的女傭，一般華人經過奮鬥之後，多已打下基礎，生活較為優裕，家中司機傭人皆有，主婦們幾乎個個都是養尊處優的「少奶奶」。這般的情況在工資逐漸上漲、人力逐漸難求，職業婦女一半薪水付給了保母、鐘點清潔工的臺灣婦女眼中，已是三十年前「婆婆媽媽」輩年輕時代的歷史，令人不知該羨慕她們的僕婦盈庭，還是驕傲我們的社會均富。

旅店打尖，畢竟不是長久之計，六人小組決定遷居，搬至距報館二十分鐘車程租來的「男生宿舍」去。周六下午，集體午餐之後，一人一箱離開了美拉瑪。「男生宿舍」白天不掛「女賓止步」牌，我也跟著去看他們的新居。

樸實大方的兩層樓建築，宛如臺灣早期的別墅，較之原先簡陋的旅舍，實可說已漸入佳境，只是空屋一間毫無他物，一切均有待添購，且另外一棟尚未裝修完工，六人暫且擠住一處。

就跟結婚一樣

說好了大伙兒一道去購物，事到臨頭又一個個「有事要辦」，只賸下玉老和我兩人「責無旁貸」，再拖個據說擁有跆拳道五段身手的小楊去搬東西，三個人來到附近的百貨公司，由六人份的床單、毯子到拖把、衛生紙，直買了兩大推車，總算當晚可以暫且住定。玉老感嘆道：「這簡直跟結婚一樣！」只是，六個新郎，卻無新娘。

台北陸續有人來考察，一月五號來了賴怡君，考察華僑教育；六號來了《經濟日報》的徐桂生和《聯合報》開發中心的劉成宇，分別考察經濟性副刊和發行方面的現況；八號，必立發行人蒞臨。

報系內另一個手足的誕生，是一九八六年度國內報業重大的消息之一，一本《聯合報》企業化的經營策略，我們將在那片熱帶土壤上，撒下文化與新聞的種籽，並看著它長成大樹。

（作者時任報系《女性雜誌》主編，參與泰世婦女版設計，一九八六年一月完稿）

趙玉老觀音寺求籤

陳義芝

四月初趙玉老從曼谷打電話給瘂公，商量出席泰華五四文藝大會的人選。最後敲定兼有創作及編輯身分的林煥彰、蘇偉貞、楊錦郁和我。

我們抵泰的前晚，他剛參加了一位政要女兒的婚宴，當天中午也與人有約；晚上泰華文藝協會設宴請「台北人」，玉老當然在座，但酒過三巡，他換上深色西裝又趕著去參加一位僑界名人的喪禮——當主祭。幸好第二天勞動節不出報，不需他坐鎮報社，否則真不知他如何分身。

隱約顯露抑鬱之情

離開台北七年半的趙玉老，仍然大口吃肉，大杯喝酒，大聲講話，熱情擁抱人。那天，

陳義芝（右一）與聯副作家蘇偉貞（右二）、楊錦郁（左二）、林煥彰（左一）來泰演講，並訪問泰北，趙玉明（中）向觀音寺求籤。

他請吃西式自助餐，我坐對面，看他迅急地吃掉一大盤夾生蘿蔔絲蘸芥末的生魚片，一盤沙拉、一盤叉燒、雞、鴨、魚，外帶一碗湯，然後，若無其事地吃著水果，我忍不住暗中讚道：廉頗也要讓他三分。然而，隱約之間，我還是覺出他的抑鬱，在意識形態對立、處處小心眼的曼谷社交圈，他斂去詩人性格，再也不提什麼紅巾翠袖了，代之以謹慎的分際周旋於人前。

偶聽他提起，打高爾夫的最佳成績是八十八桿，現在退至一百多不見起色；他嘴硬說不知道為什麼，我們也只嘻嘻哈哈跟他沒大沒小地皮來皮去。好幾次走在他後頭，看他微微扛背，甩著兩隻長手，就想到孤獨流落在山頭的E.T.。

泰華作家文藝大會上，他與文協會長饒迪華聯合主持，上一分鐘還為傭人突然辭職皺鎖眉頭，這會兒已朗聲道：

「詩是什麼呢？詩就是——
分明
一
句
話
分成
許多
許多
行
……」

他用這種調侃、有意思的說法，介紹我出場。稍早介紹小說家出場時，對小說也有一套，大約是：一個男人和一個女人，加一個發生的故事……台下都露出會心的笑。

製作專輯　鉅細靡遺

泰北難民村訪問按既定時間是五月三日至六日。大伙兒希望玉老領軍，省得沿途操心，玉老自己也想親自去北邊看看、多了解點。但傭人突然拍拍手不幹了。趙媽媽滯留在台北學開車，小兒子趙惟文沒人照顧，的確傷腦筋。最後，玉老決定「自己上陣」的主因，是為專輯的製作。

出發前一晚我碰巧看到他的小兒子在一家晚打烊的餐館吃義大利肉醬麵。小孩氣嘟嘟地，懶得叫叔叔、阿姨，滿心討厭來煩他爸爸的客人——特別是他老爸竟要撇下他離家四天這件事。玉老笑笑地沒轍。

泰北行程緊湊，一次次眼見的痛苦和辛酸，翻攪著我們，也曝晒著我們。夜深時，我們飲酒平復白天大起大落的心……有關之見聞感慨，已記述於〈古滇殘夢帶硝煙〉一文中，這裡不再重複；唯需補記一筆的是趙玉老在萬養村觀音寺求籤一事。

萬養觀音寺建地，係十二年前泰國皇家御賜，大悲殿白牆紅柱，頗見龍族的肅穆氣象，荒山野嶺有此建築，印象不能不深。只見玉老信步走進，拈香三拜，隨即從籤筒中抽出一支籤來，標號四十。他拈開紙卷時，我問：「求什麼？」他回答：「何時回臺灣？」指的是正式調回去。

結果，籤注「六甲阻」、「謀望空」；籤詩云何已不確切記得，末二句大意是勸慰語，希望籤主不要老是回顧來路，並且從今以後能推掉的事務應盡可能少攬上身。如果說「謀望」，是相對於他所求，那麼，「六甲」指的是逢甲之日吧——每隔十天就有一天挫折、不如意。籤注還有「婚姻緩」一條，玉老避重就輕道：「有點道理，你看，我不是遲婚嗎？」這就見他的深沉，不把占卜落空的失望和心中之痛形諸臉上。

事務不比外交官少

七年半了！在曼谷，他把一份瀕臨收攤的報紙辦成可以靠廣告賺錢的數萬份大報。他用簡單的泰語、英語，在人生地不熟的地方辦的事，不會比一個外交官少。

在泰北最後一天，我們走訪金三角，玉老曾經到過此地，精神抖擻地當起導遊：「老劉，等一下把車子開到橋頭停下來，從Hotel上樓，眺望對岸……這就是金三角，左邊這條是湄南河……」隨手再一指湄公河上的機動小船，說：「當年走私鴉片，往往就是一般小船來運，靠一桿槍保護……」當年的詭麗煙田，現在成了旱地，種上芭蕉和水鳳梨。「如果有誰能把這個地區幾十年的變遷寫成一部幾十萬字的小說，那一定是了不得的作品！」他興奮得像小孩似的。

直到從清邁搭機返曼谷，入夜，登上飛機才掏出一把五顏六色的藥。

「吃什麼的？」我問。

「高血壓、糖尿病。」他有氣無力漫應一聲。

第二天中午他送我們搭機走，在機場餐廳「飲茶」，頗有依依之感。我沒話找話說：「送走我們之後，您第一件事要做什麼？」

「理髮。」他說。

看他扛著背、甩著兩隻長手離去的背影，我又想起徘徊在山頭的孤獨的E.T.，我不知道他何時會再提文學之筆？也不知他何時會回到他想回的台北？

（作者時任《聯合報》副刊組副主任，著名詩人，

原載《聯合報系月刊》一九九三年六月號）

泰世艱困中求發展

葉玉鏡

泰國《世界日報》趙社長玉老日前返台做健康檢查，百忙中抽空與台辦處編輯部同仁做意見交流，並將泰國《世界日報》目前在泰營運現況做一簡單報告。

金融危機受衝擊　泰世競爭力仍強

趙社長首先提到他赴泰工作迄今已十三個年頭，一路走來真可謂篳路藍縷，從剛開始的赤字到有盈餘，其中艱辛不足為外人道也。而這一年來，東南亞貨幣危機，泰銖匯率急貶，泰國景氣不振，使得廣告量減少，造成報社收入減收，開支相對增加，最顯著的衝擊是紙價一年前一公斤十三銖多，現在漲到每公斤三十一銖，漲幅一倍半，其他鋅版、油墨等，也漲兩三成。

但是泰世在泰國所有中文報中競爭力仍強，聲望尤佳，絲毫不因匯率及景氣的影響而降低報紙的水準，關於這一點，趙社長歸功於台泰全體同仁的共同努力，和報系「進步更進步，投資再投資」的精神指導，最直接的是這些年的盈餘，除增添設備之外，結餘款項都定存生息，在目前的景況，發揮了很大的作用。

發行已占第一位　廣告收入略減少

談到如何因應這一波經濟危機對泰世的衝擊，趙社長首先提出振奮人心的消息，希望同仁們勿太悲觀，他說正因泰世聲望獲好評，基本內容扎實，報導兩岸消息更是秉持公正立場，連中共駐泰大使館都看泰國《世界日報》，台商、從大陸出來的人，都以《世界日報》為「第一份報」，所以廣告收入略減，但發行並無影響，仍然是泰國中文報第一位。

剖析泰國整個經濟面，最嚴重時，貶到一美元兌五十六、七泰銖，現在匯率已回到三十九至四十之間維持一個多月，這個現象對於景氣好轉是個好現象，要完全好轉，專家說還有一兩年，因此同仁們要有危機意識，但切勿悲觀。不久前辦事處有傳言，說《世界日報》可能停刊，還有人電話問我，可是我從來也沒有聽到這方面訊息，我覺得《世界日報》不會裁員減薪，也沒有必要關閉，同仁們大可放心！

由僑領湊錢辦報　自由競爭受影響

現在，我再把曼谷六家華文報的情況說一下，其他五家的報紙，我請韋總編輯每週寄一天回台，讓大家看看，內容都不怎麼樣，可是照樣可以生存，人情報的比例重，加上近年搞僑領「湊份子」，加入投資，內容再差，報份再少，仍然不會垮，從文化傳承角度看，也是好事，但對於新聞事業自由競爭的原則，卻是致命傷，這對我們企業化經營的報紙影響很大，也不公平。

目前，泰國華文報經營形態，有四種：一、股票上市，如《中華日報》，為股票上市辦了一份經濟日報，原來有一份泰文報，不過三個月經濟日報停了，泰文報也停了。股票上市金額太少，多數靠友誼支持，起不了作用。照政府規定，上市公司要財務健全，三年會計帳盈餘，有自己的公司地產，才可以申請，如果我們報社不是租用皇家的地皮，也可以上市。二、由僑領出資辦報，如《亞洲日報》，集資時最多一千五百萬，也有五百萬、三百萬的，這些錢已賠完了，第二次增資多數退出，還剩八位，每人出一百二十五萬，湊成一千萬，能否撐到年底是未知數。另一《京華中原報》仿效《亞洲日報》，採小額集資，董事長三百萬，其他兩百萬、一百萬不等，錢也用光了，現在還有支持者，需要買紙時每人照認股再出百分之七、八應急，當然不是長久之計。三、由銀行收回找人經營，如《新中原日報》，因長年積欠盤谷銀行幾千萬，盤銀收回，找六位企業家各出一千萬，盤銀收回墊款，再派人經營，兩年又虧一兩千萬，利息負擔太重，投資人又出點錢還了新債，減少利息虧損，但目前仍在賠累。總的一句話，金融危機對這些報紙，如雪上加霜。

企業化經營之道　成本觀念制度化

四、企業化管理經營，一切反應成本概念，如本報、《星暹日報》。星暹和我們相似，早年屬香港星系的報紙，現任董事長李益森夫人是香港胡氏家族，他們另有企業，李先生在外交圈活躍，是某國名譽總領事。報紙本身營運也很艱苦，發行和廣告也受影響。

我們因為有《聯合報》這棵大樹，不但充分提供資訊和內容，衛星整版傳真，還有在座各位的努力貢獻，才能使《世界日報》穩坐泰國華文報紙第一大報的寶座。現因金融危機，收入減少，如果景氣不轉好，問題實在不小。請大家了解這些情況，能省就省，共體時艱。

不過，我要強調企業化經營，仍是泰國華文報的正確道路，企業化經營要從管理著手，要有成本觀念，一切走向制度化。不容否認接辦十三年來，有很多問題，並沒有完全解決，形成進步的阻礙。

充分做到本土化　從工作中去體會

談到未來的發展，玉老以他在曼谷督軍十三年的體會，最重要是充分做到本土文化。他說，談到本土化大家會覺得是一個大題目，其實先鼓勵大家從工作中去體會，譬如台辦處在台北五樓上班，你可以設想自己是坐在曼谷報社的二樓，就可以確立報紙與社會關係，改稿標題都以泰國中文報的立足點，舉例來說，新聞中常見的「我國」、「我方」、「中方」、「我政府」，就要改成「國府」、「台北」。再如新聞選擇上，與泰國有關國際大事、政要外訪，都應重點處理，泰國副國務院長素帕猜訪問北京，會見朱鎔基，當然可以做一版頭題，那天在泰國而言應沒有別的新聞比這條重要（沒有這樣做，僑界讀者說我們有「成見」），再如「迎接佛牙團前往曼谷」就要改為「前來」曼谷，或「來到」曼谷，一字之差，主客易位。又如九屬首長訪台，在泰華是大事，那天李總統接見，我們一版頭條的標題「九屬會館首長分別會晤李登輝王必成」，我認為不妥，應該是「李登輝推崇泰華九屬首長對僑社貢獻」為主，副題才是拜會我們董事長，如何如何……就是娛樂版也是一樣，影星到泰國拍片、演唱、旅遊，也要做大排前，家庭版也一樣，做菜、服飾、生活也要有泰國的內容，使人覺得有切身感，旅遊版最近改變內容，為了使編輯了解，我自己利用一個上午，以四月東京賞櫻為主題，寫了一個整版，包括主題、行程、交通、住宿、話題與觀念，當然有彩照，是以泰國到東京為主軸。一句話，大家要以自己在泰國著眼，人名地名要查證，作業就接近本土化。

不但內容，將來人員也要本土化，如果一兩年後社長由泰華人士擔任，不足為怪，現在泰國中文報人才荒是大問題，我努力多年，想成立一個採訪組，都不能如願，可見本土化也不容易。

盡力協調與溝通　大家要全心投入

其次，是協調與溝通，不管台北和曼谷，編輯部與業務部，一定要有很好溝通。協調，一定要有整體觀念，台北與曼谷有衛星專線，有事就問，還可以討論和配合，編輯部與業務部也是一樣，業務支援編務，編務配合業務，不應該是一句話，而是一種積極行動，大家不可有成見，也不能墨守成規。

我要特別強調，台北辦事處對泰世的成就，起很大的作用，我很感謝大家，有些同仁對考績、獎勵有些反映，我因為遠在曼谷，照顧不到，但我發自內心的感激，是沒有折扣的。

第三，大家要全心投入，一家報紙要辦好，一定要大家盡心。也要推行責任制，使自己編的版好上加好，各位在台北，千萬不要出錯，版子傳到曼谷，要改很麻煩，現在不貼版，版子上電腦網路，直傳曼谷，自己回頭看不到，所以作業完成前，檢查這一關很重要，照片說明、照片位置，很容易忽略，請大家多看一眼。報紙如果出錯、錯字太多，讀者是不會原諒的。

危機中但求穩定　要盡心加強內容

今天大家給了我兩個小時，大家說得少，問得也不多，我只好將泰世的近況，作一個報告，大家是「家庭成員」，我也和盤托出，讓大家有一個輪廓了解。

在金融危機中，一定要求穩定，各版內容不減少，還要加強，要堅持原則。上午必立總經理也這樣提醒我。我的想法是賺錢不是唯一的目的，應該用心辦好這份報紙，而且要向東南亞發展，目前高棉有世報，寮國前幾年簽約但因政治影響，尚未進去，早幾年進了越南，因為官方管制匯不出錢而叫停，最近在向緬甸推進，仰光、瓦城、臘戍、密支那華人不少，但都是社會主義國家，發展如何，是未知數。

再一次感謝大家，也對多年來一直支援我們的各位朋友，表示衷心的感激。

玉老結束他溫馨而坦率的講話之後，還解答了同仁的問題，晚間丘主任在陳記小館邀同仁與玉老夫婦餐敘，《聯合報》項總編輯國寧，賴執行副總編輯清松，張副總編輯昆山等多位長官也光臨，席開三桌，大家都珍惜與玉老半年一會，玉老雖再三以三酸甘油脂太高做擋箭牌，但不忍拂逆大家的感情，還是乾了幾杯。

（作者為泰世台北辦事處主編，原載《聯合報系月刊》一九九八年六月號）

梁雪郎

平安度過大劫難

曼谷，五月十八日，由前首都市長針隆少將發動的第二波群眾示威運動，進入第二天。軍隊開槍射死人、示威領袖針隆和乃賓耶等八人遭拘捕、群眾遭強制驅離後又復聚集，首都重要地區陷入失控狀態。

必立副董事長殷殷垂問

日間市區交通癱瘓，謠諑紛紜，行人面色倉皇、公私事務停頓，入夜街頭死寂。周遭的氣氛，逼得人人惴惴不安，沒有辦法預料下一分鐘會發生什麼事。

在危疑震撼點，當晚必立副董事長從台北打來電話，殷殷垂問泰世的狀況、關切同人的安全、囑咐小心謹慎。

我扼要回報必立副董事長：

——曼谷市中心區維持治安的華人和示威的群眾，都失去了理性控制，危機四伏，到處不安全；

——報社編輯部作業尚能維持，工作同仁將盡全力完成出報程序；

——為顧及同事安全，除必要人員外，提前在六時前交清稿件，於天色尚明時設法平安回家；

——因應特殊狀況，報紙縮減篇幅，改成日出六大張，俟環境許可，立即恢復正常；

——為免引起暴民、遊民注意，一樓前門關閉，除留起碼照明所需，燈火熄滅，警衛移守大門邊。

必立副董事長對於前述處置，悉予認可，並一再叮嚀在新聞報導和評論方面，要十分平實，同時也透露要因公務留在台北的趙社長，將趕回曼谷坐鎮。

必立副董事長的指示和關懷，我將之轉告同仁，當時忐忑不安的心情，也獲得了相當的疏解和寬慰。畢竟台北總部還是那麼關切著陷在危城裡的泰世同仁；而社長將兼程回來的消息，更如一粒定心丸。

用「忐忑」來形容接聽必立副董事長電話時的心情，並不是誇大其辭。事實上，電話將近結束時，泰世辦公室兩面臨街邊處，槍聲響起，的確是出了狀況。

我向必立副董事長報告，當時報社所在的石龍軍路上暴民麕集，前線在璇宮戲院附近和維持治安的武裝人員隔街對峙。

暴民麕集於此，目標鎖定在石龍軍路上的一排槍店，如果紊亂中打開槍店大門，搶出店中各型火砲，暴民就會如虎添翼，得其所哉。

沒料到石龍軍路一排槍店，是維持治安人員的重點部署地區，暴民的意圖一時難得逞，也不做散去打算，到午夜還在和治安人員僵持。

槍聲響起街頭有狀況，密集不斷來自街邊的槍響，對於在工作中的泰世同仁，是有震撼作用的，心裡必然是忐忑不安的。

我們知道出了狀況，不知道是出了什麼狀況。我們也知道，無論出什麼狀況，都是危險程度升高，相對的我們就越不安全。

所幸連珠槍響過後，暴民做鳥獸散，泰世在動亂邊緣，逃過一劫。

事實上，泰世所在地四角披耶是，是處於通往皇宮禁區和中國城繁華區的通衢要道上。

進入大皇宮、國防部、內政部、司法部、民聯廳（相當於新聞局），這次群眾示威時，和在附近的國稅局一起挨一把無名火燒毀掉了，皇家田等重要官衙場所，要經過這個地方；進入耀華力唐人街，也要由此十字路口轉折。當年若干大路沒有開通，這兒還真是曼谷的黃金地帶呢。

也正由於四角披耶是的地理位置，在泰國歷來的動亂中，這個地方都被視為是危險區域。

這次針隆民運的連續衝突，泰世所受的驚駭也是一樁連著一樁而來。每一波動亂，泰世都在震動的範圍內，同事們緊張而又無奈，讓時間一分一秒過去。

D日的晚上，在皇家田「反對國務院長非來自民選」的集會民眾，一部分突然沿五馬路遊行，朝政府大廈和宣集皇宮進發，途中和維持秩序的軍警發生衝突，並佔領了越色局消防站，多輛消防車著火，當局宣布進入緊張狀態，民運事件一發不可收拾了。

第一次五馬路鼎沸人潮，泰世所感受的壓力是二人組的摩托西（機車的泰式名稱）終夜呼嘯不停，車子不知從何而來，又不知去了何處。

前門傳回二樓編輯部的消息是，摩托西群在用盡一切可能方法，破壞警方設施，十字路口和路邊的交通號誌，以及街角的警亭，全部打得稀爛。打砸聲、縱火聲，高亢的呼叫聲，令人不由得不心悸。

留在編輯部裡過夜，多次醒來，耳畔都有槍聲。天亮後出門，一街的碎片。

民運活動　晝伏夜行

民運活動使用「晝伏夜行」策略，D加一日的夜晚，摩托西群移轉到皇家田對面的民聯廳和彩票局一帶集結，隨後是一把無名火把這兩座建築物燒掉了。

摩托西群不來，不表示泰世週遭太平了。相反的，這天晚上出現在附近的，大多數是徒步的年輕人，這一黨雖然沒有機動交通工具。可是行動快捷，短短期間內，嘯聚了數不清的人，全沿石龍軍路朝耀華利路進發。

這群人不似民運人士，是另一種屬性的群族，他們在附近出沒，給泰世帶來另一種壓力。

結果是，他們擄劫耀華力槍店的意圖，受阻於治安人員的防堵。到治安人員決定強制驅離，槍聲響起，泰世街邊疾速的腳步，步步都是泰世的威脅。萬一有一組三五人逃避治安人員追逐，排門而入，我們將如之何。

稍晚一點的電視廣播，宣布璇宮戲院一帶有十餘名不明身份的人遭射殺。

璇宮戲院距泰世箭步之遙，附近出了那麼大的事，報社不損毫髮，真是托天之福。

好不容易熬到第三個晚上，在凝重的氣氛裡，電視宣布了從晚九時到第二天凌晨四點實施宵禁，我們心中的大石頭才算放落下來。

宵禁真不便　長街死寂

宵禁給好多人帶來不便，但泰世同仁需要這類宣布，至少我們免得聽到摩托西群的呼嘯、免得看到形色怪異的青少年集結。長街死寂。對我們還安全些。

一連幾夜，在埋頭作業裡，或者大樣交版後，總揮不脫恐懼的陰影籠罩。有時候覺得我們像是玻璃缸子裡的游魚，不曉得什麼時候缸子被打破，也不曉得什麼時候伸進來一隻怪手。

必立副董事長在電話裡問，報社有沒有鐵門。

答案是沒有；

必立副董事長又問，報社有沒有警衛。

答案是有一個。

發稿間歇，下樓看：由送報生換上制服變成的警衛，端坐在用布條子綁上的玻璃大門內，和平日不同的是，戴上了一頂大盤制帽，滿臉嚴肅，旁邊斜放著一條修房子留下的方木棒。心裡嘀咕，但能夠做的只是盼望快點天亮。

讓泰世同仁在危疑震撼裡覺得非常安慰的是，必立副董事長在情況最不安定的時候，又給我們來了電話，使大家覺得我們有所歸屬，受到關注。

當然，報社在動盪的環境裡運作正常，和趙社長玉老的電話遙控領導有著不可分的關聯。他從台北旅次居停、聯合報社、甚至世界華商會議議場分別一次又一次的電話指揮，使各部門有條不紊。從民運D日起，晚餐都由報社負責處理，每人領到伙食，既免得上街危險、費時，又感覺到領導的細心照顧。

玉老社長在電話裡還指示，報社同事下班後無處睡覺，可由報社在麥納瑪旅社租房間休息。後來大家研究的結果，到麥納瑪還有一小段路要走，有安全的顧慮；而且到諸事停當，天已快亮了，各自分頭回家梳洗更好，所以這一點指示沒有照辦。

而在暴徒滋事的晚上，麥納瑪附近正是「戰場」，不去那裡投宿的決定是對的。

由於泰世所在的地方特殊，遇有風吹草動，曼谷人就設定這一帶是危險區，一旦公共交通工具中斷，想從其他地區來到報社上班就相當辛苦了。沒有公車，計程車不來，嘟嘟車也不來，真是大費周章。

交通受阻　無奈中只有安慰

但是，從民運第二波D日後以至於動亂暫告平息的數日裡，交通不便是事實，公車縱能開行，也只在區間行駛。但泰世各作業場所的人員是到齊的，他們用不同的方式向一般人觀念中的「接戰地區」集中。迂迴曲折，到得坐位上，無不是滿面風塵，一頭大汗。但講起遭遇，則又千奇百怪。驚惶裡有奇趣，無奈中有安慰。他們的敬業精神和努力，維持著泰世的風格和水準，雖然在動亂裡，也要盡力而為。

戒嚴當局宣布自晚上九點到次日凌晨四時實施宵禁的當晚，也就是民運第二波D加四日，因公到台北去的趙社長兼程趕了回來。接到他從曼谷寓所裡打來平安抵達的電話，心裡一塊大石頭才算放了下來，在動盪不安中，報社終於有了頭頭。

老實說，對於玉老社長要連夜闖關的消息，泰世同事們自始就存有非常矛盾的心理。我們既要玉老回來帶領大家共度難關，又擔心從廊曼到素坤逸數十里長街，四伏危機，安全問題豈得不加顧慮。

社長太太更是急得像熱鍋上的螞蟻一般，先盼社長延到第二天白天的班機，再要求社長回來住在機場華航所安排的旅社。

但玉老社長力排眾議，以回到報社為第一選擇。

洛城動亂　泰國翻版

大家擔心玉老的安全，並不是毫無理由的。曼谷民運第二波的D加三日，軍人失去了耐性，群眾失去了理性，夜裡演變成洛城動亂泰國版的趨勢，已經彰顯，暴民趁機動手的可能性愈來愈大。

在臺灣慣聽到「危機就是轉機」這句在茫然中的箴言。玉老夜回曼谷，一路平安，正是不畏前途艱辛，勇往直前的做人際遇的典型。

曼谷從動亂的高潮急轉而下，關鍵在泰王出面，召來樞密院大臣訕耶和秉上將，以及造成動亂的兩位敵對頭頭素真拉和針隆，頒賜綸音，曉以大義。著訕耶和秉負責斡旋調解，責成素真拉和針隆捐棄前嫌，攜手為國，消除政局危機。

素真拉承諾支持修憲，針隆願助國家安定。

於是，已經蔓延十三府的反政府活動，戛然而止；在藍甘杏大學集結、蓄勢待發的三萬群眾，也宣布黎明前解散。

玉老是在第二波民運示威D日出發的，當時群眾還沒有集結；玉老回來時，群眾散了，事件也降溫了。若不是五馬路上民主紀念碑前還掛著幾片大黑布，基座內晝夜不斷有人在焚香膜拜，以及全市六十七處十字路口的交通號誌有遭破壞的痕跡。先後四天內的危疑震撼和軍隊的血腥殺戮，造成四百多人倒臥血泊、三千人受到槍傷，加上政府外辦公大樓遭焚，無數公私車輛毀損的經過，是難以想像的，玉老賈勇奔回危城，也是沒有意義的。

不過，無論如何，事態降溫了，秩序逐步恢復，總是好事。

經過一連串驚駭，再見到社長，有一種難以形容的感覺。

社長太太在那幾天動亂裡，每晚都有電話來，殷殷詢問，還傳遞一些「道聽途說」。到事情過去了，她在電話裡說：「前幾天我怕得要死，但是不敢講。」

誰不是的呢？在曼谷這種地方，平常有個滿臉鬍子，穿一身骯髒的老小子多看你幾眼，心裡都會發毛。何況是在槍聲噼啪、火光煙柱沖天、和謠諑不斷的黑夜裡。

玉老回來，生活正常了，再也不必害怕下一秒鐘會怎樣了，真好。

福將玉老　趕回曼谷平安

趙社長在大家圍著他的時候，轉述了他上飛機前，聯合報系副董事長王必成先生在送別盛宴上舉杯時的一句話：「玉老是福將，他回到曼谷就沒事了。」

玉老笑著說，小老闆真是金口玉言，一說就準。

但他在說這句話時，大家心裡有數，只是純祝福。

不過，給福將祝福，還真的有用。玉老近來被福事所環繞，無論用人和做事，都脫不了個「福」字。譬如，他回台北第一天，和必立董事長聯名在永「福」樓請泰僑領晚餐。他離泰之前，在香「福」樓開席歡迎泰世工商服務部編採主任陳良「福」來上班。

還有他的顧問團裡，得力助手張天「福」，前年五月到泰世就職，當月的會計報表上就賺了錢，直到如今還有賺。

玉老有一堆的「福」。因此他回到曼谷，動亂立刻中止。

有點迷信，但縱屬巧合，也使人喜悅。是在泰國，走過一場變亂，文章裡沾點迷信也值得原諒。

（作者曾任泰世執行總編輯，任主筆三十年，原載《聯合報系月刊》一九九二年六月號）

袁玉衡

趙老虎、虎威依舊

印尼《世界日報》順利於六月八日（二〇〇一）正式創刊，印尼的同仁算是領教了趙玉老的「老虎精神」，出報前幾天，從試版到正式創刊，玉老一連熬了三個通宵，陪著編輯部同仁發稿、看組版、改文稿、跑工廠，從印報、數報、套報到送報車子出發，不知道他那裡來的充沛活力，叫年輕人好不佩服。

退休後，老兵新入伍

我知道老玉的名子很早，我從政戰學校剛畢業，同班同學十多位都派到當時「趙台長」的手下，我因為留校，錯過了機會，但不時從同學口中知道他這號人物。後來我到《聯合報》，不久他就去了泰國，無緣追隨左右，不過偶爾他回臺灣，查公有約在一起吃過幾頓飯而已。

不想，四月下旬查公（仞千）一通電話，使我退休以後「老兵新入伍」，跟他到了雅加達，這才親自領受到這位老虎先生的虎勁，從他的一言一行中加深了我對他的認識，也增加幾分好奇。以下是我和他幾次零星談話寫成的綜合訪談。

趙玉老·統軍到印尼

問：玉老，你在泰國這些年，怎麼想到要到印尼來？

答：不是偶然想到，應該一種正常的發展。我到泰國接泰世十六年，一直在尋求突破。由於一個偶然的機會，一個在柬埔寨的新加坡商人，想引進泰世到柬埔寨，我自然同意，稍後駐泰許智偉代表邀我一同訪問緬甸，緬華人士也異口同聲要《世界日報》銷行緬甸，所以成立緬甸總代理處，你知道要進入緬甸困難很多，但這一偶然的機緣，卻意外的成功，後來一位旅越南台商來曼谷，說越南有開放跡象，我們把握機會開發越南，較前也和寮國簽約，可是共產國家對媒體掌控嚴，發展情況不理想，但泰世擴展到泰國以外的四個國家，是跨前一大步，有了區域性發展的構想。

問：區域性發展是一個很大的構想，所以你將目標指向印尼？

答：是一種形勢促成，印尼瓦希德總統選勝，民主政府成立，有開放華文的芻議，消息

印尼《世界日報》負責同仁合影，左二為副總編輯袁玉衡。

一再傳出，但不見明文下來，我想不妨試試看。最初的構想是和緬甸等地一樣，空運泰世來印尼促銷。我和泰世黃總經理根和親訪印尼，實地了解，覺得空運不可行，航運費太貴，時間太晚，而且轉運各島更不容易。如果在印尼印報，問題不簡單，但是窮則變，變則通，終於想出了辦法。

巧機緣．尋合作夥伴

問：進入印尼，還很曲折，玉老頭腦活，難不倒你？

答：是巧，我和根和到印尼，認識了鄧通力，就是今天的鄧總；他台大畢業，和馬樹禮有些淵源，現在辦《印尼與東協》半月刊，有七千份銷路，是一位老報人。這個人和七千份雜誌訂戶，吸引了我。我問他有沒有興趣辦報，自然和他聊了很多，有一個共同的願景。我的辦法是，由鄧通力先生和他同事謝夢涵小姐，用印尼人身份登記一家報紙，而後和泰國《世界日報》簽約，合組《世界日報》，這樣就可以合法出版。正在這個時候，印尼政府開放華文書報，外人可以投資印刷與出版，我立即回台北，向兼總經理和副理事長報告，得到他們支持和指示，取得董事長幾位授權書，趕回印尼辦公司登記，希望用UDN（UNITED DAILY NEWS）辦公司登記，律師不表同意，登記《聯合報》出版，就是辦《聯合報》，他說：禁令還沒有開，阻礙多！

問：出了新問題，怎麼克服的？

答：運氣吧！在我和律師相持不下時，峰迴路轉，那天律師一早電話告訴我，外人可以辦，你們可以用UDN申請投資，十天就可得到總統批准。但是投資處說投資辦報，你提出一百萬美金太少，買套好機器和設備都不夠。我問他多少合適，他說最少五百萬美金，事到關口上，來不及請示台北，就點了頭。頭期款美金一百萬到位，就可籌備出版。

投資案核准

問：後來，就決定出《世界日報》？

答：登記UDN，可以出印尼《聯合報》，但台北認為在東南亞，就出《世界日報》，王副總還提議改成《東南亞世界日報》，我建議等印尼站穩再說。中間也有一個小問題，我們登記的是UDN辦《世界日報》，也需要用「技術問題」，加以實際解決，報紙的印製主權屬UDN，發行權授予「世界文化報業公司」，也是我前面的《世界日報》，都由我擔任投資代表，也就是趙玉明代表UDN和《世界日報》社長趙玉明簽約，在印尼因地制宜，也只好如此了。

問：終於順利出報了，你認為有哪些因素，使印世如期出版？

答：因素很多，最主要總社的信賴和支持，要錢給錢，要人給人，要設備只要是必須的，無條件供應。最可貴的技術和工程部門全力支持，給了我很大的鼓勵。自然很多老朋友的支持，像你退休還拉回來，本來查公也要來的。項總編輯國寧、楊總經理宏志、柳副社長都幫了大忙。泰世台辦處賴主任清松及全體一致支持，多了不少工作，也沒有怨言，創刊那天，傳來一張全體簽名祝賀的「賀卡」，真使人感動。

結善緣・創刊都叫好

問：如何克服本地的難題？

答：我們很幸運，在印尼找到一些合作夥伴，鄧總編輯、謝夢涵運用一切努力，預先暗中找到不少位朋友，很多在臺灣讀大學的僑生，都參加了我們的工作，還有幾位老報人和寫手，雖然人手還是不夠，但勉力而為，排除一切阻礙。其次，我們找到一家很好的印報工廠，老闆是印尼人，留美時認識一位在臺灣出生的山東小姐，夫唱婦隨，辦了一家規模不小的印刷廠，配合得很好，那套高斯印報機是使我與他們合作誘因，高斯印彩色有一定的水準。

現在的問題是發行，印尼是千島之國，雅加達以外，萬隆、泗水、坤甸、棉蘭、巴淡，有些地方飛機都得三四個小時才能到。雅加達也很大，如何快速把報紙送到讀者手中，是最基本的事。所幸有朋友幫忙，像同事廖志龍的弟弟志仁，就主動參與，轉送一百幾十份報，他的一位朋友也轉送兩百份報，都是義務幫忙，十分感動。

問：我們報社創刊，一片叫好，平心而論，其他幾家中文報不怎麼樣？

答：我不這麼想，希望有競爭，從競爭中求進步。我在創刊的社論提出信守四個原則，民主自由、客觀公正、族群和諧和自由競爭。希望所有中文報「共存共榮」，自由競爭，為華族服務，我在泰世接辦時也提到「共存共榮」。不是口號，是一種心願。

老實說，我們精編五大張，內容水準比別報是高出很多，但還是不夠，我們還需要增加證券版、地方新聞版、輿情版、體育版等等，配合業務，彩色版還要加多，要盡力爭取「絕對的勝利」。

玉老狠·事情看得準

問：同事都說玉老不老，行事方法不比年輕人緩慢，而且很狠你自己怎麼說？

答：老就是老嘛，不要老朽就好。老人可能迂腐遲鈍，可是老人穩健，有定力。比如說，早些時候印尼不安定，台北的朋友都擔心，印尼這麼亂，你還往印尼跑？可是這半年我到印尼很多次，並不覺得亂，也許最危險的地方真是最安全的地方。再說，四月三十日雅加達有六萬人大遊行，我們第一批人決定五月一日來，台北方面說改五月三日來印尼好不好？我說好。但我自己五月一日準時到印尼，用行動說明沒有事，在地人感受不一樣的。四月三十日東爪哇支持瓦希德總統的群眾，趕來首都表示支持總統，是一種意志表示，當晚六萬人完全撤出，平靜無波，這也顯示瓦希德有掌控能力，不應發生大變故，至少那些天如此。到今天已四十天，也許內張外弛。我不是英雄勇士，只是我憑常識判斷而已。

六月八・大家一路發

問：你選定六月八日創刊，是不是有什麼玄機？

答：那有什麼玄機。我是看過農民曆，六月八日是個吉日，照中國習俗，六是順，八是發，取順順發發的意思。我自己不信，但一個事業有很多人，有人信，也就順著大眾的心理，求個心安理得，不是很好嗎？創刊那天，我走進採訪組，本地新參加的幾位同事異口同聲說：「恭喜社長，一路發！」原來當天是二〇〇一年六月八日，連起的數字是〇一六八

（你一路發），我不由大笑，足見選日子也討同仁歡喜呀！

說發展・感念創辦人

問：玉老區域性發展的理想達成，想必十分高興。可是當初是怎麼聯想「區域性發展」構想的？

答：這得感念創辦人王惕老，他派我到泰國，只是去接收《世界日報》，也沒有想到十六年下來，竟開發了柬埔寨和緬甸的市場，我向他報告，他很高興，說能擴大服務僑社，總是好事。我反覆思索，創辦人在美國辦《世界日報》，後來擴及加拿大多倫多、溫哥華，一度想辦《南美日報》，他的美洲《世界日報》經驗，是促成我完成區域性發展的動力。創辦人沒有說，我相信他讚賞。如果說這是一點成績，我想全體同仁都會同意，用以告慰創辦人在天之靈，請他庇佑我們，明天會比今天做得更好！

問：下一個目標呢？

答：（笑）下一個目標呢？如果越南有可能更開放，應該有潛力。至於菲律賓地緣關係太遠，不大可能。如果到菲律賓，就不如到日本……想得太遠了，我已七十三歲了，留給年輕朋友去操心吧，你是不是覺得我「老興不淺」？

親下廚．一家人溫馨

趙玉老應該算是一個至情至性的人，開創性強，專業能力也強，還保有幾分軍人本色，實幹苦幹，這幾次訪談，他無所不談，但他態度謙恭而不做作，直話直說。比如，他對我說：「你說你沒有和我一起工作過，在印尼一個月，味道不好受吧？謝謝啦！」他對唐經台說：「請你來印尼，我有點設計你啊，辛苦了，多喝一杯。」

創刊後他在不同的場合一再向大家表示感激。十二日中午，他自己主廚做了豐盛的大鍋菜，先一天下午，自己去買菜，晚上開始烹調，趙媽媽做助手，清燉牛尾湯、紅燒肉、煨土雞、蔥花蛋、熬大白菜、炸田雞腿，玉老廚藝還真不賴。他說，他這席菜，是為慰問大家辛勞，歡送台、泰支援工程師，同時為宿舍伙食團，開火！

這是小事一樁，從小看大，玉老大有大局的雄心，小有小事的分寸，我覺得這次跟他來印尼，一定不虛此行！

（印尼《世界日報》副總編輯，

原載《聯合報系月刊》二〇〇一年八月號）

敢做自己的先驅

——專訪前《聯合報》總編輯、泰國《世界日報》社長趙玉明

翁智琦

社長退休，趙玉明說：「新聞學徒，從《聯合報》大學畢業了！」

今年春寒料峭時，獲得專訪前《聯合報》總編輯、泰國《世界日報》社長趙玉明的機會，很是興奮。去年我隻身赴曼谷進行短期報業研究，便聽聞泰華寫作圈對聯合報系接管《世界日報》後，所開展出來的新局面十分肯定。《世界日報》是泰國華文報紙編排嚴謹的指標，且提供許多泰華寫作人發表機會。當時，「趙玉明」在我與泰華作家的談話中被多次提及，讓這名字更顯傳奇。訪問當天，依約來到位於忠孝東路巷弄的住家，趙玉明夫婦親切招呼入門。

練習寫作與編報

趙玉明原名趙玉成，有過幾個筆名，「一夫」寫詩、「喻誠」寫雜文與評論、「舒白」寫小說，創作文類包括詩、小說、報導文學及傳記，然而集結成書的作品並不多：中篇小說《咆哮大地》，報導文學《飛向白日青天》，傳記《菩薩心腸的革命家——居正傳》，以及與三位詩人阿坦、金刀、疾夫合出的詩集《金色的陽光下》，其餘作品皆散落於報刊雜誌。

出生於一九二八年的趙玉明，已八十七歲高齡，方動過心臟手術，身體尚在靜養。時間雖使他顯得老邁，然而在訪談中，趙玉明始終眼中有神，談話有勁，說一口獨特的湖南腔。回顧自己的歷史，趙玉明拿出一張手寫清單，將近世紀的生命全攤在面前。

一九四七年來到臺灣參加第二期青年軍至鳳山受訓，不到一年因染患肺浸潤必須入院療養。趙玉明康復後，便參加別的部隊，因而來到台北。那段戰亂記憶如今想來有些唏噓，他說：「部隊到北平的事沒人知道，因為知道的人都沒回來。」原本在部隊擔任班長的趙玉明，經過短期訓練，一百七十四人的班有六人升職軍官，趙玉明是其中一員。

一九五〇年中國文藝協會成立，要以「團結全國文藝界人士，研究文藝理論，從事文藝創作，展開文藝運動，發展文藝事業，實踐三民主義文化建設，完成反共抗俄復國建國任務，促進世界和平為宗旨。」由於運動從軍中展開，參與成員多具軍人身分，因此又以軍中文藝運動稱之。一九五四年第一屆國軍文藝大會召開，自那時起，只要人在臺灣，趙玉明

軍中文友，右起趙玉明、何坦、俞允平、崔焰焜。

就是場中的常見身影。提到寫作的動機，趙玉明指了指頭上的疤，「當年因為這個疤，沒考上軍事學校，就寫了一篇散文〈疤〉，發表於《野風》，從那時起算是感覺到興趣。」

「我那時擔任排長，剛好也是新文藝運動的時候，就開始學習寫作。那個時候部隊裡有《雄獅報》與《雄獅月刊》，當時寫作的人還不多，我就將長長短短的稿子，寫成詩、散文或者一兩千字的故事去投稿，用這種方式練習寫作。」

一九五四年中國文藝協會的教務主任李辰冬創辦中華文藝函授學校，設有詩歌班、小說班、散文班；趙玉明參加詩歌班，當時指導老師為覃子豪。幾十個人的班級，向明、張拓蕪是他的同學。趙玉明透露，「瘂弦、洛夫在當時的名單上有他們的名字。」

在文學寫作之餘，趙玉明開始練習編報。他辦的第一份報紙是部隊裡的油印報。時任排長的趙玉明與擔任政工的何坦、俞允平（筆名疾夫）分工合作，俞負責刻鋼板，趙玉明負責寫稿和編輯。他所屬部隊的第一份油印報就由這三個青年志願軍自掏腰包創辦。當時的油印報僅有一張紙的篇幅，一版新聞、一版文藝，刻鋼板一次最多只能油印四百份，印好後便在團裡頭的每個連發下十多份。「我的辦報師父就是油印報，當時臨時去買了一本很薄的新聞編輯學，研究怎麼下標題，完全是土法煉鋼。」稍後又認識了張作錦，成為學習寫作最早的四個朋友。

之後，趙玉明從排長調政治幹事，正好這個團選為國軍文化示範營。示範營為期三個月，邀請作家駐營。「總政戰部主任蔣經國每天至示範營共同生活，早晚都來，有時甚至留至半夜。籃球代表隊、電影隊、歌唱隊也來，紀弦、覃子豪、鍾鼎文、陳紀瀅、趙友培等都來演講過。」趙玉明擔任幹事期間負責示範營的接待工作，間接拓展了文學人脈，他直言：「這對在部隊裡面學習寫作的人實在不容易！」除了示範營的幹事工作，為了加強寫作經驗與技巧，趙玉明同時兼任軍聞社、《青年戰士報》特約記者。有了寫作練習與人脈的培養，趙玉明算是慢慢「入行」了軍中文藝。

文化示範營之後，趙玉明調到師部作宣傳官，再辦了幾年油印報《軍聲報》。師部辦了文藝座談會，第一場邀請函授學校校長李辰冬演講。這些文藝活動的經歷，使趙玉明無形中認識了更多軍中作家，進而成為朋友，如小說家尼洛、田原一大票人。

油印報編了兩年後，頗受軍方肯定。由於部隊駐守金門，金門當時有份每日出版的鉛印報《正氣中華報》。在報禁的時代，報紙限張且限制登記，《正氣中華報》由內政部登記，屬全國卅一份報紙之一，為《金門日報》前身。《正氣中華報》的報紙編輯多為戴梅花的少校，趙玉明僅是兩條槓的陸軍中尉，於是調成事務員，負責校對、編輯兼記者。在金門的兩年辦報經驗，讓趙玉明十分感念能有機會學習。靠著自己劃版面、寫稿與編輯，建立起編採知識與技能，同時也認識許多新聞界的朋友。此時的趙玉明與《正氣中華報》同事查仞千逐漸熟悉，「他對我的影響很大，我之後的新聞工作很多機會都靠他牽成。」再將故事聽下去，就能發現之後的幾個新聞工作中，趙玉明與查仞千是並肩作戰的最佳夥伴。

趕場編報刊

一九五六年趙玉明卸下金門的編務回到臺灣下部隊。由於軍隊的晉升規定必須具備固定職務的經歷，因此趙玉明下部隊擔任輔導長一職。此時國防部招考心戰工作人員，師部裡頭知道趙玉明能寫作，便推薦他。「這其實很矛盾，跟其他作家比起來，我其實不算一回事，但是卻能在軍中當作家。」趙玉明赴國防部（現介壽路總統府後之博愛大樓）參加考試，放榜後錄取廿六人，他也在名單裡頭。這批新任工作人員隸屬於林口心戰總隊，必須至金門執行任務。趙玉明一開始被分派為播音官，然而湖南腔中文在當時並不適合播音。最後，由於他的辦報經驗，便被派駐金門處理編撰工作，學寫廣播稿，再踏足於廣播界。

兩年之後，趙玉明調回林口升為上尉，近一年多後，再調為廣播電台台長。未正式上任前，林口的光華廣播電台正處於籌備期，趙玉明出任務編組新聞部主任，改任馬祖廣播電台台長，隨後又擔任金門廣播電台台長。作家楊牧、瘂弦、尉天驄都曾到金門廣播電台參觀。趙玉明前後三次調派外島，長達八年，後來因留戀林口環境，不願調職，因而誤了升官。「像大學副教授老不升等，做少校做了很多年。」後來趙玉明再調到國防部心戰小組「心廬」，研究政論、大陸問題。除了平時的工作，還需上課學習馬克思資本論、毛澤東思想。趙玉明從中獲得學習樂趣，這四年經驗讓從未受過大學教育的他笑稱是進了「地下研究所」。

由於趙玉明未有正規學歷，當時雖是美援時代，他並未與美國有過實際交集。「比如說當時有愛荷華寫作班，但那都需要有個學歷，可是我什麼都沒有。我受過最長的學校教育都是軍事訓練幾個月，雄獅幹訓班十個月，這也是我升軍官的方式。之後也有一些幹訓班，但也就是幾個月的時間。完全沒有學歷，所以我在部隊中的發展沒有太好。」

聽課之外，趙玉明也擔任廣播組召集人，負責支援廣播節目。節目在越南、南韓以及中華民國轄區聯播，用於向中國大陸廣播，進行心戰。在這期間，第二屆新文藝金像獎徵稿，為了參加比賽，趙玉明白天工作結束用過晚飯後，便帶上廿張六百字稿紙至西門町舊新生報大樓隔壁咖啡館寫作。每次一杯咖啡，自晚上七時坐到十一時，一天至少寫六千多字，狀況好時能到一萬字，花了半個月完成中篇小說〈咆哮大地〉。作品完成，趙玉明讓尼洛看過後便投稿，小說最後獲該屆銀像獎。然而，文藝獎的肯定並未對趙玉明的文學生涯造成太大影響，寫完小說的他，當時正盤算著找份工作辦理退休。

寫作學習最早的朋友，左起俞允平、趙玉明夫婦、張作錦、何坦、胥盛祥。

由於先前金門《正氣中華報》的同事查仞千為了去蜜月旅行，找趙玉明代班《民族晚報》第二版的主編職位半個月。這次代打讓報社老闆留下印象。後來，《民族晚報》計劃增版，需要編輯，負責人王永濤讓查仞千再去問問那位「胖胖的朋友」。查仞千雖表明這位胖朋友是軍人，老闆還是執意要他來問問趙玉明的意思。趙玉明思考過時間安排後，便每日早上十一時半從心廬搭車至《民族晚報》上班，下午二時再回部隊。「試過之後就上了套，上了套我就正式從軍中退休。」

在《民族晚報》工作剛穩定時，《徵信新聞》（《中國時報》前身）地方版需要編輯，再次找上趙玉明。「因為年輕，所以精力很好。上午一家報紙、晚上又一家報紙，對當時的我來說，是小款代誌啦。」後來電影歌曲創作者駱明道要辦唱片公司與雜誌《人人娛樂》，找趙玉明主編了雜誌七個月。這份雜誌無意間被《台視週刊》社長看中，社長齊振一詢問《徵信新聞》就找到趙玉明去編彩色雜誌《電視週刊》，同時趙玉明也協助尼洛發行的《文藝月刊》主編。曾經有一段時期，趙玉明如鐵人般兩報五刊地工作著，「我每天提著〇〇七的公事包，裡頭裝著編輯工具，四處編報刊。這裡編兩天、那裡編一天，到處跑。我在光復南路租了一間十四坪的房子，編報刊的地方就在租處附近。」一九七〇年，一百位留美學生創辦《科學月刊》，林孝信、李怡嚴找上趙玉明參加創刊。一個科學符號都不認識的趙玉明，硬著頭皮上陣。由於當時有正職工作，因此《科學月刊》的編輯名單使用趙一夫為筆名。編了七期後，雜誌工作便交給辛鬱。「從這點來看，辛鬱年紀上是我的老弟，在編雜誌經歷上是我的徒弟，這是不會錯的！」

進入《聯合報》，接受挑戰

兩報五刊的鐵人狀況維持近三年。一九七一年華視創辦，尼洛擔任節目部主任又找趙玉明幫忙。「當年我還在台視時，會審一些節目計劃案，我常參與他們的設計。做電視我是外行，但是電視節目策劃是怎麼一回事，我知道。」兩年多後，由於不習慣電視的工作環境，有了離開的念頭。此時，《民族晚報》改組，需要一個總編輯，報社老闆父子希望趙玉明出任，然而趙玉明認為當時那位總編輯資歷較深，他自

參加新聞界訪問團，與中央日報彭歌（中）、臺灣新聞報葉建麗（右）兩位合影。

願擔任副總編輯。後來總編輯位子再空出，趙玉明便頂上職缺做了五年八個月。

《民族晚報》改組後，趙玉明調任總編纂，只處理一些看稿事務，習慣挑戰、不服輸的個性使他開始覺得現有工作不切實際。一九七五年，經朋友推介，趙玉明轉赴《聯合報》擔任編輯部顧問。編輯部顧問的實質工作為「大輪編」，顧名思義即是固定時間輪流擔任不同版面的主編，每個版都要會編。大輪編的工作維持一年半，這段經驗讓趙玉明印象深刻、也十分珍惜。「這個工作對我很重要，因為我等於學會每個版的編輯技巧。但也很像一個嚴厲的考驗，是個考試。已經做了五年八個月的總編輯，現在還要來考試。別人是藝高人膽大，我這個人是過於狂妄而膽大，一點都不怕。」之後趙玉明轉任執行副總編輯，負責分稿。「這個工作其實是報紙的靈魂，決定了報紙品質。這個時間比較短，後來我就去代理總編輯，然後正式擔任總編輯，維持了三年多。」

在擔任編輯部顧問時，中共空軍米格中隊長范園焱駕機來歸，全國轟動。為宣揚中華民國的正統與權威，國防部邀請五家媒體為范園焱共同進行幾天的訪問。《聯合報》、《中國時報》、《中央日報》、《青年戰士報》、《文藝月刊》各派出一人，趙玉明是《聯合報》代表。五家媒體同時與范園焱談話後，再各自選擇報導或寫作形式。趙玉明以他在心廬期間習得的共產中國知識以及廣播的製作經驗，寫成報導文學〈飛向白日青天〉。「我已經不是一個現役的訪員，接受報社『徵召』客串訪問范園焱義士，寫成這本訪問實錄〈飛向白日青天〉，內心既惶恐又興奮。受命之初，有過好一陣猶豫，才決定用這樣的方式表達：將我和范義士的對話作為最主要的部分，用最簡短的敘述，作成『旁白』，而使整個故事成為『紙上轉播』。最大的願望是做到客觀和存真。我希望寫一個完整的范園焱故事，著重故事主人翁的心態研究，也兼顧他的時代背景；因此在另一意義上它是中共在大陸二十多年整個過程的一個縮影。」作品在《聯合報》連載之後出版，再經姜穆的鼓勵，投稿當時即將截止的國家文藝獎，得獎後賺了些獎金與版稅。

1977年，中共空軍米格中隊長范園焱（左三）駕機投台，趙玉明（左二）與同事前往採訪。

1977年，趙玉明（左三）以《飛向白日青天》獲國家文藝獎。

一九八四年行政院針對一九八二年中英兩國的香港問題談判發表「香港應變計劃」。香港問題是即將到來的百年問題，也是中華民國政府如何面對治理合理性的問題。當時國民黨中央黨部召開協調會，指示媒體少刊登香港回歸新聞。當時會議先是以「適當刊出」為暫時結論，然而現場紛亂，待到最後決議不刊登時，已非有效共識。十月二日當天，大部分報紙都未刊登香港報導，《中國時報》刊出部分，《聯合報》則是全文刊登。在尚未正式解嚴的情況下做出如此決策，時任總編輯的趙玉明淡淡地說：「因為這是中國百年大事。當時流行一句話：『中國的歸中國，中共的歸中共。』這個中國是清朝時的那個中國，是清朝簽訂了割讓條約。」即便如此，有關當局仍向《聯合報》王惕吾傳達不妥，未有多少討論，趙玉明便提議撤換總編輯，弔詭的是，在交接的過程中，趙玉明獲得該年度的行政院新聞局新聞編輯金鼎獎。在全台媒體無人報導的狀況下，北京《人民日報》在第一版刊登了一條〈《聯合報》總編換人，中視新聞主管記過〉的新聞。

泰國《世界日報》全力發揮

離開總編輯的位子，趙玉明改任執行副總經理。一九八五年，駐泰大使聯絡《聯合報》，希望能協助接辦因營運不佳面臨倒閉的泰國《世界日報》。當時《聯合報》發展正好，在北美也擁有同名之《世界日報》，王惕吾同意後便請趙玉明負責接辦事務。泰國《世界日報》雖是一九五五年由盤谷銀行創辦人陳弼臣及當時的警察總監乃炮共同創立，然而在後期國民黨每年資助該報一萬五千美元，將泰國《世界日報》視為非常時期的海外文化宣傳機構。因此，《世界日報》在進行交接時，王惕吾、王必立父子協同趙玉明至國民黨中央黨部開會。王惕吾以「不接受任何津貼，《聯合報》自負盈虧」為條件同意接辦後，趙玉明便「趕鴨子上架」般的到曼谷出任執行副社長兼總編輯。《聯合報》接管《世界日報》前兩年，由已在《世界日報》多年的饒迪華擔任社長，趙玉明為執行副社長兼總編輯，負責社務與編務。二年之後專任社長，直至二〇〇二年退休留任總主筆至今。

趙玉明到曼谷的第一步便提出三個口號企圖進行大幅改革：改善工作環境、改進工作內容、改善工作待遇。位於曼谷華人區的《世界日報》空間擠迫，使工作環境顯得惡劣，趙玉明找來當地建築工重新翻修。又花了幾天時間跑遍曼谷所有販售印刷機械的公司，東湊西湊，從不同公司湊齊了他要的五台機器。為了讓《世界日報》改頭換面，報紙宣布停刊兩週。趙玉明趁著這兩週回到台北《聯合報》總部，請每版主編編出樣板，然後將範例發給《世界日報》編輯按版做事。

雖有樣板可照章行事，然而過去的《世界日報》沒有記者，大部分新聞都靠剪貼，翻譯泰文報。每個編輯工作一兩個小時，有一半以上在其他華文報兼差。因此如何讓編輯適應新的版面與工作型態，機器又該如何正確運作，趙玉明與幾位短期至曼谷助援的《聯合報》同事皆花費不少心神。查仞千曾傳神地形容當時首次印報之後與趙玉明相視無言的情境：「凌晨三點，硬是開機印報！唧唧復唧唧，慢轉到快動，擴版的曼谷《世界日報》呱呱墜地！一夥十來個人在王發行人必立（此時是嚴肅時刻，應該用官式稱呼）的領導下，捧著熱騰騰剛出爐的產品，不由得喘了一口大氣，算一算大家至少在報社裡蠻幹了十五個小時以上，連到另一伙夥伴們旅社去宵夜慶祝的力氣都沒有了。回程的車子上，有人提議小開給在紐約的惕老打個電話，報告母子均安，兒子生下來了！有人說：應該是添了一個孫子！回到沙拉蛋（Saladaeng，為趙玉明當時住處所在地區），又熱又餓，在下鑽進廚房，沒有牘菜有牘飯，找到幾個雞蛋，半瓶腐乳，拆開一盒無主的牛肉乾，大開大闔，七拼八湊端上桌來！開一瓶熱辣辣的燒刀子！『乾！』兩個三十四、五年前的『碉堡同居人』，半晌相對無言！」

新版《世界日報》順利營運後，趙玉明善盡領導責任，對報紙與報社同仁表達願景和期許：一、改進泰京新聞，泰聞組要發揮潛力，也要引進好人才，使泰京新聞做到領先和超越。二、採訪上追求突破，一定要做直接採訪，進入泰國社會。三、編輯處理上要建立新觀念，從質量並進，超越他報，編輯人員要積極參與做到計劃編輯。四、言論立場掌握，至為重要；評情析事力求客觀，絕對不介入泰華派系爭執。五、對大陸鄉情、政治敏感事，適度處理；有讀者反應指誰左誰右等，我們要堅持原則，不是左派，不是右派，我們要做到正派，辦正派的泰國華文報。六、僑社新聞與內地新聞，遷就地區特性，不宜更張，但如何與業務結合，應作專案研究。

在趙玉明的整頓下，《世界日報》在泰國華文報圈開啟了全新局面，逐漸受到當地僑社與報界的重視及好評。《世界日報》的銷量開始逐年上升，若說最顯著的一役應當是一九九七年的鄧小平逝世事件。二月廿日當天，《世界日報》以粗黑方體大字標題，獨家報導「鄧小平病逝，北京全面戒嚴」震驚全泰。當天，全泰所有的中、泰、英文報及電視無人正確報導鄧小平的喪訊及相關新聞，甚至還在報導「鄧小平病況轉危為安」，或「中國當局放鬆戒備，傳鄧老返家養病」等不實消息。唯獨《世界日報》在第一版以全版地位，正確地報導鄧小平新聞。同日並刊出四個專版，圖文詳盡地介紹鄧小平的生平、鄧後大陸情勢、香港問題及兩岸關係的分析。後續幾天，《世界日報》對鄧小平逝世新聞，也詳盡報導。廿一日更出了三個專版，且破例開放了泰華各界悼念鄧小平的輓詞廣告，對鄧小平改革開放的政績，給予肯定的評價。正派辦報的風格，再獲肯定。

舊版《世界日報》雖因反共意識過深，使得偏左的言論完全被封鎖，然而在一九六〇年代也曾舉辦文藝比賽鼓勵泰華文學創作，並以文藝副刊提供寫作者發表機會。多年下來，舊版《世界日報》也培養了部分泰華寫作人。因此，舊版《世界日報》每年有一個作家五四聯誼活動。然而聯誼活動偏向單純的飯局聚會，並未實際促進泰華寫作的進步。趙玉明集結現有泰華寫作人力資源，臨時與恰好在曼谷的亮軒、司馬中原通電話，讓他們隔天空下來分別為泰華寫作人安排散文與小說的演講，兩人聽完連口答應。當天便緊急通知安排國賓飯店的場地，一號召之下現場來了一兩百人參與這次的文學演講會。

演講會結束後，趙玉明與《聯合報》副刊主編瘂弦達成共識，以後每年五月四日舉辦文

《聯合晚報》發行人黃年（左後五）作東，聯合報系老同事雅集。前排是80歲以上，左起應鎮國、張作錦、劉國瑞、劉昌平、趙玉明、查仞千、陳祖華，後排右九為現任《聯合報》社長項國寧，右後十一為《經濟日報》社長黃素娟，右後十二為總主筆王麗美。

藝活動。陳若曦、向明、孫如陵、鄭愁予、林懷民、張拓蕪、楚戈、林煥彰、張默、管管等作家都曾參與。文藝活動後，趙玉明再辦文藝季。一連三天邀請作家與泰華寫作人共同討論文學。文藝季一共辦了三次，曾出版《待墾的土地》、《收穫的季節》、《豐碩的果盤》集結文藝季作品。

二〇〇一年，趙玉明花了一個多月的時間在東南亞各國奔波，只因他對華文報有一個「區域發展」的期待。「《世界日報》要在全東南亞辦報，不能僅限於曼谷，因此我就先到寮國、越南、印尼去看看環境，馬來西亞當年則是不能進去。」在評估各國華文閱讀環境後，發現印尼的僑生多，華文人才自然比曼谷多，因而打定主意要在印尼辦報。在思考如何解決報紙印刷與運送問題時，趙玉明走訪印尼時發現當地有家代印報公司使用與《聯合報》一樣的印刷機器，因而決定僅需在印尼設報社，報紙編完直接讓工廠代印。六月八日，印尼《世界日報》正式出刊，一六八的日期諧音讓趙玉明與報社同事相信好的開始便能「一路發」。在印尼《世界日報》創立頭兩年，趙玉明來回在曼谷與雅加達之間，之後才將印尼編務交給黃政吉。可惜的是，印尼《世界日報》辦了六年便因環境問題宣告停刊。

筆墨因緣無冕王

在曼谷廿三年，趙玉明雖不諳英語也不諳泰語，在旁人看來，他卻是接洽、交涉毫無滯礙。他的「法寶」便是身上隨時帶著報館、旅館、餐廳、駐泰遠東商務辦事處等地的住址，一人行動時只要掏出一張交給計程車司機，問聲：How much? 再討價還價一番；可以說一點英語的司機，彼此就以英語叫價，不然則比手畫腳。曼谷一般市民的英語也不甚高明，因此，趙玉明常自嘲自己的洋涇濱對上暹邏英語，反而比標準英語容易溝通。「我跟太太出國旅遊也是這樣，我的Yes，No可以順利跑天下。」趙玉明說完便與全程陪在一旁的太太相視而笑。

趙玉明用一張手寫清單洋洋灑灑敘說自己的人生，從文藝青年、廣播台長再到報刊總編，他始終以「成績不好、用功不夠、不停進修、不斷學習」來勉勵、鞭策自己，彷彿要一輩子勇做自己的先驅。此時，我轉身問趙太太，趙老師在你心中是什麼樣的人？趙太太思索一番，靦腆地笑了笑。趙太太為來自彰化的閩南人，她反問我聽不聽得懂湖南腔，我臉

趙玉明全家福，右為長子惟真，左為次子惟光，中為幼子惟文。

色微難再反問：那你懂嗎？一開始都懂嗎？趙夫人再笑了笑，反正聽久就能習慣，一習慣就覺得好像懂了。我才明白，這是時間為他們所建立起來的默契言語。訪談完畢起身準備離開時，見客廳牆上掛有一幅楚戈書法作品：「青春歲月英雄夢，筆墨因緣無冕王」。詩句原取自趙玉明的七十自述，「我原本是寫的無冕歌，楚戈將它寫成無冕王。」無冕歌唱六十年，謙遜如一，這位先驅理當稱王。

（作者為政治大學臺灣文學研究所博士生，原載二〇一五年五月《文訊》三五五期）

文訊書系 7

學徒辦報——泰國《世界日報》三十年

編著者　趙玉明
總編輯　封德屏
執行編輯　杜秀卿　吳穎萍
校對　趙玉明　吳穎萍　王為萱
封面設計　俞雲襄
內文編排　不倒翁視覺創意
出版者
文訊雜誌社　Wenhsun Magazine
社長　封德屏
地址　台北市中山南路十一號六樓
電話　02-23433142　傳真：02-23946103
信箱　wenhsun7@gmai1.com
郵撥　12106756　文訊雜誌社

泰國世界日報社　Universal Press Co.Ltd
社長　黃根和
地址　21/1 Charoenkrung Road Bangkok 10200 Thailand
電話　02-2260040・2212730
傳真　02-2247968・2224745

經銷　聯合發行股份有限公司
印製　松霖彩色印刷事業有限公司
出版日期　二〇一五年九月初版
定價　NT$320元
ISBN　978-986-6102-25-7

國家圖書館出版品預行編目(CIP)資料

學徒辦報：泰國《世界日報》三十年 / 趙玉明編著.
-- 初版. -- 臺北市：文訊雜誌社, 2015.09

面； 公分. -- (文訊書系；7)

ISBN 978-986-6102-25-7 (平裝)

1.趙玉明 2.臺灣傳記

783.3886 104015990